ESPAÑA
Y SU CIVILIZACIÓN

Quinta edición
Edición actualizada

Francisco Ugarte
Late of Dartmouth College

revised by

Michael Ugarte
University of Missouri–Columbia

Kathleen McNerney
West Virginia University

McGraw Hill

Boston   Burr Ridge, IL   Dubuque, IA   Madison, WI   New York   San Francisco   St. Louis
Bangkok   Bogotá   Caracas   Kuala Lumpur   Lisbon   London   Madrid   Mexico City
Milan   Montreal   New Delhi   Santiago   Seoul   Singapore   Sydney   Taipei   Toronto

The McGraw·Hill Companies

This is an  book.

España y su civilización — Quinta edición actualizada

Published by McGraw-Hill Higher Education, a business unit of The McGraw-Hill Companies, Inc. 1221 Avenue of the Americas, New York, NY 10020. Copyright © 2005, 1999, 1992, 1983, 1963, 1952 by The McGraw-Hill Companies, Inc. All rights reserved. No part of this publication may be reproduced or distributed in any form or by any means, or stored in a database or retrieval system, without the prior written consent of The McGraw-Hill Companies, Inc., including, but not limited to, in any network or other electronic storage or transmission, or broadcast for distance learning.

This book is printed on acid-free paper.

4 5 6 7 8 9 DOC/DOC 0 9 8

ISBN: 978-0-07-255843-2
MHID: 0-07-255843-1

Publisher: William Glass
Senior Sponsoring Editor: Christa Harris
Development Editor: Fionnuala McEvoy
Project Manager: Roger Geissler
Production Supervisor: Rich DeVitto

Senior Designer: Violeta Díaz
Cover Designer: Violeta Díaz
Compositor: GTS York
Printer: RR Donnelly, Crawfordsville

Cover Images: *Left,* © Bjoern Goettlicher/VISUM; *Right,* © Corbis; *Background,* © 2002 Pixtal.

Library of Congress Cataloging-in-Publication Data

Ugarte, Francisco.
    España y su civilización / Francisco Ugarte; revised by Michael Ugarte, Kathleen McNerney. — 5. ed., ed. actualizada.
        p.   cm.
    "EBI book"—T.p. verso.
    Includes bibliographical references.
    ISBN 0-07-255843-1 (alk. paper)
    1. Spanish language—Readers—Spain.   2. Spain—Civilization—Problems, exercises, etc.
I. Ugarte, Michael, 1949–   II. McNerney, Kathleen.   III. Title

PC4127.C5U34   2004
468.6'421—dc22   2004059227
                                                                    CIP

www.mhhe.com

Índice

I

La prehistoria hasta la Edad Media
19

II

Siglo de Oro
51

III

Siglo de luces y reformas: XVIII y XIX

99

8 • La España de los Borbones: siglos XVIII y XIX   100

9 • La literatura española de los siglos XVIII y XIX   111

IV

Siglo XX
133

12 ● *La literatura española del siglo XX* 144

13 ● *Arte y música del siglo XX* 158

V

Presente y futuro
173

Preface

The Evolution of a Textbook

From the start of his twenty-year career as a professor of Spanish literature at Dartmouth College, Francisco Ugarte felt the need for a textbook that would help him explain the fundamental aspects of Spain's culture to his young students. He put his nose to the grindstone, and in 1952 he published *España y su civilización* (Spain and Its Civilization). Without the aid of photographs, the book used a historical perspective to explore the great developments in fine arts: literature, visual arts, music. Some years later, realizing that he would need a text that was aptly complex for the more advanced students, he wrote another book: *Panorama de la civilización española* (An Overview of Spanish Civilization). This book, approximately 400 pages, includes a broader study of the history and chronology of the country's most noteworthy events. It is full of details: for example, it dedicates eleven pages and several lovely photographs to Hispano-Roman philosopher Séneca. It is also clear that a personal connection to many of the writers of the "Generation of '98" informed the chapters on that group. Because this book was published in 1963, today's reader may find the writing style florid and the vocabulary a little antiquated. One example is the use of the term *vascuence* to refer to the Basque language, as well as referring to the eastern Roman Empire as the *imperio bizantino* (Byzantine Empire) and its capital as *Constantinopla* (Constantinople) rather than *Estambul* (Istanbul). Nor are all of the ideas still current, such as the descriptions of Juana la Loca, Isabel II, or the lascivious *emperatriz Mesalina* (Empress Mesalina). As for the inclusion of women writers, it is limited to a phrase about Rosalía de Castro and Emilia Pardo Bazán, and shows only slightly more interest in the more conservative Fernán Caballero. Personally, it is always little startling to see my own handwriting in the margins of this book's pages: it was my textbook many years ago when I majored in Spanish.

The second edition of *España y su civilización*, published in 1965, is lengthier and incorporates more details, in the style of *Panorama*. References to the Roman era are cut down: there is now only one page about Séneca. The exercises are based on translation, a method frowned upon in recent pedagogy. It continues to emphasize literature, mostly that of the Golden Age and the Generation of '98 (the eighteenth century is framed as little more than a precursor to the nineteenth), and there is no further development on women writers: Américo Castro and Fidel Castro are mentioned, but Rosalía only briefly.

In the time between the second and third editions, two Franciscos passed away: the good one, Ugarte, and the bad one, Franco. And many things changed in Spain. Francisco Ugarte's son Miguel, now a professor of Spanish literature, published a heavily revised edition in 1983. In addition to updating the section dedicated to modern Spain, particularly with respect to politics, he added discussions of popular culture, such as film, and modernized the writing style, vocabulary, and activities, applying more up-to-date methodology. The image of Isabel II is improved, as is the analysis of her reign: this queen is now seen as the victim of the endless scheming of her ministers of state. Ugarte makes reference to the educational system and to contemporary social problems such as terrorism, drugs, and social struggles in an increasingly Europeanized Spain. In general, he gives more space to music and to the various manifestations of popular culture. He ends with a commentary on *el golpazo* (the shocking attempted *coup d'état*) of 1981, which occurred just six years after Franco's death, in a country of just-budding democracy that was still staggering from the blows of the still-powerful military forces. It closes with a very important question about Spain's future in the eyes of several people, some optimists and some pessimists. My copy of this edition is also covered with my handwritten notes in the margin; now I am a Spanish professor, too, and I use this textbook in my courses.

In 1989, while attending a conference on exile, I met the author of *España y su civilización* at a reception thrown by none other than the Spanish Embassy in Washington, DC. He commented, among other things, that the publisher had asked him for a new revision of the book. So much had changed in Spain since the "transition"—the new Constitution, the coming into power of the Socialist Party, new relations with other European countries and the United States—that it was time to rewrite the book. He asked me if I had any suggestions with respect to the text, and, indeed I did! Most important was the inclusion of the intellectual representations of women and minority groups. He asked me if I would like to help. And so was born the fifth edition, now in paperback, with fewer pictures and with the chapters organized chronologically rather than thematically. The text now discusses the works not only of Rosalía de Castro, but also of Gertrudis Gómez de Avellaneda, Carmen Martín Gaite, and the Catalan women writers Mercè Rodoreda, Carme Riera, Montserrat Roig, and Maria Aurèlia Capmany. The poet García Lorca is considered to be both artist and musician, and a champion of the marginalized. The commentaries on politics have been expanded, particularly the modern movements such as feminism and environmentalism. The subjects of popular culture, such as television, the contemporary novel, and the problems of the urban areas, traffic, and crime are further developed.

The cover of the 1999 edition revealed the new features of modernization: "This book is printed on acid-free paper"; it included a Web page and video comprising a television news program. The questions following the readings remained, although *Temas de conversación e investigación* Topics for Conversation and Research were added. The new questions intended to help students broaden their framework for understanding these issues, asking them to compare and contrast Spain with their own country and others, within the context of the themes they are studying. There is a noticeable difference between this vocabulary and that of the first author: instead of *País Vasco* (Basque Country), it speaks of *Euskadi*; its language is *Euskera*, rather than *"vascuence."* The inclusion of alternative culture has expanded and there is a new section covering the writer María de Zayas. Although the discovery of America is still discussed, it is explained that for some, this was more of an encounter of cultures. There is mention of new museums, especially the spectacular Guggenheim Musuem in Bilbao, in addition to several artists not previously noted: Antoni Tàpies and Remedios Varo. Also included is a phenomenon never imagined by Francisco Ugarte's generation: the exceptional female bullfighter, Cristina Sánchez. The book ends by commenting briefly and the problems, both old and new, of immigration and racism.

Perhaps these last two topics are what deserve much more of our attention in the Updated Fifth edition. Bringing these matters up to date means contemplating a very changed world: the debates on globalization and it effects on various regions, terrorism that has spread from the local to the global sphere, and a change of attitude regarding the government's role with respect to the status of social welfare. When reviewing the historical sections, not yet at the more contemporary reflections, we saw a new analysis of the role that earlier minority groups have play in Spanish culture, most importantly the contributions of the Jewish and Muslim peoples. Since technology has advanced so much, we now offer a well developed Web site as well as a video. It features links to many other Web sites, particularly those of museums, thanks to the great proliferation of them throughout Spain. As for the music, the Internet provides infinite opportunities to listen to all the great masters and will make studying them much easier. While the most typical and enjoyable elements of Spanish culture are still presented—*tertulias, tapas,* and the correct hours for eating and napping—there is now the impact of *los emilios* (e-mail), and the quick and constant contact that cell phones make possible these days in every pocket or pocketbook. Even the most remote, sleepy towns are no longer as isolated as a few years ago. Is so much change in so little time a good thing? Everyone has an opinion on the matter, and we hope to have contributed a little to the debate.

Kathleen McNerney, West Virginia University

Supplements

The supplements listed here may accompany ***España y su civilización,*** Updated Fifth Edition. Please contact your local McGraw-Hill representative for details concerning policies, prices, and availability, as some restrictions may apply.

- **Video.** A 60-minute video of authentic footage, selected from the popular Spanish TV Magazine series. Segments correspond thematically to the units of the text. Professors may wish to show video segments in class, or have students watch the segments on their own.

Accompanying activities are located on the website at **http://www. spanish.mhhe.com.**

Acknowledgments

We would like to thank all of you, the faithful readers who, through your daily classroom experience, help disseminate the cultural and linguistic similarities and differences between **"las Españas"** and other parts of the world. Your suggestions and corrections have been indispensable. The authors and publisher would like to acknowledge in particular the suggestions received from the following instructors across the country. The appearance of their names in this list does not necessarily constitute their endorsement of the text or its methodology.

Tamara Al-Kasey, Carnegie Mellon University

Julian Arribas, Ohio Wesleyan University

Alberto Barugel, Jersey City State College

Craig Bergeson, Weber State University

Judith Berlowitz, Holy Names College

Jane H. Bethune, Salve Regina University

Edward E. Borsoi, Rollins College

Teresa Boucher, Boise State University

Marion B. Bowman, Eastern Mennonite University

Keith H. Brower, Salisbury University

Pedro F. Campa, University of Tennessee at Chattanooga

Cleon W. Capsas, University of South Florida

Graciela N. Vico Corvalán, Webster University

Thomas E. Case, San Diego State University

Rosalía Cornejo-Parriego, Penn State University

Robert F. Crider, Samford University

Alicia De Gregorio, Trinity University

Luisa Elena Delgado, University of Illinois-Urbana

Dorothy A. Escribano, Worcester State College

Alicia M. Falzon, Northern Virginia Community College

James Fonseca, Molloy College

John Eric Gant, North Carolina Central University

Judith Gode, Pace University

Juan M. Godoy, San Diego State University

Rafael E. Hernández, Converse College

Rosalinda G. Herrera, Laredo Community College

Laurie K. Hohwald, Rowan University

Linda L. Hollabaugh, Midwestern State University

Maureen Ihrie, Elon University

Cleveland Johnson, Spellman College

Kristin A. King, Olivet Nazarene University

Andrea G. Labinger, University of LaVerne

Bart L. Lewis, University of Texas-Arlington

Susan M. Linker, High Point University

Mariano López, Mississippi State University

Kim B. McGehee, Southeastern Oklahoma State

Deborah Mistron, Bradford College

Sister Teresa A. Morago, Silver Lake College

Robert G. Mowry, Susquehanna University

Cristina Ortiz, University of Wisconsin-Greenbay

Hilda Pato, State University of New York at Geneseo

Henry Pérez, Henderson State University

Peter Podol, Lock Haven University

Marzanna Ratajczak, Rutgers University

Jose E. Reyes, Marywood College

Mary Rice, Concordia College

George St. John Robinson, Montana State University-Billings

Maximo Rossi, Jr., Azusa Pacific University

Jana Sandarg, Augusta State University

Theresa Ann Sears, University of Missouri-St. Louis

Elise Seymour, Southwest State University

Ana M. Spitzmesser, Niagara University

Carlos A. Suárez, San Jose & Evergreen Valley Colleges

Ronald James Takalo, Northwestern College of Iowa

Mercedes Tasende, Western Michigan University

M. E. Viera-Branco, Marietta College

Linda M. Willem, Butler University

We are also grateful to all the professors, students, and friends who have helped us in the creation of this edition: William Glass, Christa Harris, Fionnuala McEvoy and Roger Geissler of McGraw-Hill; Armando León Sotelo; María Luisa La Fuente; Maite Núñez Betelu; H. Patsy Boyer; Nancy Vosburg; Anna Sánchez-Rué; Patricia Hart; Kathleen Vernon; Jeffrey Bruner; Sílvia Bermúdez; and Rosemary M. Winkler.

Kathleen McNerney
Michael Ugarte

Prefacio

Evolución de un libro de texto

Desde el principio de su carrera de veinte años como profesor de literatura española en Dartmouth College, Francisco Ugarte sintió la necesidad de un libro de texto que le ayudara a explicar los aspectos fundamentales de la cultura de España a sus jóvenes alumnos. Puso manos a la obra, y en 1952 publicó *España y su civilización*, un libro sin fotografías que, desde su base histórica, se enfocó en las grandes manifestaciones de las bellas artes: la literatura, las artes visuales, la música. Algunos años más tarde, al comprobar que necesitaba una obra más detallada, apta para los estudiantes avanzados, escribió otro texto, *Panorama de la civilización española.* Este libro de aproximadamente 400 páginas incluye información más amplia sobre la historia y cronología de los sucesos más destacados. Contiene muchos detalles: por ejemplo, dedica once páginas al filósofo hispanoromano Séneca, además de bellas fotografías, y es evidente que los capítulos sobre los escritores de la Generación del 98 se formularon con conocimiento personal de algunos de ellos. Considerando que este libro se publicó en el año 1963, el lector de hoy encontrará un estilo muy florido y un vocabulario un poco anticuado: por ejemplo, se refiere al idioma «vascuence» por este nombre, y al imperio romano del Oriente como «imperio bizantino», y a su capital, «Constantinopla» en vez de Estambul. Algunas de las ideas tampoco son ya vigentes, como lo son las descripciones de Juana la Loca, Isabel II, o de la lasciva emperatriz Mesalina. En cuanto a la inclusión de escritoras, se limita a mencionar en una frase a Rosalía de Castro y Emilia Pardo Bazán; mientras muestra un poco más de interés en la conservadora Fernán Caballero. Personalmente, me asombra un poco ver mi propria letra al margen de las páginas de este libro: era mi libro de texto cuando me especializaba en español hace muchos años.

La segunda edición de *España y su civilización*, publicada en 1965, es aumentada, se incorporan detalles, un tanto al estilo de *Panorama*, pero se abrevian las referencias a la época romana: ahora sólo hay una página sobre Séneca. Los ejercicios se basan en la traducción, técnica rechazada por la pedagogía moderna. Se sigue haciendo hincapié en la literatura, sobre todo en la del Siglo de Oro y de la Generación del 98; el siglo XVIII es considerado como poco más que precursor del XIX. Tampoco se incluye a ninguna escritora: se menciona a Américo y Fidel Castro, pero se alude a Rosalía sólo brevemente.

Entre la publicación de la segunda edición y la tercera, murieron dos Franciscos —el bueno, Ugarte, y el malo, Franco— y en España cambiaron muchas cosas. El hijo de Francisco Ugarte, ahora profesor de literatura española, Michael Ugarte, publica en 1983 una edición muy revisada. Además de poner al día toda la sección dedicada a la España moderna, sobre todo en cuestiones de política, añade comentarios sobre la cultura popular —el cine, por ejemplo— y moderniza, además, tanto el estilo como el vocabulario y los ejercicios, aplicando ahora métodos pedagógicos recientes. El cuadro de Isabel II es mejorado, igual que la evaluación de su reino: ahora se ve a esta reina más bien como víctima de las interminables intrigas de sus ministros. Ugarte hace más referencias al sistema educativo, a los problemas sociales de actualidad como el terrorismo, las drogas, las luchas sociales en una España cada vez más europeizada. Dedica más espacio a la música y, en general, a las distintas manifestaciones de la cultura popular. Termina con un comentario sobre el «golpazo» de 1981, ocurrido sólo seis años después de la muerte de Franco en un país con una naciente democracia, tambaleante todavía con un militar siempre muy fuerte. Cierra con una pregunta muy importante sobre el futuro de España según la visión de algunas personas, optimistas unas y otras pesimistas. Mi ejemplar de esta edición también lleva notas marginales escritas por mí: ahora yo también soy profesora y utilizo este texto en mis clases.

En 1989, mientras asistía a un congreso sobre el exilio, conocí al autor de *España y su civilización* durante una recepción ofrecida, nada menos que por la embajada española en Washington. Entre otras cosas, me comentó que la editorial le había pedido una nueva revisión de su libro —habían cambiado tanto las cosas en España desde la «transición», la nueva Constitución, la llegada al poder del Partido Socialista, nuevas relaciones con los otros países europeos y con los Estados Unidos— ya era hora de reescribir el libro. Me preguntó si tenía sugerencias respecto al texto, y ¡claro que las tenía! Sobre todo, la inclusión del elemento intelectual femenino y las minorías. Entonces me preguntó: «¿Quieres ayudarme? Podríamos colaborar.» Y así nació la cuarta edición, ahora en rústico, con menos fotografías, y reorganizada por capítulos cronológicos en vez de temáticos. Ahora se hablaba de la obra, no sólo de Rosalía de Castro, sino también de Gertrudis Gómez de Avellaneda, Carmen Martín Gaite, y de las catalanas Mercè Rodoreda, Carme Riera, Montserrat Roig y Maria Aurèlia Capmany; el poeta García Lorca es considerado además como artista y músico, y como campeón de los marginados. Se expanden los comentarios sobre la política, sobre todo los movimientos modernos como el ecologismo y el feminismo; se amplían más los temas sobre la cultura popular, la televisión, la novela nueva; los problemas de las zonas urbanas, el tráfico, la delincuencia.

La edición de 1999 muestra en la portada nuevos aspectos de modernización: «This book is printed on acid-free paper»; hay un sitio en la Red que consultar y un video a base de un programa de la televisión. Se conservan las preguntas sobre el texto, pero se añaden «Temas de conversación e investigación» con el objeto de ayudar a los estudiantes a formarse un marco más general, comparando las similitudes y diferencias entre España y su propio país y otros, de acuerdo con el tema que están estudiando. Se nota un vocabulario muy distinto del primer autor: en vez de País Vasco, se habla de Euskadi y su idioma, el euskera, en vez de «vascuence». La cultura periférica es más amplia, y hay una sección nueva sobre la escritora María de Zayas. Si todavía se habla del descubrimiento de América, se explica que para algunos, éste fue más bien un encuentro de culturas. Se hace mención de nuevos museos, especialmente del espectacular Museo Guggenheim, en Bilbao, así como de artistas no mencionados antes: Antoni Tàpies, Remedios Varo; y se incluye un fenómeno nunca imaginado por la generación de Francisco Ugarte: la excepcional torera, Cristina Sánchez. Se termina comentando muy brevemente los problemas nuevos y viejos de la inmigración y el racismo.

Tal vez sean estos dos últimos temas los que más atención merecen en esta edición actualizada. Poner al día esas cuestiones significa considerar un mundo muy cambiado: los debates sobre la globalización y sus efectos en las diferentes regiones; el terrorismo, ya no local sino a nivel mundial; un cambio de actitud sobre el papel del gobierno en cuanto al estado del bienestar social. Al revisar las partes históricas, antes de llegar a las reflexiones más recientes, hemos visto una nueva evaluación del papel de las minorías en la cultura española, sobre todo con respecto a las contribuciones de judíos y musulmanes. Y como la tecnología ha crecido tanto, ahora ofrecemos no un sólo video sino una página en la Red muy desarrollada con enlaces a muchas otras, sobre todo a museos, por la gran proliferación de éstos en toda España. En cuanto a la música, las posibilidades infinitas de escuchar una gran variedad de tipos, harán mucho más fácil su estudio. Aunque se siguen presentando las típicas y agradables tradiciones españolas —la tertulia, las tapas, las horas de comer y de sestear— no dejo de reconocer el impacto de los «emilios», el contacto rápido y constante facilitado por los teléfonos móbiles, hoy en cada bolso o bolsillo. Incluso los pueblos más alejados y tranquilos, ya no viven el aislamiento de hace algunos años. ¿Es positivo tanto y tan rápido cambio? Cada uno tendrá su opinión al respecto, y esperamos haber contribuido a tal debate.

Kathleen McNerney
West Virginia University

Dedicamos esta edición a
H. Patsy Boyer (1936–2000)

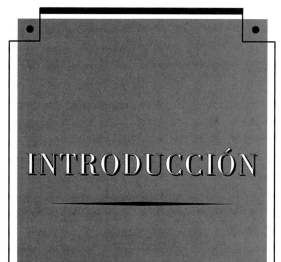

INTRODUCCIÓN

El Alcázar de Toledo
Robert Frerck/Odyssey/Chicago

INTRODUCCIÓN

España y las Españas

Diversidad geografica y cultural

For more information please go to the *Introducción* section of the video to accompany *España y su civilización.*

Geografía

E spaña, un país situado al sudoeste de Europa, forma, con Portugal, la Península Ibérica. Tanto en su geografía como en el carácter de sus pueblos hay en España muchos contrastes y enigmas. Sus montañas se elevan° a más de 9.000 pies sobre el mar y, al mismo tiempo, hay extensas mesetas pardas° y montañosas. En algunos lugares hace un frío intensísimo y en otros un calor infernal. En el noroeste llueve mucho, pero en el sur cae muy poca lluvia. Entre el norte y el sur de España hay una enorme diferencia, y aun entre las mismas zonas del norte hay contrastes impresionantes. Existen áreas, por ejemplo, donde se habla otra lengua además del castellano o español. El castellano era considerado el único idioma oficial, pero hoy día también se consideran el catalán, el gallego y el vasco o euskera idiomas oficiales en sus propias regiones. Por supuesto, el castellano se sigue hablando en toda la nación española.

se... *are raised, reach*
brown

Montañas

España es el país más montañoso de Europa, con excepción de Suiza. Pero, al mismo tiempo, la parte central de la península es una meseta que se eleva a unos 2.000 pies sobre el nivel del mar. Excepto en las altas sierras, la meseta es plana como la palma de la mano. La geografía

de España es siempre un contraste: montañas cubiertas de nieves per-
petuas y anchas llanuras interminables.

Los Pirineos forman un muro formidable que separa a España del resto
de Europa. Hay europeos que dicen con cierto desdén que África empieza
en los Pirineos. Pero algunos españoles consideran que esta separación es

Población: 40.300.000 de habitantes
Área: 505.050 kilómetros cuadrados
Ciudades principales: Madrid (capital), Barcelona, Sevilla, Valencia,
  Bilbao
Gobierno: monarquía constitucional
Rey: Juan Carlos I de Borbón
Primer ministro: José Luis Zapatero
Partidos políticos principales: Partido Popular (PP), Partido
  Socialista Obrero Español (PSOE), Izquierda Unida (IU),
  Convergencia i Unió (CiU), Partido Nacionalista Vasco (PNV),
  Coalición galega

una ventaja porque ha contribuido a que España tenga una pluralidad° de culturas, entre ellas la rica y exquisita civilización árabe.

plurality, many

Las vías más importantes de comunicación entre España y Francia son los dos estrechos pasillos que están a los extremos este y oeste de la cordillera de los Pirineos. Las dos ciudades fronterizas son Port Bou, en el Mediterráneo, e Irún, en el mar Cantábrico. La Sierra de Gredos y la de Guadarrama, en el centro de España y un poco al norte de Madrid, interrumpen las llanuras de Castilla. En el sur de la península, en la provincia de Granada, está la Sierra Nevada de donde tomó su nombre la Sierra Nevada de California.

Ríos

No se puede dejar de hablar de los ríos, porque los ríos dan carácter a una nación. Son sus arterias vitales. Aunque los principales ríos españoles no son tan anchos como los del continente americano, no podríamos concebir el norte de España sin su Ebro, ni el sur sin su Guadalquivir. El Ebro es el río más largo y más importante del norte. Nace en las montañas de la costa cantábrica y desemboca° en el Mediterráneo al sur de Cataluña, donde forma un delta precioso. El segundo río de importancia es el Guadalquivir en el sur. En árabe significa *río grande.* Es el río de más extensa navegación de España y pasa por toda Andalucía, desde las montañas de la Sierra Morena hasta la costa atlántica. Hablar del Guadalquivir es hablar de Sevilla, su puerto principal.

empties

Hay otros ríos de relativa importancia, aunque ninguno de ellos es navegable porque, debido a la escasez de las lluvias, llevan poca agua. El Tajo, que pasa por Toledo, es el río castellano de las «arenas de oro». Nace en España pero sus aguas corren hacia la vecina Portugal para desembocar en el puerto de Lisboa, la capital de esa nación. Por el antiguo reino de León, que ahora se llama Castilla-León, corre el Duero, que también desemboca en la costa atlántica de Portugal.

Variedad de «las Españas»

Las regiones a veces se llaman «naciones» debido a las particularidades lingüísticas, históricas, culturales y geográficas de cada una. A muchas de ellas se les ha concedido cierta autonomía política a partir de la Constitución de 1978 que está en vigencia° hoy día. Para tener idea de la diversidad geográfica de cada zona, hay que notar que en el norte están Galicia, Asturias, Euskadi (el País Vasco) y Navarra; en el este, Cataluña, Aragón y Valencia; en el oeste, Extremadura. Castilla, en el centro del país, está dividida en dos: Castilla León y Castilla La Mancha. Andalucía comprende todo el sur

en... in effect

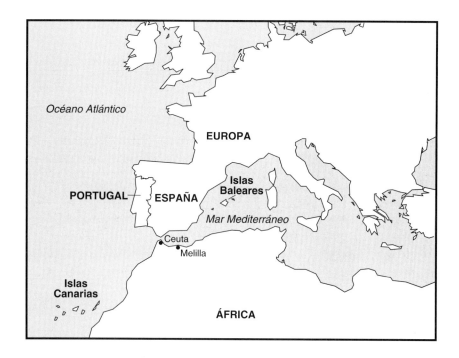

de España. En el mar Mediterráneo están las Islas Baleares, también de España: Mallorca, Menorca, Ibiza y Formentera. Y en el Mediterráneo africano hay dos ciudades que aún pertenecen a España: Ceuta y Melilla. En el Atlántico, frente a la costa africana, quedan las Islas Canarias.

Para comprender mejor este mosaico regional, se hará un recorrido° por las diversas zonas geográficas y culturales españolas. Esta excursión empieza en Cataluña, donde están los Pirineos y la Costa Brava. Aquí abundan las playas bañadas por las aguas cristalinas del Mediterráneo. Bajo un cielo azul, transparente, especialmente en verano, y un mar en casi perpetua calma, el agua de la llamada Costa Brava es tibia y acariciadora.

trip

Cataluña es como una nación dentro de otra nación. En Cataluña se habla catalán, una lengua romance que tiene su propia estructura lingüística. Se dice que los catalanes se destacan° en la industria y en el comercio. Barcelona, primera ciudad de Cataluña y lugar escogido para los juegos olímpicos de 1992, es uno de los centros bancarios de la Península Ibérica. También es una de las ciudades más importantes para el estudio y desarrollo del arte y la arquitectura. En Cataluña se nota más prosperidad que en otras naciones españolas, con posible excepción de Euskadi. Esto se debe a su riqueza agrícola, industrial y comercial. Los catalanes siempre desearon que el gobierno central les concediera reconocimiento de su propia cultura e historia.

se… stand out

*La ciudad de Sevilla
tiene muchos
monumentos y
otras atracciones.
Aquí se ve la famosa
Torre del Oro.*
(© 1998 PhotoDisc)

De Cataluña el recorrido continúa hacia el antiguo reino de Valencia, formado por las provincias de Castellón, Valencia y Alicante. En estos lugares se habla el valenciano, un variante del catalán. Se encuentra aquí la tierra más fértil de toda España. En la rica huerta de esta zona se cultivan las famosas naranjas valencianas que se exportan a muchas partes del mundo, incluso a los Estados Unidos. Aun en Valencia se siente la impresión de estar en otro país por la influencia de la cultura árabe.

Abandonando la región de Valencia, se entra en Murcia. Aquí empieza la pintoresca región de Andalucía. Situada en el sur de la península, es la parte del estado español que muestra más influencia árabe, la cual se ve en la arquitectura y en el carácter y la apariencia física de la gente. Además del mejor jerez° del mundo, según los andaluces y un par de británicos, Andalucía ha producido muchísimos poetas, toreros, músicos y artistas. Los andaluces se expresan de una manera ingeniosa y espontánea muy peculiar;° parece que tienen un comentario gracioso para cualquier situación.

El invierno y la primavera andaluces son benignos como en Florida, Estados Unidos. Pero en verano toda Andalucía, con excepción de las montañas, es como un horno.° En Sevilla, una de las ciudades principales de Andalucía, se dice que «en verano no anda católico», o sea, que no se ve a nadie por las calles. Parece que sólo los andaluces pueden soportar tal calor con la sonrisa en los labios y el sudor en la frente.

Cambiando de dirección hacia el norte, se entra en Castilla. Castilla es el corazón de España, no sólo por su situación geográfica sino también por su predominio político sobre las demás regiones. Esto ha creado resentimiento entre los habitantes de otras zonas de España,

sherry

unique, special

oven

Las Islas Canarias forman un archipié-lago de siete islas en el océano Atlántico, frente a la costa de África. Las mayores son la isla de Tene-rife, que se ve en la foto, y la Gran Cana-ria. Todas las islas son muy montañosas y de naturaleza volcánica. Su suelo produce delicados frutos tropicales y curiosas variedades de vegetación alpina.

(© Farrell Grehan/Corbis)

especialmente entre los catalanes y los vascos, por ser un predominio impuesto. El gobierno centralista de Francisco Franco hizo muy difícil que actividades políticas, económicas y culturales tuvieran lugar fuera de Madrid, la capital de Castilla y de España.

En Castilla el clima es seco. No cae mucha nieve, pero el frío del invierno y los frecuentes vientos, según algunos escritores, suelen hacer de sus habitantes gente seria, resistente y estoica. En justa compen-sación, el sol de Castilla también brilla en invierno. En verano, el sol es fuerte pero el calor es seco. Dice el refrán° popular que en Madrid hay «seis meses de invierno y seis de infierno».   *saying*

La vasta meseta castellana, contemplada desde sus altas montañas, ofrece una majestuosa belleza. Estas llanuras son secas, sin más árboles que algunos álamos° o pinos solitarios. Sigue el contraste español: lla-   *poplars*
nuras extensas y elevadas montañas.

Continuando hacia el norte se llega a la costa cantábrica, Euskadi, Asturias y Galicia. En brusco contraste con el plácido ambiente mediterráneo, el mar Cantábrico es frío y tempestuoso. A lo largo de toda esta costa, las montañas y peñas° se elevan hacia el cielo. Con su   *cliffs*
mar, cielo y montañas, las áreas norteñas inundan los sentidos con un festín° de paisaje. Tal exuberancia de la naturaleza dura desde Euskadi   *feast*
hasta Galicia.

En Euskadi hay tantos enigmas culturales como problemas políticos. No se conoce el origen de la lengua ni de la raza vascas. Los vascos tienen fama de ser independientes y, según algunos, intransigentes. Se dice que comen, beben y trabajan mucho. Pamplona, ciudad situada en la región vecina de Navarra, es famosa por la fiesta de San Fermín. En esta celebración nacional de Navarra, los pamploneses, junto con otros visitantes atrevidos,° corren valientemente por las calles perseguidos por toros bravos.°

daring
fierce

De Euskadi pasando por Santander, el trozo de Castilla que tiene salida al mar, se llega a Asturias, zona de montañas y sitio de impresionantes batallas históricas. En Asturias hace mucho frío en invierno, especialmente en las montañas. Asturias es muy conocida por sus minas de carbón. Ha habido muchas huelgas de mineros y, como consecuencia, muchos obreros asturianos se han ido a buscar trabajo en otros países. Muchos asturianos montañeses hablan un dialecto que viene del latín —el bable— y el castellano.

Después se llega a Galicia, en el noroeste de España. En Galicia llueve tanto como en Irlanda. Por eso el color del paisaje gallego es siem-

En Barcelona se habla catalán y castellano. Los barceloneses tienen un refrán sobre su querida ciudad: «Barcelona es bona si la bossa sona» (Barcelona es buena si la bolsa suena [es decir, si uno tiene dinero]).

pre verde. Los pastos y el ganado son abundantes. Aquí se habla otro idioma, el gallego, que se parece al portugués pero que, como el catalán y el euskera, tiene su propia estructura y normas gramaticales. Se dice que los gallegos son melancólicos y misteriosos; es la zona que tiene fama por la brujería,° cosa que ha sido motivo de inspiración artística para escritores y pintores. Pero también en Galicia se baila, se canta y se come muy bien. Es la tierra de los mariscos y el pote° gallego.

witchcraft

stew

Finalmente, dos ciudades en Marruecos —Ceuta y Melilla— quedan dentro de la jurisdicción soberana° española. En estas dos localidades coexisten, aunque no sin tensiones, los católicos y los musulmanes.

sovereign

Las comunidades autónomas

En vista de la diversidad geográfica, lingüística y cultural de «las Españas», ha habido intensos problemas políticos a través de la historia de la península. Particularmente en Cataluña y en Euskadi, pero también en Galicia, Andalucía, las Islas Canarias y Valencia, los resultados de las disputas sobre el poder local han sido dolorosos. Hoy día continúa la violencia a causa de la falta de una resolución de este problema, especialmente en Euskadi. Las confrontaciones entre separatistas y centralistas representan un dilema que ha tenido profundas repercusiones en toda España.

En los últimos 25 años se ha intentado resolver tales problemas a base de la reorganización del estado español. La Constitución de 1978 cedió paso° para la creación de áreas determinadas que pudieran tener cierto nivel de autodeterminación° política y económica. A las que antes se solía llamar «regiones» ahora se les llama oficialmente «comunidades autónomas» que se podrían comparar hasta cierto punto con los estados de los Estados Unidos, con sus propios gobernadores, congresos de diputados y elecciones.

cedió... *opened the way*
self-determination

En total hay diecisiete comunidades autónomas, las fronteras de las cuales se delinean más o menos a base del panorama de diversidad geográfica y cultural que se ha descrito. En el norte están las comunidades autónomas de Aragón, Navarra, Euskadi, Cantabria (o Santander), Asturias y Galicia. La meseta central, Castilla, se divide en dos: Castilla León en el norte y Castilla La Mancha en el sur. Hasta° Madrid y sus alrededores, y La Rioja, lugar de los famosos vinos, al sur de Euskadi, se han convertido en comunidades autónomas. En la parte oriental de la península están Cataluña y Valencia. En occidente, cerca de Portugal, queda Extremadura. En el sur hay dos comunidades: Andalucía, la más grande, y Murcia. Fuera de la península hay dos comunidades autónomas isleñas: las Islas Baleares y las Islas Canarias.

Even

La reorganización del estado español que ha estado en vigencia desde 1979 no ha resuelto los problemas más graves. Los que simpatizan con el concepto de «las Españas» y la pluralidad cultural no están satisfechos con lo que el gobierno llama «el estado de las autonomías», que es la designación del intento de resolver el problema. Los catalanes, vascos y gallegos son los más insatisfechos, aunque también hay canarios, andaluces y valencianos que piden más autonomía. Se ha dicho que «el estado español», o sea, el gobierno, no ha considerado el grado de diferencias históricas, culturales y lingüísticas que existe entre unas regiones y otras. El argumento de más peso a favor de la concesión de mayor autonomía a Cataluña, Euskadi y Galicia es el hecho de que cada una tiene su propio idioma. Aunque Extremadura y Andalucía, por ejemplo, sí tienen sus propias características y hasta estructuras económicas diferentes del resto de España, allí se habla el mismo idioma que en Castilla. Uno de los factores principales para determinar la unidad cultural de una zona es la lengua. Y aunque en toda España se habla el castellano, en las áreas de Cataluña, Valencia, Alicante, las Islas Baleares, Euskadi y Galicia se hablan dos idiomas, el de la comunidad autónoma y el castellano. Es conveniente, por lo tanto, hacer un breve repaso de la historia, cultura y lengua de cada una de las zonas que piden más autonomía para así poder entender esa constante tensión entre la cultura minoritaria y la de la mayoría. Se hablará más

tarde de los efectos de la europeización de España y de las regiones autóctonas.

Cataluña (Catalunya)

En Cataluña (*Catalunya* en catalán) se habla el catalán, que ha tenido una historia muy parecida a la de otros idiomas románicos: el italiano, el francés, el portugués, el rumano, el gallego y el castellano. Durante el Imperio Romano el idioma oficial del estado era el latín, pero los habitantes de las diversas colonias del imperio seguían hablando sus respectivos idiomas. Uno de ellos era el catalán que se hablaba y se sigue hablando en lo que hoy es Cataluña, Valencia, las Islas Baleares, Alicante, Andorra y hasta en Alguer, una pequeña villa de Cerdeña.° En total se calcula que siete millones de personas —comparable con la población de Portugal— hablan diariamente el catalán.

Sardinia

Los catalanes se destacan en la historia por un desarrollo político y social propio que se ha definido en relación con otras culturas, particularmente la española y la francesa. En la época medieval, Cataluña y Aragón formaban parte del reino de los Condes de Barcelona. Estas regiones a veces luchaban contra los demás reinos de la península y otras veces coexistían incluso con los reinos moros. En la Edad Media, Cataluña era completamente independiente de Castilla, y tenía sus propios métodos de gobierno establecidos por la Generalitat, nombre del gobierno catalán. Desde los comienzos del siglo XII hasta el siglo XV, Cataluña extendió su dominio hacia las islas del Mediterráneo y también hacia el sur de Francia, la Provenza. El dominio catalán o, como dicen los historiadores catalanes, *els països catalans*, comprendía° un vasto territorio: una tercera parte de la Península Ibérica, las Islas

comprised

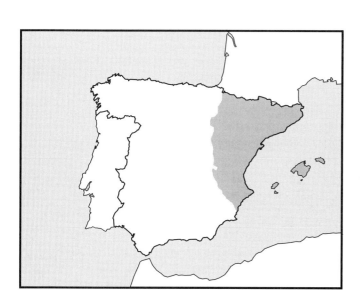

Baleares, el reino de Nápoles (que incluía Córcega, Cerdeña y Sicilia) y hasta una región de Grecia. Los Condes de Barcelona también tenían un concepto de gobierno diferente del que tenían los reyes de Castilla. Se formuló un código civil que se llamaba *els usatges*, que definía las responsabilidades y los derechos del rey frente a los súbditos° y vice- *subjects* versa. *Els usatges* era una serie de leyes que se asemejan a la *Magna Carta* de los reyes británicos.

Aunque el poderío catalán disminuyó después de la unificación de España en 1492, Cataluña ha luchado por su autodeterminación a través de su historia. Durante la Guerra de Sucesión en los primeros años del siglo XVIII, los catalanes se aliaron con los enemigos del rey español porque temían que su territorio cayera bajo el centralismo de Castilla. Si se compara la evolución política de Portugal, de un reino independiente en el siglo XII a la nación soberana que es ahora, se puede ver la posibilidad de que el mismo fenómeno histórico ocurriera en Cataluña.

Durante la Segunda República de 1931 se reestableció la Generalitat. Entonces Cataluña era una nación cuasi independiente con su propio presidente, congreso, policía y código civil. Hasta la Universidad de Barcelona, una de las más antiguas de España, no estaba bajo la jurisdicción del ministerio de educación de Madrid. Pero a partir de° la caída de la *a... from [that time] on* República los catalanes han sufrido represión. Durante el largo período de la dictadura de Francisco Franco se anuló la Generalitat y todos los derechos que se habían conseguido, incluyendo la libertad de hablar y estudiar el catalán en las escuelas. Cuando la Generalitat se reformó bajo la nueva constitución, estos derechos fueron restituidos. Aunque la situación actual es mejor para los catalanes que antes, muchos no están conformes con las reformas y la Constitución de 1978. Incluso ha habido un grupo armado, Terra Lliure (Tierra Libre), que a veces cometió actos ilegales para reclamar sus anhelos° autonómicos e independentistas. *yearnings*

Euskadi (el País Vasco)

En Euskadi (el País Vasco) también se habla otro idioma, el euskera, además del castellano. El euskera es uno de los idiomas más antiguos del mundo y sus orígenes son oscuros. Se teoriza que el euskera era el idioma, durante la Edad de Bronce, de los habitantes de lo que hoy corresponde a Euskadi (véase el mapa, pág. 13). El euskera es uno de los únicos idiomas de Europa que actualmente se hablan, que no pertenece a la familia indoeuropea. La primera gramática del euskera fue escrita en 1745 por Manuel Larramendi.

En la historia de la Península Ibérica el pueblo vasco se ha caracterizado por su orgullo e independencia. Además de hablar un idioma difícil de categorizar, se ha notado la prevalencia del tipo de sangre Rh negativo entre los que forman este grupo racial.

El Imperio Romano tuvo una marcada influencia en Euskadi. Pero ni los romanos, ni los visigodos ni los árabes, que le dieron forma a las características culturales más importantes de la península, pudieron controlar el País Vasco. El reino de Navarra, el antiguo reino de esta zona, era uno de los más poderosos de la península en la Edad Media. En Castilla se había establecido un sistema de derechos, concedido por el trono, que se llamaba «fuero juzgo», que protegía las costumbres y los derechos de los pueblos conquistados. Incluso cuando Navarra estaba bajo control de

Euskadi.

(© Stanley Payne, 1975. Reprinted with permission of University of Nevada Press; from *Basque Nationalism*)

Bilbao y el Río Nervión.

(A.G.E. PhotoStock)

Castilla, los habitantes de la zona podían practicar sus propios hábitos sin ninguna intervención del rey castellano. La gente de Euskadi, además de otros grupos geográficos y religiosos, disfrutaron de la libertad de vivir a su propia manera protegidos por el «fuero juzgo», o los fueros.

Por las características geográficas de la zona, por el idioma, por el factor histórico de los fueros y por el carácter independiente de su gente, Euskadi ha podido mantener su identidad cultural. Pero esto no ha sido fácil de conseguir. Los vascos han fomentado° grupos e ideolo-   *encouraged*
gías nacionalistas e independentistas en todas las épocas de su historia y hoy día el orgullo vasco no ha disminuido sino que ha aumentado. Hay muchos vascos que quieren ser independientes del estado español y aun más que quieren un mayor nivel de autonomía del que tienen ahora. Este deseo intenso por la autodeterminación ha sido la causa de mucha violencia en toda la península. Algunos vascos han declarado que el único vehículo para conseguir tal autodeterminación es la lucha armada. ETA, la organización armada para la independencia vasca, parecida a la IRA de Irlanda, ha cometido muchos actos violentos por conseguir esos fines. Pero también ha habido represiones por parte del gobierno, como la financiación de los GAL (Grupos Antiterroristas de Liberación). La violencia sigue, y los sentimientos de identidad cultural de los vascos se intensifican.

Galicia

Directamente al norte de Portugal, en la esquina noroeste de la Penín-sula Ibérica, queda Galicia (véase el mapa, pág. 10). En Galicia se habla gallego, un idioma románico muy parecido al portugués. Tanto por factores geográficos y políticos como por factores lingüísticos y litera-

Barcos de pesca en una de las rías (inlets, estuaries) gallegas.
(Joseph Nettis/Photo Researchers)

rios, siempre ha habido una estrecha relación entre Galicia y Portugal. Los filólogos° creen que el gallego se hablaba en la península con más extensión de que se habla actualmente. Las primeras muestras° de la poesía lírica que se han encontrado en la península suelen ser en gallego-portugués. Hasta se ha teorizado que, durante la temprana Edad Media, el castellano era un idioma minoritario que luego impuso su dominio sobre las demás regiones. *linguists* / *samples, examples*

Galicia también ha tenido su propio desarrollo histórico que es diferente del de otras zonas de la península. La religión ha sido un factor muy importante en tal desarrollo. Con la cristianización de la península bajo los visigodos, Galicia pudo ejercer influencia en otras partes. Santiago de Compostela, la ciudad principal de Galicia, era un lugar de suma° importancia en todo el mundo cristiano. Era la meta° de la famosa ruta de peregrinación que empezaba en el sur de Francia y continuaba por el norte de la península. *much; destination*

También durante la época medieval Galicia disfrutaba de independencia, pero no sin tener que luchar contra los reyes castellanos. Con la unificación de España en 1492 se reprimieron las actitudes de independencia y rebeldía debido a la política centralista de la dinastía de los Habsburgos.

Pero el espíritu de identidad propia siempre ha existido en Galicia. En el siglo XIX, con el movimiento romántico, resurgió el anhelo independentista. Cuando Napoleón invadió España en 1808, la lucha por la independencia se llevó a cabo° en Galicia, casi sin ninguna coordinación con las demás zonas. Dicen algunos escritores gallegos que la combinación de factores políticos con los literarios levantó la aspiración de los gallegos por la independencia. Sin embargo, a partir de 1846, con el fracaso de un movimiento armado por la independencia gallega, el anhelo de identidad cultural propia no ha tenido consecuencias tan violentas como en Euskadi. *se... took place*

Hoy día los sentimientos galleguistas son muy fuertes, especialmente en las universidades y entre la gente joven. Se ha iniciado un renovado esfuerzo por normalizar° el idioma. También hay varios escritores gallegos importantes como Daniel Rodríguez Castelao y Marina Mayoral, una mujer que escribe en gallego y castellano. Pero el problema eterno para los escritores que sienten este tipo de nacionalismo lingüístico es que al no escribir en castellano, el número de sus lectores se reduce, y por consecuencia la venta de sus libros y la diseminación de sus ideas. *standardize, make rules for*

Temperamento y vida diaria

Según algunos pensadores españoles, la geografía ha influido en el temperamento y en el llamado «carácter nacional español», como puede influir en los de cualquier pueblo. El estereotipo es que los españoles son resignados y estoicos por naturaleza debido a la escasez de las lluvias y a la dificultad de cultivar la tierra de

España. Pero es difícil llegar a una conclusión convincente sobre su carácter en general. Por ejemplo, un campesino andaluz tiene poco en común con un campesino gallego en cuanto a las costumbres, actitudes y sobre todo al mismo idioma en que se expresa.

Sin embargo, siempre ha habido y habrá ciertas características que predominan en los ciudadanos de un país, aun cuando la unidad política del mismo sea cuestionable. No se puede negar la realidad de ciertas diferencias nacionales que se manifiestan en el temperamento, en las actitudes y en la vida diaria.

Se dice que los españoles son, ante todo, muy individualistas, casi anarquistas. A veces el individualismo español se convierte en personalismo. El español suele buscar el contacto personal tanto para resolver problemas personales como para hacer negocios. Prefiere tratar con los amigos incluso en los asuntos burocráticos o políticos.

Por lo general, los españoles son sumamente expresivos. Disfrutan de° la conversación y la vida social. Para algunos los recreos suelen consistir en el placer de conversar animadamente con los amigos, dar un paseo, comer —siempre comer— y sentarse en una terraza al aire libre° simplemente por ver pasar a la gente.

Para vivir, los españoles necesitan expresar sus sentimientos interiores y sus pasiones de una manera espontánea, sin cálculo ni control. No es de buena educación callarse cuando uno no está de acuerdo. El mismo silencio° puede ofender. En cambio, el saludo expresivo y el abrazo amistoso son proverbiales° en España.

La vida en los pueblos es tranquila. Sin embargo, en las grandes ciudades hay tanto movimiento y prisa como en cualquier otra ciudad moderna. Las horas de trabajo son generalmente de las nueve de la mañana a la una de la tarde, y de las tres a las siete de la tarde. Se suele comer a las dos de la tarde y cenar a las diez de la noche. Pero estas horas nunca son fijas. Se dice que el español no quiere ser esclavo° del reloj. Los españoles tienden a pasar más tiempo fuera que dentro de casa. La vida nocturna de las grandes ciudades es fascinante, con teatros, conciertos y toda clase de diversiones, y hay gente charlando en las terrazas hasta la madrugada.

El español medio puede ser un gran filósofo. Cuentan de una forastera° que buscaba en una calle de Madrid un edificio que no encontraba y al preguntarle a un madrileño, éste le dio la dirección lenta y claramente. Al final le dijo algo muy importante: «Y si usted no encuentra ese sitio que busca, no pasa nada.» «No pasa nada», o sea, no hay que tomarse demasiado en serio las pequeñas inconveniencias diarias.

El español ama con pasión la tierra donde nació, pero suele expresar su patriotismo de una forma muy particular. No es la clase de patriotismo del que alardea,° por ejemplo, que los vinos, los escritores, los ciclistas, etcétera, de otras partes del mundo no se pueden comparar con los de su país. El español suele reconocer públicamente las debilidades y defectos de su patria. Ya lo ha dicho un escritor español, Fernando Díaz Plaja:

Disfrutan... *They enjoy*

terraza... *outdoor café*

El... *That very silence*
commonplace

slave

foreigner

boasts

Oyendo hablar a un hombre, fácil es,
acertar dónde vio la luz del sol;
si os alaba a Inglaterra, será inglés;
si os habla mal de Prusia, es un francés;
y si habla mal de España, es español.

Pero la característica nacional que, a fin de cuentas, es la más importante es el amor a una tierra natal que está dentro de la nación oficialmente llamada España. Quizás el español habla mal de España porque no se considera español. Además, España no se puede definir con exactitud; quizás sea un concepto demasiado intangible para el español que siempre prefiere las cosas concretas: la pequeña localidad, la vecindad, la comunidad, la familia y los amigos.

Preguntas

1. Explica el término «España y las Españas».

2. Describe las tres naciones periféricas dentro de España.

3. Describe la geografía de España: el clima, los ríos, las montañas.

4. Se dice que los Pirineos forman un muro entre España y el resto de Europa. ¿Cuáles son algunas de las ventajas y las desventajas de esta característica geográfica?

Temas de conversación e investigación

1. En España se hablan varios idiomas, lo cual ha causado discordia política y social. En tu opinión, ¿depende la unidad de un país de la homogeneidad lingüística de los ciudadanos? ¿Es el monolingüismo un factor positivo en la unidad de una sociedad? Explica.

2. ¿Cómo se compararía la situación lingüística de España con la de tu país? ¿Crees que el español debería ser el segundo idioma oficial de tu país? ¿Por qué?

3. Se ha hablado mucho del carácter nacional de un país como un factor crucial en el desarrollo histórico del país, particularmente cuando se habla de España. ¿Por qué puede ser problemático el intentar explicar la historia de un país a base del supuesto carácter nacional? ¿Cómo se podría evitar los estereotipos? ¿Crees que hay un carácter nacional de este o de otros países? ¿Cuál es?

4. Se ha dicho que el sistema gubernamental español de las autonomías es parecido al sistema federal de los Estados Unidos: los llamados derechos de los estados (*states' rights*). ¿Estás de acuerdo? ¿Cuáles son las diferencias y las similitudes entre ambos sistemas?

5. Al final de la Introducción se afirma que los españoles son individualistas, que les gusta la conversación, que no les gusta el silencio, que no quieren ser esclavos del reloj, que suelen ser filosóficos y que son críticos de ellos mismos y de su propio país. ¿Son estereotipos? Explica.

Source and Supplementary Materials

Introducción

Many of the printed and audiovisual materials included in the end-of-unit lists are available at the Instituto Cervantes, 122 E. 42nd St., New York, NY 10168, tel. 212-689-4232, fax 212-545-8837.

Printed Materials

ALTAMIRA, RAFAEL. *Historia de España.* (Also available in English as *History of Spain,* trans. Muna Lee.) New York: Van Nostrand, 1949. Comprehensive history of the Iberian Peninsula, with maps and chronologies. This was a major source for Francisco Ugarte in the early editions of this text.

ATXAGA, BERNARDO. *Obabakoak.* New York: Random, 1993. This novel about the Basque Country is available in the original Euskera, in Spanish translated by the author, and in this English version translated by Margaret Jull Costa.

CLARK, ROBERT. *The Basques.* Reno: University of Nevada Press, 1979. An objective yet sympathetic history of Basque nationalism and separatism, mainly covering the Franco years.

DÍAZ PLAJA, FERNANDO. *The Spaniard and the Seven Deadly Sins.* London: Pan Books, 1967. A delightful tongue-in-cheek description of the Spanish national character.

GARCÍA-MARTÍ, VICTORIANO. *Galicia: La esquina verde.* Madrid: Editora Nacional, 1954. Remarkably sympathetic to Galician cultural identity, given the year of publication.

JORDAN, BARRY, ed. *Spanish Culture and Society.* London: Oxford University Press, 2002.

LASAGABASTER, J. M. *Contemporary Basque Fiction.* Reno: University of Nevada Press, 1990.

LEPRÊTRE, MARC. *The Catalan Language Today.* Barcelona: Generalitat, 1992.

MARÍAS, JULIÁN. *España inteligible: Razón histórica de las Españas.* Madrid: Alianza, 1985.

PARDO BAZÁN, EMILIA. *Los pazos de Ulloa.* Barcelona: Bruguera, 1982. (Also available in English as *The House of Ulloa,* trans. Paul O'Prey and Lucia Graves. New York: Penguin, 1990.) Pardo Bazán's famous novel about the Galician aristocracy in the nineteenth century; much background description of Galician countryside.

READ, JAN. *The Catalans.* London: Faber and Faber, 1978. A brief but thorough history of Catalonia. Contains informative maps, charts, and drawings.

RIBERA LLOPIS, JUAN M. *Literaturas catalana, gallega y vasca.* Madrid: Playor, 1982.

SIGUÁN, MIGUEL. *Multilingual Spain.* Amsterdam: Swets & Zeitlinger, 1993.

SOBRER, JOSEP MIGUEL. *Catalonia: A Self-Portrait.* Bloomington: University of Indiana Press, 1992. A collection of personal essays on various aspects of Catalan culture.

TEICH, MIKULÁ and PORTER, ROY, ed. *The National Question in Europe in Historical Context.* Cambridge: Cambridge University Press, 1993. See especially the chapter on Spain by S. Barton.

Audiovisual Materials

MARIANELA. A film (available on video) by Angelino Fons, based on a novel by Pérez Galdós set in a mining village in Asturias. A young blind man falls in love with a woman from the village. Upon regaining his sight, he falls out of love because the woman has been disfigured in an accident.

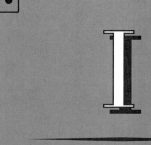

I

La prehistoria hasta la Edad Media

"Frontale d'altare dedicatto a S. Clemente di Tahull,"
sec. XIII; Museo d'art catalana Barcelona. SEF/Art
Resource

1

España desde sus orígenes hasta la Reconquista

For more information please go to *Unidad I* of the video to accompany *España y su civilización.*

Cronología

	Antes de Cristo (a.C.)
Siglo VI	Llegada de los celtas a España y fusión con los iberos
Siglos VI–III	Dominación cartaginesa
Siglo III	Llegada de Aníbal a España con el ejército cartaginés
	Después de Cristo (d.C.)
281 a.C.– Siglo I d.C.	Campaña militar de conquista de España por los romanos
117 d.C.– 138 d.C.	Llegada de los primeros judíos
Siglos I–V	Dominación romana
Año 409	Llegada de los visigodos
Año 711	Invasión de los árabes y principio de su dominación
Años 756–961	Califato de Córdoba; gran cultura de «Al-Andelús»

Año 1391	▼	Destrucción de sinagogas; comienzo de pogromes
Año 1469	▼	Unidad de España bajo los Reyes Católicos
Año 1472	▼	Introducción de la imprenta en España
Año 1481	▼	Comienza la Inquisición
Año 1492	▼	Conquista de Granada por los Reyes Católicos y fin de la dominación árabe en España; descubrimiento de América; expulsión de los judíos

España es un país con una larga historia. En la remota Edad Media,° era una zona de una inmensa variedad cultural. Cristianos, árabes y judíos coexistían y colaboraban en una gran empresa° de cultura y de civilización. España era entonces el eslabón° entre las culturas de Oriente y de Occidente. En el siglo XVI, España creó el primer estado y el primer imperio moderno. Pero después de la derrota° de la «Armada Invencible», la nación cayó en una gran decadencia material y perdió su poder militar y político. Por varias circunstancias, la historia de España es muy diferente de la del resto de Europa. Por eso, el carácter y el estilo de vida de los españoles son también muy peculiares.

La Península Ibérica tiene unas 2.700 millas de costas y siempre ha sido vulnerable a las invasiones extranjeras. Por eso, los habitantes de la península son el fruto° de numerosas mezclas° de diferentes razas y pueblos que vivieron en España. Esta diversidad racial se refleja en los españoles de hoy.

Ha sido muy discutida la etimología de la palabra *España*. Fueron los griegos los que emplearon por primera vez el nombre de *Spania*, transformada luego en *Hispania* por los romanos. Se ha asociado con *span* (*palmo*), y al púnico *conejo*,° pero esas especulaciones no se pueden confirmar. *Iberia* quiere decir *país de los iberos* y deriva de la raíz *ib,* que significa *río.* Por eso se da el nombre de *Ebro* a uno de los mayores ríos de la península.

Edad... Middle Ages

enterprise, undertaking
link

defeat

product/mixtures

rabbit

Los iberos y los celtas

Los griegos nos dan la primera indicación de que los primeros pobladores de la Península Ibérica fueron los iberos. Se sabe que ya estaban allí en el siglo VI a.C. Pero no hay duda de que los iberos vivían en España desde mucho antes. Era un pueblo individualista y guerrero.° Constituía una raza de gente baja y morena, que también vivía en Inglaterra, Irlanda, Francia y otros lugares de Europa.

warlike

¿De dónde procedían° los iberos? ¿Serían los antepasados de los vascos de hoy? Las investigaciones científicas más modernas han demostrado que existe alguna conexión entre el pueblo vasco actual y los iberos de la prehistoria. Esta opinión está basada principalmente en ciertas relaciones entre el euskera, o lengua de los vascos, y la lengua que hablaban los iberos. Eso se ve especialmente en los nombres de ciudades, ríos y montañas.

originated

En el siglo VI a.C., llegaron los celtas a la Península Ibérica. Era éste un pueblo de gente rubia que procedía del norte y del centro de Europa. Todavía se nota hoy en España la influencia celta, principalmente en Galicia. Los gallegos se parecen a los irlandeses —también de origen celta— en ciertas características físicas. Culturalmente también comparten ciertas cosas, como por ejemplo la gaita° como instrumento musical.

bagpipe(s)

Iberos y celtas se fundieron° —primera mezcla de razas— para formar el pueblo celtíbero. Era un conglomerado de tribus desorganizadas y belicosas.° Eran valientes en la lucha y despreciaban la muerte.

se… mixed

warlike

Otros: fenicios, griegos y cartagineses°

Carthaginians

Los fenicios fueron los primeros en establecer relaciones comerciales con la península, hacia el siglo XI a.C. Era un pueblo procedente de las islas y las costas en el este del Mediterráneo. Los fenicios eran semitas, marineros y comerciantes. Fundaron Cádiz, la ciudad más antigua de España. También establecieron colonias permanentes en Málaga y en otros puertos del Mediterráneo con el fin° de explotar sus riquezas. Los fenicios eran de naturaleza pacífica y no iniciaron ninguna guerra contra los celtíberos. Se dedicaban solamente al comercio, y enseñaron a los residentes de la península el uso de la moneda, el alfabeto y el arte de trabajar los metales y hacer tejidos.°

end, goal

cloth, fabric

Hacia el siglo VII a.C., los griegos también establecieron colonias mercantiles en los puertos del Mediterráneo. Incrementaron el cultivo de la uva y del olivo, y fundaron escuelas y academias.

Antes de las guerras púnicas,* Cartago era una colonia fenicia situada en el norte de África. Pronto se convirtió en una gran metrópoli comercial e industrial. Tenía más de un millón de habitantes. En el siglo VI a.C., los fenicios fueron atacados por los celtíberos y les pidieron ayuda a los cartagineses. Pero al llegar éstos a España se hicieron dueños de la península.

Durante el siglo III a.C., la Península Ibérica fue uno de los lugares disputados entre los cartagineses y los romanos, que también querían ejercer su dominio en la península. Un poderoso ejército cartaginés desembarcó° en España para conquistar definitivamente el país en el siglo III a.C. Pronto conquistó todo el país. Aníbal era el caudillo cartaginés. Desde los trece años, Aníbal había vivido en España. Juró° odio eterno a los romanos. Con soldados cartagineses y celtíberos, y una formidable caravana de elefantes, Aníbal cruzó los Pirineos y los Alpes. Estuvo a punto de ocupar Roma, pero no pudo. Fue Roma la que, finalmente, destruyó e incendió° Cartago en el año 146 a.C.

landed

He swore

burned

Los romanos

Mientras Aníbal luchaba en Italia, los romanos invadieron España en el año 218 a.C. Tardaron° doce años en expulsar a los cartagineses. Roma dominó en la península durante seis siglos. Pero los poderosos ejércitos romanos tardaron doscientos años en someter a las valerosas tribus celtíberas.

La ciudad de Numancia es el símbolo inmortal de la resistencia del pueblo celtíbero en su lucha a muerte contra Roma. Estaba en llamas° cuando el general romano Escipión pudo finalmente entrar. Pero no encontró un solo numantino vivo porque, después de la derrota, se habían suicidado todos. Miguel de Cervantes escribió una famosa tragedia sobre la caída de Numancia.

Los celtíberos mezclaron su ya mezclada sangre con la de los invasores romanos. La lengua, las leyes y las costumbres romanas fueron en parte adoptadas en la península; es decir, España se romanizó. Ya no era una colonia, sino parte integrante y orgullosa de Roma. Los españoles, ahora hispanorromanos, no eran vasallos° sino ciudadanos romanos que disfrutaban de todos los derechos inherentes a la soberanía.° Cuatro de ellos llegaron a ser emperadores romanos: Trajano, Adriano, Marco

It took them

flames

vassals, subjects
sovereignty

---

*Las tres guerras púnicas entre romanos y cartagineses duraron más de un siglo. Fue una lucha por la supremacía del Mediterráneo que terminó con la victoria total de Roma en el siglo II a.C.

Templo romano en Vic (provincia de Barcelona).
(Courtesy of Spanish National Tourist Bureau)

Trajano fue uno de los cuatro emperadores romanos nacidos en España. Dio a Roma su máxima expansión territorial.
(Alinari-SCALA/Art Resource)

Aurelio y Teodosio el Grande. Séneca, el gran filósofo estoico, y otras ilustres figuras de la cultura romana, eran hispanorromanos. Así es como España se convirtió en un país latino.

Los visigodos

Después de seis siglos de dominación romana, en el año 400 España fue invadida por los pueblos bárbaros del norte. Los bárbaros aprovecharon° la decadencia del Imperio Romano para invadir los dulces campos del sur. Los pueblos estaban compuestos por varias tribus germánicas que se dedicaban a hacer la guerra y que sólo respetaban el derecho de conquista: la ley de la selva. En España, estos godos° o visigodos se convirtieron en los amos.

took advantage of

Goths

Pronto terminó la conquista para dar lugar a una nueva mezcla de sangre, esta vez entre hispanorromanos y visigodos. España, además de ser latina, y además de lo que había sido antes, llegó a ser también germánica. Por primera vez se estableció cierta unidad política y religiosa, y se creó la monarquía visigótica aristocrática. En el siglo VI, los visigodos se convirtieron al cristianismo. Uno de los más conocidos fue San Isidoro, a quien se le atribuye el primer tratado en contra de los judíos, pues también pretendía° convertirlos al cristianismo.

attempted

El feudalismo fue inaugurado en España por los visigodos, pero nunca alcanzó° un desarrollo tan amplio° como en otros pueblos de Europa. En general, los visigodos no crearon una civilización nueva. Se limitaron a adaptar las instituciones romanas a sus necesidades.

achieved/broad

Los árabes

En el siglo VII, en Arabia, surgió° un profeta (Mahoma) que dio origen a la religión islámica y unificó las tribus árabes. Pronto estas tribus, que habían sido nómadas, llegaron a formar el pueblo más poderoso del mundo civilizado de entonces. El símbolo islámico de la media luna fue el mayor rival de la cruz cristiana. El dominio árabe se extendió hasta Europa. En el siglo X, bajo la dominación árabe, España estaba a la cabeza de la cultura europea.

appeared

La historia tiene sus paralelismos. De la misma manera que el Imperio Romano se debilitó° en sus últimos días, cediendo el paso a los bárbaros del norte, así la monarquía visigótica sucumbió al primer ataque de los guerreros árabes en el siglo VIII.

se... weakened

Además, la monarquía visigótica no era hereditaria sino electiva entre los nobles. Por lo tanto, las sucesiones al trono eran casi siempre violentas. Los aspirantes a la corona° visigótica se mataban unos a otros. De los treinta y dos reyes visigóticos que reinaron en España, diez de ellos fueron asesinados por los aspirantes al trono.

crown

El Alcázar de Segovia se construyó como protección contra reinos enemigos. Aquí habitaron los Reyes Católicos por mucho tiempo.

(© Peter Menzel)

La leyenda de don Rodrigo, el último rey godo, relata la perdición de la España visigótica. Dicen las viejas crónicas° que una preciosa doncella,° que se llamaba Florinda la Cava, se bañaba en las orillas del Río Tajo. La vio el rey Rodrigo desde una ventana de su palacio de Toledo, se enamoró de ella y la hizo su amante.° Pero cometió la indiscreción de no pedirle permiso a su padre, quien era el poderoso conde° don Julián, gobernador de Ceuta en el Estrecho de Gibraltar. Cuando don Julián se enteró° de estas relaciones ilícitas, se sintió insultado en su honor y juró vengarse. Las llaves de las puertas de España estaban a su disposición, y las abrió para que los moros invadieran la península.

En el año 711 los árabes entraron en España. En la península permanecieron° por ocho siglos, muchas veces guerreando con los españoles pero, con frecuencia, conviviendo° pacíficamente con ellos. Estos ocho siglos de vida en común han ejercido enorme influencia en el carácter nacional español, en la literatura y en el arte. El ingrediente árabe da una nota característica a la civilización española. La hace muy diferente de las de otros países europeos.

Al principio, el gobierno político de la España musulmana no era independiente. Estaba constituido por emires° bajo la jurisdicción del califa.° Pero en el año 756, el Califato de Córdoba fue proclamado soberano e independiente. Bajo la dirección de los califas cordobeses Abderramán II y Abderramán III, se inició° en España un período de máximo esplendor cultural, de 756 a 961. España tenía la flota° más poderosa del Mediterráneo. Córdoba, su capital, se convirtió en próspera metrópoli de la civilización de Europa. Árabes y judíos trabajaban juntos para dar al mundo importantes descubrimientos en los campos de la

chronicles
damsel, maiden

mistress
count

se... found out

they remained
living together

emirs, princes
caliph, head of a caliphate (state)
se... was initiated
fleet

medicina, la botánica, las matemáticas y otras ciencias. Los árabes transmitieron al mundo occidental la filosofía y cultura de la antigua Grecia. Si no fuera por estos árabes hispánicos, se habría tardado en conocer la filosofía de Aristóteles.

Córdoba tenía toda la opulencia de un cuento de *Las mil y una noches*. Dicen las crónicas que a una legua° de la ciudad, Abderramán III edificó la fabulosa ciudad-palacio de Medina-Azahra para su favorita. En su recinto° había un harén con 6.300 mujeres, 400 casas, 300 baños y 15.000 eunucos° y criados. Pero las mujeres cristianas y musulmanas tenían un papel activo en la sociedad, ya que practicaban oficios como menestralas,° taberneras e intelectuales. Artesanos cristianos y árabes construyeron las paredes cubiertas de oro y mármoles° transparentes. Las tejas° de muchos tejados° eran de oro y plata. En 1010, feroces tribus bereberes° del norte de África invadieron el califato, destruyeron los palacios del califa y mataron a sus ocupantes. Hoy casi no quedan restos de la opulencia de Medina-Azahra. Pero sí queda otro famoso palacio árabe, La Alhambra, que está en Granada.

Después del período de prosperidad y grandeza del califato, la España árabe se dividió en pequeños reinos débiles y desunidos llamados *taifas*. Granada fue el último reino moro; cayó en poder de las fuerzas cristianas en 1492.

La historia de ocho siglos de dominación árabe en España se caracteriza por la ejemplar° tolerancia que existía entre sus habitantes. Cristianos, árabes y judíos vivieron y colaboraron juntos, a pesar de sus enormes diferencias religiosas y culturales.

league (2.4–4.6 miles)

confines, enclosure

eunuchs

artisans
marble
tiles; roofs
Berber

exemplary

La Reconquista

Los cristianos españoles que no cayeron bajo las armas del Islam se reunieron en Covadonga, en las montañas de Asturias. Nombraron rey a Pelayo, primer rey de la dinastía española. En 718, sólo siete años después de la invasión, los cristianos ganaron en Covadonga la primera batalla contra los árabes. Después de esa victoria, la España cristiana comenzó las campañas° para rechazar° a los invasores árabes del suelo español. Esta larga lucha, conocida en la historia como *la Reconquista*, duró ocho siglos, aunque no era constante. Hubo muchos períodos de convivencia pacífica y amistosa.

El período de la Reconquista determinó la formación política y religiosa de España. A medida que° los reyes cristianos iban recuperando terreno de los árabes, la península se dividió en reinos independientes, desunidos y rivales. La diversidad y carácter propio de estos antiguos reinos (como Asturias, Aragón, Galicia, Navarra, León y Castilla) es la base de la relativa falta de unidad política y cultural que ha existido en la península hasta hoy.

campaigns/push back

A… As

El Testamento de Isabel la Católica, *cuadro de Eduardo Rosales, representa la reina castellana tan admirada de muchos españoles. De suma inteligencia, gobernó durante la época de la unificación territorial de España y de la exploración de América.* (Museo del Arte Moderno, Madrid/Institut Amatller D'Art Hispanis)

La unidad política de España se logró con el casamiento en 1469 de los Reyes Católicos: Isabel, reina de Castilla, y Fernando, rey de Aragón. En aquel entonces Aragón formaba una tercera parte del este de la península, incluyendo Cataluña, un condado bajo el poder de los Condes de Barcelona que habían conquistado las grandes islas mediterráneas de los árabes: Baleares, Córcega, Cerdeña, Sicilia y el reino de Nápoles. Menos de tres décadas después, España (o Castilla-Aragón) se convertirá en imperio con la llegada de Cristóbal Colón a América y la subsiguiente° conquista de los aztecas y los incas.   *subsequent*

Los ejércitos de los Reyes Católicos entraron victoriosamente en Granada, el último bastión de los árabes, en 1492, poniendo fin así a la Reconquista. Dice un romance popular que Boabdil, el último califa árabe, «llora como un niño la pérdida de su Alhambra» (véase la foto, pág. 43). El año 1492 es una fecha importantísima en la historia española, por ser el año en que terminó la dominación árabe en territorio español y se extendió el imperio español en América con el primer viaje de Colón. Tristemente, este año también marca la expulsión de los judíos de España, después de un siglo de persecuciones.

Preguntas

1. ¿Cuáles son los grupos principales que dominaron en España antes de la colonización romana?

2. ¿Cuál fue la contribución principal de los fenicios? ¿Y la de los griegos?

3. ¿Qué importancia histórica, simbólica y literaria tiene la ciudad de Numancia?

4. ¿Cuáles son algunas de las contribuciones culturales de los árabes a la civilización española?

5. Describe la Reconquista. ¿Cuánto tiempo duró? ¿Dónde empezó y dónde terminó?

Temas de conversación e investigación

1. En la pág. 21 se presenta la etimología de las palabras *España* e *Iberia*. Busca los orígenes de otros topónimos (nombres geográficos). ¿Cuál es el origen del topónimo del estado, ciudad o pueblo donde vives?

2. La civilización romana se conoce por su imperialismo. Hoy día tal sistema es objeto de crítica, mientras que hacia el año 300 a.C. se veían las ventajas de la colonización de España. ¿Cuáles son algunas de las contribuciones romanas a la civilización española? ¿Por qué se suele juzgar el imperialismo de una manera más crítica hoy día?

3. Los árabes españoles también contribuyeron muchos de los aspectos culturales de la Península Ibérica. Describe algunos de ellos. ¿Es la tolerancia religiosa uno de estos aspectos? Si es así, ¿por qué crees que algunas personas ven la cultura musulmana como una cultura intolerante?

4. La historia de Florinda la Cava es parte tanto de la historia española como de la literatura. ¿Hay otros personajes históricos que se han convertido en figuras míticas o de ficción? ¿Por qué suele existir esa convergencia entre el mito y la historia?

2

La literatura española desde su nacimiento hasta el Siglo de Oro

Antes de apreciar las primeras manifestaciones de literatura en idioma castellano, hay que reconocer que existía en España una antigua tradición de literatura escrita en gallego, en catalán y en mozárabe (el idioma que hablaban los españoles que vivían en territorios ocupados por los árabes de España). Actualmente hay muchos escritores que insisten en escribir en catalán, gallego o euskera para conservar la cultura e identidad propias. En este texto, se hablará sobre todo de la literatura escrita en castellano pero también se indicará la importancia de algunas de las obras más conocidas y escritas en los idiomas minoritarios de la península.

¿Cuáles son las características comunes a la literatura española? Es arriesgado° generalizar. Cada escritor español tiene una personalidad, un estilo y una cultura muy suya, según el lugar y la época en que nació y vivió. Se ha dicho que los intelectuales españoles se instalan° dentro de una realidad no abstracta sino vital. Es decir, los escritores españoles son individualistas y realistas.

La raíz° de la literatura española está en el pueblo. El elemento popular es frecuentemente la base de la creación artística. Lo popular y lo artístico se mezclan para buscar la armonía y la gracia. El escritor español suele poetizar todo lo que es popular en la vida y en el arte.

risky

se... *place themselves*

root

Los orígenes de la lengua y las «jarchas»

El castellano, siendo lengua románica, viene del latín. Pero hay muchas palabras que son de origen árabe, por ejemplo, las que empiezan por el artículo árabe *al*, como *algodón* y *alcalde*.

Las muestras más antiguas de la literatura española son las jarchas (hacia el siglo XI). Éstas son pequeños poemas escritos en dialecto mozárabe, un español muy arcaico. Aparecen al final o como el estribillo° de un poema más largo escrito en árabe o hebreo. El tema de estos poemas es casi siempre el amor: el éxtasis o el dolor que uno siente por la persona amada. Las jarchas son poemitas dulces y sensuales que sugieren° que el deseo amoroso es una necesidad humana. *refrain* *suggest*

Las jarchas han influido mucho en la historia de la lírica española, tanto en la forma como en los temas. De las jarchas derivan los *villancicos* (canciones cantadas en la Navidad) y las cantigas de amigo cantadas por trovadores gallego-portugueses. Una gran parte de la poesía temprana está escrita en voz de mujer.

Meu sidi Ibrahim, ya neumne dolche,
vent 'a mib de nohte.
In non, si non queris, yirem' a tib:
garme a ob legarte.

(Mi señor Ibrahim, dulce nombre,
Ven a mí de noche.
Si no, si no quieres, yo iré a ti:
Dime dónde encontrarte.)

El Poema del Cid

La poesía nació al mundo con tono épico. La literatura griega tiene su base en *La Ilíada* de Homero, la literatura inglesa en el *Beowulf*, la francesa en la *Chanson de Roland*, la alemana en el *Nibelungenlied* y la española en el *Poema del Cid*, todas ellas poesías épicas con héroes nacionales. Es importante recordar que en la época, España es un crisol° que incluye las ricas culturas judía e islámica que florecieron en la península e las islas ibéricas. *crucible*

El *Poema del Cid* fue escrito por un poeta anónimo hacia 1140, sólo unos cuarenta años después de los acontecimientos históricos que narra. Tiene más de tres mil versos que tratan de las hazañas° de este caudillo *exploits, deeds*

Esta escultura del Cid es obra de Anna Hyatt Huntington. Dice el poeta anónimo en el Poema del Cid: «Monta el Cid Campeador en Babieca su caballo; / con todas sus guarniciones allí lo han enjaezado (harnessed). / ¡A banderas desplegadas salen de Valencia al campo! / Son cuatro mil menos treinta y en cabeza el Cid mandando».
(Courtesy of the Hispanic Society of America)

de la Edad Media. El Cid es la encarnación de la España caballeresca,° varonil y noble. El poema no es fantástico como los otros citados.° Al contrario: es muy humano, dramático, realista y popular. *chivalric, knightly*
mentioned

El héroe, Ruy Díaz de Vivar, conocido como *el Cid* —que en árabe quiere decir *señor*— es un noble guerrero castellano. El Cid es acusado por un envidioso enemigo ante el rey Alfonso VI de Castilla (reinó de 1065 a 1109), quien lo destierra° injustamente. Sus leales hombres le siguen en el destierro para pelear contra los moros. *exiles*

Después de muchas batallas por las tierras del norte de Castilla, Aragón y Cataluña, derrota a los moros y entra triunfante en la ciudad de Valencia. Allí, se reconcilia con el rey. Sus dos hijas, doña Elvira y doña Sol, se casan con los infantes° de Carrión del antiguo reino de León. Estos cobardes esposos azotan° y violan a sus mujeres y las abandonan desnudas en un robledal.° A petición del Cid, se convocan° las Cortes de Castilla para castigar a los infantes de Carrión. El poema termina consolando a las desgraciadas° hijas del Cid mediante nuevas bodas con los honrosos infantes de Aragón y de Navarra. El Cid recupera su honor; sus grandes hazañas le merecen unos lindos epítetos que se repiten en el poema. Por ejemplo, le llaman «el que en buena hora ciñó espada» (*he who in a happy hour girded on his sword*). *princes*
beat
oak grove
se… are convened
unfortunate

El conde Lucanor

El conde Lucanor del infante don Juan Manuel (1282–1348) es una colección de cuentos didácticos dentro de un marco.° El joven conde llega a su sabio tutor Patronio con sus dudas y preguntas sobre la vida. Patronio le contesta con un cuento que termina con una moraleja o lección vital. «De lo que aconteció a un hombre bueno con su hijo» es uno de los cuentos del libro que narra lo que le sucedió a un hombre que iba al mercado con su hijo y una bestia. Ambos iban a pie y la bestia iba descargada.° Pasaron unos hombres y dijeron que el padre y el hijo eran tontos por ir a pie. Entonces montó el hijo. Pasaron luego otros hombres y criticaron al hijo porque iba montado en la bestia mientras el padre viejo iba a pie. Entonces el hijo bajó de la bestia, y subió el padre. Otros hombres dijeron que no estaba bien que el tierno° hijo fuera andando. Entonces los dos subieron a la bestia. Pero otro hombre dijo que eran crueles con la pobre bestia. Ya cansado de tanta crítica, el hombre bueno concluye que es mejor que cada quien haga lo que le parece bien, que no importa la opinión de los demás, porque siempre habrá quien encuentre defectos en lo que los otros hacen. Otro de los cuentos tiene su tema muy parecido al de la obra shakespeariana, *The Taming of the Shrew*.

frame

with no burden

tender, young

Cantigas de Santa María

Estas composiciones religiosas del siglo XIII se cantaban en gallego-portugués como alabanzas° a la Virgen María. El rey Alfonso X «el Sabio» (1221–1284) las recopiló° y las hizo transcribir no sólo como una muestra de espiritualidad sino también como una labor intelectual y artística. Las cantigas son las primeras joyas de la literatura gallega. En las cantigas se relatan los milagros de Nuestra Señora. Sirvieron para conservar el culto a la Virgen María que es algo muy típico de la religiosidad española, y es una virgen muy humana, que protege a los pecadores, incluso a una monja que se escapa de su convento para verse con su amante. Hasta hoy día se cantan en las iglesias y son muy conocidas por el pueblo gallego.

praises
compiled

El Arcipreste de Hita

Juan Ruiz (1283–1350) fue arcipreste del pueblo de Hita (provincia de Guadalajara) y estuvo en la cárcel trece años por causas desconocidas. Su obra maestra *El libro de buen amor* (1330–1334) es una joya de didacticismo, lirismo y poesía narrativa. Se parece un poco en los temas y en el tono a *The Canterbury Tales*

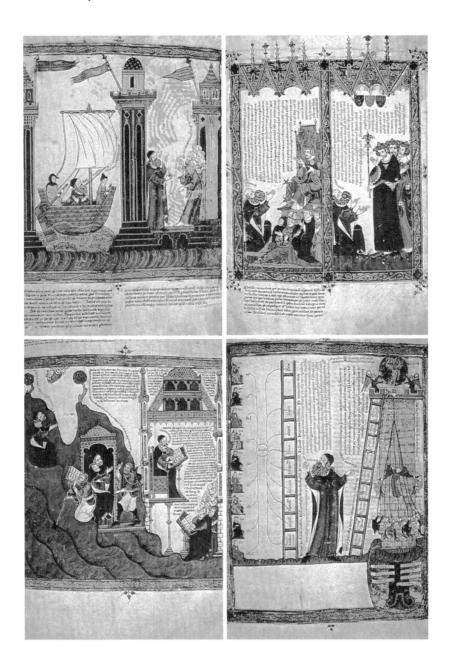

Ramón Llull, filósofo mallorquín del siglo XIII, escribió en catalán y latín. Aquí se ven unos folios (pages) de un manuscrito iluminado; son páginas copiadas y decoradas a mano por monjes.
(Centre UNESCO de Catalunya, Barcelona)

de Chaucer. El *Buen amor* es una mezcla de exaltación religiosa y a la vez un canto a las delicias de la vida: los vinos, las canciones, la naturaleza y el amor. Al principio el protagonista está desilusionado porque ninguna mujer se ha enamorado de él. Pero luego, con la ayuda de una alcahueta° famosa, Trotaconventos, lo consigue. Juan Ruiz es el

go-between, matchmaker

poeta-humorista más antiguo de España. La intención de la obra ha sido muy discutida. Algunos dicen que esos elogios al placer y a los sentidos son ejemplos del «amor loco», o sea, el amor mundano, mientras otros ven en el arcipreste una figura positiva que representa la sensualidad.

¡Ay, Dios, cuán hermosa viene doña Endrina por la plaza!
¡Ay, qué talle, qué donaire,° qué alto cuello de garza°!   *grace/heron*
¡Qué cabellos, qué boquita, qué color, qué buenandanza°!   *felicidad*
Con saetas° de amor hiere cuanto los sus ojos alza.   *arrows*

Proverbios morales y La historia del Abencerraje

En el siglo XIV, se encuentran también muestras de las otras culturas que coexistían con la España cristiana. El sabio rabino Sem Tob de Carrión escribió una colección de *Proverbios morales,* cuartetos doctrinales de inspiración hebrea. En ese mismo manuscrito se encuentran unas *Coplas de Yoçef* que narran los últimos años de la vida del bíblico José, según el libro *Génesis 37* (30–50). El mismo José es objeto de otro libro, el *Poema de Yúçuf,* en *aljamiado,* nombre éste que se da a las obras escritas con palabras españolas pero utilizando escritura árabe o hebrea. Este texto anónimo se basa más bien en el Corán.

Más tarde (alrededor de 1550), encontramos la bella novela sentimental de tema árabe, *La historia del Abencerraje y la hermosa Jarifa,* que tiene lugar en las regiones fronterizas entre moros y cristianos, centrándose en las relaciones de amistad entre protagonistas de ambos bandos. Abindarráez y Rodrigo de Narváez son hombres de honor que se tratan con respeto. La obra inspiró algunos episodios de *Don Quijote* y llegó a tener seguidores en la literatura francesa.

Tirant lo Blanc

Una de las novelas caballerescas más famosas de la literatura mundial es *Tirant lo Blanc,* escrita en catalán por el valenciano Joanot Martorell (1410–1468) y publicada póstumamente en 1490. Según Miguel de Cervantes, autor de *Don Quijote, Tirant* es «el mejor libro del mundo» porque los caballeros son pintados de una manera realista: «comen... , duermen, mueren en sus camas y hacen testamento antes de su muerte.» La obra se trata de la batalla entre los turcos musulmanes y los cristianos por la gran ciudad bizantina de Constantinopla. El héroe, Tirant, es un personaje que lucha valerosamente y se enamora apasionadamente. Pero no es de ningún modo el único personaje; hay doncellas, caballeros, princesas, una emperadora sensual y seductora, soldados y gente común. La obra es de gran interés por las observaciones sobre la vida cotidiana° de la corte bizantina y también por la modernidad de su narrativa. No sólo es una obra realista sino que, junto con las escenas de batallas, está llena de intrigas amorosas, a veces eróticas.

diaria

La Celestina

En 1499 apareció *La Celestina,* una composición dialogada que se puede leer como obra dramática o novela. Fue escrita por Fernando de Rojas y se considera como una obra de transición entre la época medieval y el Renacimiento.

Brevemente el argumento relata la historia de Calixto, quien está apasionadamente enamorado de Melibea. Gracias a la vieja y astuta Celestina, una alcahueta parecida a la Trotaconventos del *Libro de buen amor,* Calixto y Melibea se ven secretamente de noche en el jardín de Melibea. Después de una de sus visitas nocturnas, Calixto cae accidentalmente de una escalera y muere. Entonces Melibea, desesperada, se suicida.

El mérito de *La Celestina* está en el argumento, lleno de suspenso e intrigas, y también en el cuadro que pinta de las pasiones humanas. Los personajes están llenos de vida y movimiento. El estilo es clásico, pero los temas son modernos. Los pensamientos y los proverbios de *La Celestina* han sobrevivido en el idioma español hasta hoy: «Haz tú lo que bien digo y no lo que mal hago», «Miserable cosa es pensar ser maestro el que nunca fue discípulo», «Cada cual habla de la feria según le va en ella°», «Por mucho que madrugues no amanece más temprano°». Pasa lo mismo con unos refranes en la obra de Shakespeare.

según... according to his or her own experiences / Por... No matter how early you get up, dawn comes at the same time.

La poesía popular: los romances°

ballads

Todo el pueblo español, desde el siglo XIV, ha cantado viejas canciones, llamadas *romances,* que son de autores desconocidos. Los juglares° las cantaban en las plazas y en los mercados. El pueblo las repetía y transmitía por vía oral de generación en generación, y así han llegado hasta el presente y como en toda tradición oral, hay muchas variantes de los temas más populares. Todavía se cantan y se componen en España, en Hispanoamérica, en el sudoeste de los Estados Unidos y entre los judíos españoles que se encuentran por el mundo. Después de cuatro o cinco siglos, conservan la misma frescura° de entonces.

trovadores

freshness, originality

Aunque algunos son más antiguos y otros más modernos, la mayoría de los romances viejos fueron compuestos° durante el siglo XV y la

composed

primera mitad del XVI.* En la segunda mitad del siglo XVI se reunieron varios volúmenes de romances, llamados *romanceros*. El romancero español ha sido una fuente inagotable° de inspiración para los escritores españoles y extranjeros, desde el Siglo de Oro hasta hoy. Algunos de los poemas incluidos en los romanceros llevan nombres de los poetas, o de las poetas, porque hay también unos cuantos nombres de mujeres. Los temas de los romances varían. Algunos son históricos; otros son noveles-cos,° caballerescos o líricos. Hay a veces una estrecha relación entre lo histórico y lo ficticio. Las hazañas del Cid, por ejemplo, aparecen en los romances y en crónicas medievales de la historia española. El romance ha sido utilizado de forma más culta en la literatura moderna: Gustavo Adolfo Bécquer adaptará esa tradición en el siglo XIX, y Federico García Lorca, en el siglo XX.

inexhaustible

fantastic, fictional

Preguntas

1. ¿Cuáles son las muestras más antiguas de la literatura española?

2. Describe la obra anónima *El Poema del Cid.*

3. ¿Cómo son los cuentos de *El conde Lucanor?*

4. Explica la importancia de *Tirant lo Blanc* en la literatura peninsular.

5. ¿Qué es un romance? ¿Qué tipos de romances hay y cuáles son sus características principales?

Temas de conversación e investigación

1. Se ha dicho que la literatura de cada cultura nace del pueblo; siendo así, el Cid sería un héroe nacional. ¿Cómo encarna (*embodies*) el Cid los valores del pueblo español? ¿Son valores que se considerarían positivos hoy día? Explica.

2. Lee uno de los cuentos de *El conde Lucanor* y describe la trama. ¿Cuál es la lección que se ofrece? ¿Es esta moraleja aplicable a la vida de hoy día? Explica.

3. *La Celestina* contiene muchos proverbios que se emplean hasta hoy día. Lee otra vez esos proverbios en las páginas 35–36. ¿Cuáles son las verdades que intentan expresar? ¿Hay proverbios en inglés que correspondan a éstos? ¿Cuáles son? ¿Crees que expresan ideas serias y válidas? Explica.

4. Los romances son producto de la llamada tradición oral de literatura. ¿Cuáles son otras mani-festaciones de la tradición oral en otras culturas? ¿Hay algunos ejemplos de esa tradición hoy día?

---

*Algunos de los romances son fragmentos de poemas épicos más largos y posiblemente más antiguos.

El arte prehistórico

El arte prehistórico

Si se entiende por arte la expresión de la belleza, España es una de las naciones de más vigorosa y prolífica creación artística, a través de su historia. Esto se muestra desde el ser prehistórico de las cavernas° hasta Picasso. Las características generales del arte español, como de la literatura, son su realismo y su base popular. El arte español no es, en general, idealista, metódico ni académico, sino espontáneo, original e inspirado en el sentir del pueblo.

    caves

Uno de los ejemplos de arte más antiguo del mundo son las pinturas de las cuevas de Altamira, en la provincia de Santander, en el norte de España. Son dibujos de animales hechos con asombrosa° precisión: bisontes,° toros y ciervos.° Fueron pintados hace veinte mil años sobre las rocas de las cuevas donde vivían los hombres prehistóricos.

    astonishing
    bison; stags

Los iberos, los primeros pobladores de España, dejaron la *Dama de Elche* como una de las pocas muestras de la elegancia de su arte. Es una escultura de tamaño natural de un busto de mujer ibera de serenísima y clásica belleza. Recientemente, unos antropólogos han sugerido que la estatua no es tan antigua como se pensaba, pero esa especulación no le quita nada de su exquisitez.

Todos los pueblos y razas que invadieron España dejaron muestras permanentes de sus trabajos artísticos. En muchos monumentos de arte

La Dama de Elche.

que existen hoy en España se pueden ver reunidos los peculiares estilos de los pueblos que han contribuido a la civilización española. Hay lugares como Toledo, en Castilla; Santiago de Compostela, en Galicia, y Girona, en Cataluña, que conservan abundantes joyas de arte prehistórico.

La arquitectura

La arquitectura romana

Durante los seis siglos que Roma dominó en España, la arquitectura y el arte romanos alcanzaron un gran desarrollo. Los romanos aprendieron mucho de sus maestros, los griegos. Se distinguieron principalmente en la construcción de obras públicas. Sus notas distintivas son la solidez, la simetría y la proporción. En España abundan las reliquias romanas: coliseos, teatros, puentes, templos y arcos triunfales. Se encuentran sobre todo en las ciudades de Mérida, en Extremadura; Tarragona, en Cataluña, y Sevilla, en Andalucía.

De especial interés es el acueducto romano de Segovia, en Castilla, una de las obras más impresionantes del mundo antiguo. Está hecho de enormes bloques de granito unidos sin argamasa.° El agua viene de la vecina Sierra de Guadarrama. Abasteció° agua a la ciudad de Segovia durante veinte siglos.

mortar
supplied

El anfiteatro de Mérida está relativamente bien conservado. Todavía se presentan conciertos y otros espectáculos. Allí se podía, y aún se puede, reunir hasta cinco mil espectadores. Los emperadores españoles Trajano y Adriano hicieron construir parte del mismo. En Mérida también se conservan templos, altares, acueductos y un puente, todos ellos construidos por los romanos. Hay un hermoso museo moderno donde se exhíbe la historia romana de la región.

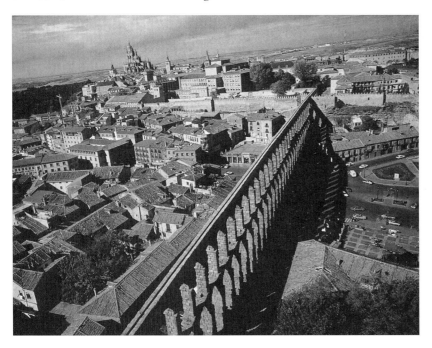

El acueducto romano de Segovia es el más impresionante y mejor conservado de todos los numerosos acueductos romanos del mundo. Se caracteriza por su sencillez, elegancia y grandiosidad. Toda la ciudad castellana de Segovia parece dominada por esta masa de granito que ha subsistido los rigores del tiempo durante dos mil años.

(A.G.E. PhotoStock)

El anfiteatro de Mérida.
(Courtesy of Spanish National Tourist Bureau)

La arquitectura árabe

Como se ha dicho anteriormente, los ocho siglos de dominación árabe en España dieron al arte español una expresión peculiar, diferente de la de otros países europeos, especialmente en la arquitectura. El arte árabe, fiel al dogma del Corán, no reproduce nunca la figura humana. Su nota dominante es la línea curva y la rica ornamentación, a base de complicados motivos geométricos de filigrana.° El arte árabe predomina en el sur de España.

filigree, intricate design

La Mezquita° de Córdoba, hoy convertida en catedral cristiana, es impresionante. Tiene arcos de rico colorido° y un fantástico laberinto compuesto por cerca de mil columnas. Los arquitectos adoptaron el estilo romano para construir estas columnas y arcos. Es un estilo parecido al que se ve en el acueducto de Segovia, pero mucho más elegante. Tiene once pasillos° separados por columnas de diversos tamaños° y formas, con diseños° diferentes. Al entrar en la mezquita-catedral, se siente la impresión de estar en un bosque de fantasía.

Mosque
color

passageways, halls
sizes; designs

La Alhambra (*palacio rojo*) de Granada, construida en los siglos XIII y XIV para residencia de los reyes moros, es uno de los monumentos árabes más hermosos del mundo. Las murallas que se ven desde fuera esconden la belleza que se encuentra dentro del palacio. Es una expresión arquitectónica° de paz y de reposo, hecha para una

architectural

Abderramán I levantó la Mezquita de Córdoba sobre una iglesia visigótica. Fue ampliada y embellecida por otros califas. Almanzor la convirtió finalmente en el templo más hermoso del Islam. Cuando Fernando el Santo reconquistó Córdoba en el siglo XIII, la gran mezquita se convirtió en la catedral cristiana de Córdoba y así ha continuado hasta el presente.
(© Peter Menzel)

vida de placer y de lujo. Hay más de veinte salas y patios con azule-jos° de múltiples colores. En las columnas hay increíbles trabajos estu-cados° de filigrana. Al inspeccionar cuidadosamente los diseños del Patio de los Leones, por ejemplo, se descubre su maravillosa° varie-dad. La Alhambra era un verdadero paraíso islámico.

    Los sultanes moros no tenían bastante con un solo palacio. Casi al lado de la Alhambra construyeron otro: el Generalife. Aún hoy, sus jardines, sus fuentes de agua que canta, sus estanques,° sus casca-das,° sus árboles (arrayanes,° cipreses, naranjos y limoneros), evocan un ambiente de gran voluptuosidad. No es extraño que Washington Irving, el famoso escritor norteamericano, decidiera vivir allí. En Granada escribió sus magníficas narraciones *Cuentos de la Alhambra*.

tiles
carved in stucco
amazing

pools
waterfalls; myrtles

La Edad Media

Se ha llamado «oscura» a la Edad Media, pero la verdad es que en cuanto al arte y otras empresas culturales, no pudo ser más luminosa. Junto a las invenciones fantásticas de los árabes, el arte cristiano de la Edad Media encontró su única inspiración en la religión. Se levantaron majestuosas catedrales, cuya construcción duraba a veces siglos. España tiene más de doscientas catedrales y templos de primer rango.° Como sucede con los grandes tesoros arqueológicos de Grecia e Italia, al gob-ierno español le cuesta mucho mantener sus monumentos históricos.

    Varios estilos de arquitectura predominaron en España. Desde el siglo XI al XIII prevaleció el arte románico. Fue introducido en

de... top-ranking

La Alhambra de Granada es una maravilla de arquitectura. Cada detalle, cada patio, cada arco tiene su propia personalidad.
(© Adam Woolfitt/Corbis)

España con motivo de las peregrinaciones que venían de otros países de Europa a Santiago de Compostela. Los templos románicos son macizos° y oscuros, con techos abovedados° y motivos° decorativos de figuras humanas y animales de primitivo encanto. Ejemplos de tantos monumentos románicos son la impresionante catedral de Santiago de Compostela, en Galicia, y el monasterio de Poblet, en la provincia de Tarragona donde se enterraba° a los reyes de Aragón.

El arte gótico empezó a dominar en el siglo XIII, además del románico. Es decir que muchos monumentos muestran una mezcla de arte gótico, románico y hasta árabe. El arte gótico se caracteriza por el arco ojival° y los contrafuertes° en el exterior, que permitían construir muros menos gruesos.° También abundan las grandes vidrieras° de colores y las agujas° como flechas que parecen querer alcanzar el cielo. Así son las catedrales de Burgos, León y Toledo: cada una de ellas una muestra deslumbrante° de arte.

El arte mudéjar es el estilo de los árabes que vivían en territorio cristiano. Se trata de una original combinación de elementos góticos y árabes. Utiliza la gracia y colorido de los azulejos tan empleados aún hoy día en la arquitectura española de la península y de América.

La catedral de Sevilla es uno de los templos más imponentes de la cristiandad. Es de estilo gótico, pero su encanto principal es la torre de

solid, strong/vaulted/ motifs

se… they buried

pointed/buttresses
thick/stained-glass windows
spires

dazzling

La catedral de Santiago de Compostela domina la ciudad con sus torres altas y su fachada grandiosa. Era la meta de muchos peregrinos (pilgrims) cristianos en la Edad Media.

(Courtesy of Spanish National Tourist Bureau)

El hospital de los Reyes Católicos fue construido en Santiago de Compostela como un lugar de reposo para las masas de peregrinos que llegaban a Santiago desde todas partes del mundo. Aquí se ve una habitación del hospital, que fue transformado por el gobierno español en un hotel o parador llamado Hostal de los Reyes Católicos.

(Courtesy of Spanish National Tourist Bureau)

***Este puente en Toledo
es una bella obra del
arte mudéjar español,
estilo único en Europa.***
(Bernard G. Silberstein/
Monkmeyer Press Photo
Service)

la Giralda, antiguo alminar° árabe, a la que pueden subir hasta ca-   *minaret*
ballos por su espaciosa rampa. La Giralda es una joya querida de
España.

En la Edad Media, junto al espíritu religioso que se manifiesta en la
construcción de catedrales, dominaba también la preocupación mili-
tar. La vida era religión y milicia° caballeresca. Esto se refleja en los   *battle*
numerosos castillos, residencias y fortalezas feudales que los nobles
construyeron para defenderse contra sus enemigos árabes y cristianos.
Hoy, en Castilla y en toda España, se pueden admirar estos viejos castillos con sus enormes murallas e impresionante aspecto medieval. No
hay provincia que no tenga varios castillos. Algunos están bien conser-
vados; otros están en ruinas. Algunos de estos castillos han sido con-
vertidos en hoteles de lujo, llamados *paradores*. Famoso es, por ejemplo, el castillo de la Mota que fue residencia de Isabel la Católica en
Medina del Campo, Castilla León.

Muchas ciudades estaban entonces completamente amuralladas.° El   *walled*
mejor ejemplo que se conserva es la ciudad castellana de Ávila. La ciudad está rodeada de enormes murallas de cuarenta pies de altura y diez
de espesor,° en un perímetro de casi seis kilómetros. Fueron construidas   *de... thick*
en el siglo XII. Es la edificación militar más importante de la Edad
Media que existe hoy en el mundo.

La Giralda es la torre de la catedral de Sevilla, que se construyó en el lugar que ocupaba una mezquita árabe, de la cual sólo ha quedado la Giralda, que era su alminar. Hoy sirve de campanario (bell tower) de la catedral. La parte sobre el campanario fue añadida en 1568 y es de estilo renacentista.
(Ulrike Welsch)

El Renacimiento

Con el Renacimiento no terminó la construcción de catedrales, pero cambió el estilo. Dominó el estilo plateresco. Se llama *plateresco* porque se parece a la filigrana del trabajo del platero.° Es una mezcla de arte gótico con las formas clásicas de Grecia y Roma. El mejor ejemplo es la Universidad de Salamanca, fundada en 1243.

    El monumento renacentista más importante de España es el Monasterio de El Escorial, en la Sierra de Guadarrama. Es templo, cementerio de los reyes de España, biblioteca valiosísima por sus manuscritos antiguos y museo de arte. También es monasterio-colegio de agustinos.° Fue construido por el arquitecto Juan de Herrera, pero refleja más bien el alma asceta de su inspirador y primer ocupante: Felipe II. Es curioso el contraste que ofrecen los dos grandes monumentos de la arquitectura española: El Escorial y la Alhambra. La Alhambra de Granada es un canto a la sensualidad y a la fantasía, al color, a la gracia y a la alegría de vivir. El Escorial, en cambio, es monumental, grandioso, austero y clásicamente proporcionado.

    En el siglo XVII nació el estilo barroco, recargado de ornamentación,° que se caracteriza por la línea curva. El Barroco es el estilo predominante de las catedrales e iglesias que se construyeron en la América española durante la época colonial.

silversmith

Augustinian monks

recargado... *decorated somewhat excessively*

Las impresionantes murallas de Ávila, con sus ocho puertas de entrada, fueron construidas en tiempos de Alfonso VI, después de reconquistar la ciudad del poder de los árabes.

(Bernard G. Silberstein/ Monkmeyer Press Photo Service)

La escultura y la música

Un realismo extremado, casi brutal, caracteriza a la escultura religiosa española con énfasis en el martirio de santos. Tiene su principal expresión en la producción de imágenes religiosas esculpidas en madera e iluminadas con color. Es un arte llamado de *imaginería*, típicamente español. Algunas de estas imágenes salen todos los años por las calles de las ciudades españolas en las famosísimas procesiones de la Semana Santa. Son queridas y veneradas por todo el pueblo español. En Andalucía, cuando desfilan estas imágenes por las calles, algunas personas suelen improvisar canciones llenas de emoción popular y religiosa. Estas canciones, que el pueblo escucha con respeto, se llaman *saetas*, una variedad del cante flamenco. Sevilla es la ciudad más famosa por la celebración de la Semana Santa. Miles de personas, procedentes de todas partes del mundo, van allí todos los años para presenciar el espectáculo emocionante y popular de sus procesiones. Otro ejemplo de la música medieval también tiene sus

La fachada principal de la catedral de Jaén, en Andalucía, es grandiosa. Comenzada en el año 1500, la catedral es una joya del arte renacentista español.
(Courtesy of Spanish National Tourist Bureau)

raíces en la religión. Es el canto gregoriano, que ha experimentado recientemente una nueva ola de popularidad.

Las imágenes de los Cristos de Juan Martínez Montañés y Gregorio Fernández son de tal naturalismo que parecen seres vivientes. Algunas de ellas representan seres torturados por el dolor en los últimos momentos de la agonía.° Las obras de estos grandes escultores, como Luisa Ignacia Roldán, que fue la escultora oficial de los reyes Carlos II y Felipe V en los siglos XVII y XVIII, son otra muestra de cómo el realismo popular prevalece en el arte español. Igualmente impresionantes son las vírgenes que esculpió el murciano° Salcillo en el siglo XVIII, como la *Dolorosa* del pueblo de Hellín. Tiene un puñal clavado en el pecho y llora con lágrimas que parecen perlas. Esta imagen fue destruida durante la Guerra Civil.

A través de su larga historia, España fue dejando reliquias arquitectónicas, pedazos tangibles de esa misma historia. Se puede recuperar una parte del pasado español al observar esos castillos, catedrales, palacios y edificios. Muchos, en su interior, conservan también otras joyas artísticas.

death, dying

person from Murcia

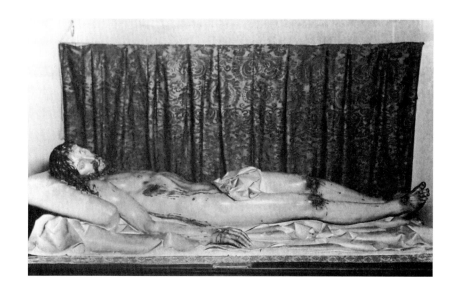

El Cristo muerto, una figura torturada, es ejemplo del realismo español en combinación con un tema religioso. Ésta es una obra del escultor Gregorio Fernández.

(Gregorio Fernández/ Institut Amatller D'Art Hispanis)

Preguntas

1. ¿Cuáles son algunas de las características tradicionales del arte español?

2. ¿En qué se distingue la arquitectura árabe? ¿Por qué no se encuentra en ella la figura humana?

3. Describe la arquitectura gótica. Menciona un ejemplo de ella.

4. El acueducto de Segovia es sólo uno de los ejemplos de las obras públicas romanas. ¿Cuáles son otros de ellos? Descríbelos.

5. ¿Qué punto de vista sobre la vida reflejan los castillos y fortalezas de la Edad Media? Explica.

Temas de conversación e investigación

1. En la cueva de Altamira, en Santander, se encuentran figuras de bisontes y otros animales. Una de las teorías de su existencia es que estas figuras se dibujaban para asegurar una caza exitosa. En el ensayo de Constantini Humberto (véase Source and Supplementary Materials, pág. 50) hay otras teorías. ¿Cuáles son?

2. El arte árabe se caracteriza por su sensualidad. ¿Cómo se manifiesta este sensualismo en el arte? ¿Crees que hay alguna relación entre el placer y el arte? ¿Cómo y por qué?

3. Una reproducción bastante fiel de la Giralda de Sevilla (véase la foto, pág. 46) se encuentra en la ciudad de Kansas City (Missouri). ¿Te gustan estos tipos de imitación? ¿Por qué? ¿Tienen alguna función social además de la más obvia: el comercio? ¿Crees que sirven de puentes culturales entre un país y otro? Explica.

4. Describe la relación que existía entre la arquitectura y la guerra durante la Edad Media española. ¿Hay otros ejemplos de esta relación en otras culturas? ¿Se manifiesta esta relación de alguna forma hoy día? ¿Cómo?

5. *El Cristo muerto* de Gregorio Fernández (véase la foto, pág. 49) es un ejemplo del llamado realismo español en la escultura. Describe esta escultura española. ¿Cuál es la emoción que produce en el espectador? ¿Cuál es la función religiosa de la obra?

Source and Supplementary Materials

I. La prehistoria hasta la Edad Media

Printed Materials

CONSTANTINI, HUMBERTO. "In the Beginning." In Barbara Howe (ed.). *The Eye of the Heart.* New York: Bard Avon, 1973. A story about prehistoric life, focusing on the takeover of the Neanderthals by the Cro-Magnons.

FISH COMPTON, LINDA. *Andalusian Lyrical Poetry and the Old Spanish Love Songs.* New York: New York University Press, 1976.

FLORES, ÁNGEL and KATE FLORES, ed. *The Defiant Muse: Hispanic Feminist Poets from the Middle Ages to the Present.* New York: The Feminist Press, 1986.

HERMENEGILDO, AFREDO, ed. *Cervantes's* La Numancia. Madrid: SGEL, 1976. A play by the renowned novelist about the battle between the Spaniards and the Romans.

IRISARRI, ANGELES DE and MAGDALENA LASALA. *Moras y cristianas.* Barcelona: Emecé, 1998.

IRVING, WASHINGTON. *The Alhambra.* New York: Macmillan, 1936. There are countless editions of Irving's famous tales, including a Spanish version, *Cuentos de la Alhambra.* New York: Ginn, 1927.

JIMÉNEZ BENÍTEZ, ADOLFO. *La lírica arábigoespañola y las jarchas mozárabes.* San Juan, Puerto Rico: Zoé, 1982.

KEDOURIE, ELIE, ed. *Spain and the Jews.* London: Thames and Hudson, 1992.

MARTORELL, JOANOT. *Tirant lo Blanc.* Trans. David Rosenthal. New York: Schocken Books, 1984.

RUBIERA MATA, MARÍA JESÚS. *Poesía femenina hispanoárabe.* Madrid: Castalia, 1989.

Audiovisual Materials

The Cid. Charlton Heston plays the Spanish warrior in Hollywood's somewhat fanciful version of the legend. Sophia Loren plays Jimena. Available on video.

"Miracles of Sant'iago. Music from the Codex Calixtinus," Harmonia Mundi 907156, is a CD with accompanying songbook of medieval chant and polyphony.

Slides and Tapes Dealing with Alfonso el Sabio: Available through the Spanish Embassy in Washington. Write to Embajada de España, 2700 15th N.W., Washington, DC 20009. (Many other materials are also available through the embassy.)

II

Siglo de Oro

Diego Velázquez, "Las meninas" (detail). Museo del Prado, Madrid. Alinari/Art Resource, NY.

La España Imperial de los siglos XVI y XVII

For more information please go to *Unidad II* of the video to accompany *España y su civilización.*

Cronología

1481–1820	La Inquisición establecida por los Reyes Católicos
1492	Encuentro con América; expulsión de los judíos
1516–1555	Reinado de Carlos V de Austria y I de España
1519	Conquista de México
1519–1522	Primer viaje alrededor del mundo por Magallanes
1524–1534	Conquista del Perú
1525	Batalla de Pavia: Francisco I de Francia cae prisionero
1555–1598	Reinado de Felipe II
1557	Victoria de San Quintín (sobre Francia)
1571	Batalla de Lepanto
1588	Derrota de la «Armada Invencible»
1598–1700	Decadencia bajo Felipe III, Felipe IV y Carlos II; pérdida de gran parte del imperio

Pablo Picasso interpretó la obra maestra de Cervantes pintando este famoso cuadro.
(Alinari/Art Resource, NY)

Con los Reyes Católicos se puso fin a la Edad Media en España y comenzó el Renacimiento español. Mientras en el resto de Europa reinaba un sistema político feudal en el siglo XV, en España se logró la unidad territorial. Con ello se dio origen a la institución del estado moderno y se estableció el primer imperio colonial. Pero esa unidad territorial fue, hasta cierto punto, superficial, debido a la diversidad cultural y religiosa de la España de la Edad Media.

La Inquisición y la expulsión de los judíos

Al intentar conseguir° la unidad territorial, los Reyes Católicos anhelaban° también la unidad religiosa de España. La inmensa mayoría de los españoles era cristiana, pero había también muchos judíos y conversos que hasta entonces podían practicar su religión libremente. Los cristianos no habían absorbido el espíritu de tolerancia religiosa que dominaba en la España musulmana.

to attain
desired

Los judíos habían empezado a llegar a España, procedentes° del norte de África, antes de la era cristiana. La mayoría llegó hacia el siglo XI, durante la dominación árabe. Los Reyes Católicos querían castigar° a los que no practicaban dogmáticamente la religión cristiana. Para ello establecieron, en 1481, el Tribunal de la Inquisición que tenía a su cargo° la búsqueda y castigo de herejes° y la supresión de materias no ortodoxas.

coming from, originating
to punish
tenía... *was charged with/heretics*

Pero esto no era bastante para los fines propuestos. Los Reyes Católicos ordenaron en 1492 la expulsión de España de todos los judíos no conversos. Esta acción inhumana se aplicó a 165.000 judíos. Unos 50.000 conversos se quedaron. Los judíos habían contribuido con su trabajo a la prosperidad del país. Algunos dirigían° el comercio bancario, otros eran grandes médicos y muchos ocupaban importantes puestos administrativos en el gobierno de la nación. Su expulsión fue una gran pérdida para España. Hoy hay muchos grupos de judíos españoles, llamados *sefarditas,* en el sur de Europa, en Turquía, en el norte de África, en Israel y en los Estados Unidos. Aunque no han vivido en España desde hace cinco siglos, algunos todavía hablan en sus hogares la lengua española del siglo XV, que se llama *ladino.*

managed

Los moriscos

Los moriscos eran los árabes que se quedaron en España después de la Reconquista. Muchos de ellos continuaron practicando la religión musulmana, y otros se convirtieron al cristianismo más o menos a la fuerza.° Los moriscos, que habían importado el sistema de riego° de los países de clima seco de donde provenían,° se dedicaban a la agricultura y trabajaban muy bien las tierras de los nobles cristianos. A principios del siglo XVII, también unos 400.000 moriscos fueron expulsados de España por motivos religiosos. La agricultura sufrió un terrible abandono.

a... *by force*
irrigation/they came

España en América

La exploración de América es uno de los hechos más significativos de la historia de España. Después de realizar la unidad nacional bajo los Reyes Católicos, los españoles se lanzaron° a la fantástica empresa de explorar y colonizar un inmenso continente desconocido. Pero el «descubrimiento» de América fue en gran parte obra de la casualidad.° Cristóbal Colón (¿1436?–¿1506?), un aventurero de probable origen italiano, planeó un proyecto grandioso: una ruta nueva a la China. La reina Isabel de Castilla le dio tres carabelas° —la Pinta, la Niña y la Santa María— tripuladas° por 120 españoles. Partiendo de Palos de Moguer, en el sur de España, encontraron el Nuevo Mundo el 12 de octubre de 1492. Fue un viaje de algo más de dos meses. Colón hizo después otros tres viajes al continente americano.

se... *threw themselves*

obra... *the work of chance*

vessels, ships
crewed

Colón ocupó las nuevas tierras en nombre de los Reyes Católicos. En medio siglo de fiebre de conquistas,° los conquistadores españoles convirtieron España en el primer° imperio del mundo. España sólo tenía entonces unos ocho millones de habitantes.

En... *In half a century of feverish conquest/ leading*

España en Italia

La política imperialista de los Reyes Católicos se dirigió° entonces a Italia. Francia y España habían luchado constantemente por la posesión de la península italiana. Venció España. Los Condes de Barcelona ya ocuparon la parte meridional,° Sicilia y Cerdeña. Más tarde, ocuparon también Milán.

se... *turned*

southern

En 1525, los españoles hicieron prisionero al rey de Francia, Francisco I, en la batalla de Pavia, en el norte de Italia. El rey de Francia fue encerrado° en la Torre de los Lujanes de Madrid.

imprisoned

Carlos V de Austria y I de España

La hija de los Reyes Católicos, Juana, llamada «la Loca», casada con Felipe I «el Hermoso», de la familia real de Habsburgo en lo que hoy es Austria, subió al trono español en 1506. Según la leyenda, Juana se volvió loca debido a la muerte de Felipe en 1506. Pero también es más que probable que su supuesta locura haya sido a causa de las intrigas políticas de su esposo y su padre, y más tarde de su propio hijo. Estas intrigas, según los historiadores, resultaron en el encarcelamiento efectivo de Juana desde una edad joven hasta su muerte. Su

Carlos V de Austria y I de España gobernó más territorios que ningún otro monarca de Europa. Ocupó la posición central en las luchas políticas y religiosas de la primera mitad del siglo XVI. Bajo Carlos V y su hijo Felipe II, España luchó durante cien años contra la Reforma protestante y contra los turcos. Este retrato es uno de los varios pintados por el italiano Ticiano, pintor favorito de la corte de Carlos V.

(Museo del Prado)

hijo Carlos V de Austria y I de España (reinó de 1516 a 1555) fue el último bastión del Sagrado° Imperio Romano-Germánico. Por ser nieto° de los Reyes Católicos, heredó la corona española con todas las vastas posesiones de América, Italia, Oceanía y el norte de África. Como hijo de Felipe el Hermoso, recibió lo que hoy es Holanda, Bélgica, Luxemburgo, Flandes, el Artois° y la provincia del Franco-Condado, al este de Francia. Todas estas tierras formaban parte del Imperio Español. Por eso se decía que «en los dominios de España no se ponía nunca el sol». Aunque no hablaba español, Carlos V adoptó a España como su propia patria.

Carlos V siguió la política imperialista y religiosa de sus abuelos, los Reyes Católicos. Éstos lucharon por la unidad religiosa de España y América. Carlos V luchó por la unidad religiosa de Europa. Podría haber sido tolerante con Martín Lutero, pero no comprendía la revolución religiosa que, bajo el nombre de la Reforma,° dominaba toda Europa en la primera mitad del siglo XVI. Políticamente, le habría convenido° ser tolerante, pero Carlos V era intransigente en cuestiones de

Holy; grandson

region in northern France

Protestant Reformation
le… it would have been
appropriate for him

la fe. Prefirió luchar contra sus rivales: Francisco I de Francia, Enrique VIII de Inglaterra, los príncipes° protestantes de Alemania y los turcos.

princes

La conquista de México

El imperialismo de Carlos V se ve claramente en la conquista de México, o «Nueva España», en 1519. El que llevó a cabo° esa conquista fue Hernán Cortés, uno de los grandes aventureros y genios militares de la historia.

llevó... *carried out*

En México no había un conglomerado de razas indígenas como en los Estados Unidos, sino imperios. Los aztecas tenían una gran civilización, comparable a las de Egipto y del Hindostán. Tenochtitlán, la capital imperial y hoy la moderna capital de México, era una ciudad monumental de más de trescientos mil habitantes.

La conquista de los aztecas se logró con un ejército armado de sólo seiscientos hombres y doce caballos. Es un episodio que parece más leyenda que un hecho histórico. Cortés, perseguido por el gobernador de Cuba, Diego Velázquez, se escapó de Cuba con los barcos de Velázquez y desembarcó en el sitio donde hoy se encuentra la ciudad mexicana de Veracruz.

Hernán Cortés fue un hidalgo (minor nobleman) *pobre nacido en Medellín, Extremadura. Murió pobre y abandonado en una pequeña finca cerca de Sevilla. Le escribió cinco cartas a Carlos V que constituyen un valioso documento histórico de la conquista de México.*

(Etching, Manuel S. Carmona, from *Retratos de españoles ilustres*. Courtesy of Hispanic Society of America)

Allí hizo quemar todos sus barcos para que nadie pudiera regresar. Los españoles encontraron inestimable ayuda en Marina, llamada «la Malinche», una inteligentísima mujer indígena. Llevando siempre a Marina como intérprete y guía, Cortés empezó la marcha hacia el interior del fabuloso imperio. Tuvo que vencer enormes dificultades a través de un territorio desconocido, montañoso y selvático. Pero con la ayuda de Marina y de algunas tribus que se aliaron° con él para vencer a los aztecas, entró triunfante en Tenochtitlán. Allí hizo prisionero al emperador Moctezuma y, más tarde, al caudillo Cuauhtémoc, sobrino y sucesor de Moctezuma. Cuauhtémoc era un noble y orgulloso representante de la raza azteca. Cuando cayó prisionero de los españoles, le dijo a Cortés: «He hecho todo lo que he podido para defender a mi pueblo; ahora puedes matarme a puñaladas.°» «No temas° —le contestó Cortés— serás tratado con todo honor. Has defendido tu capital como un guerrero bravo.»

se... allied themselves

matarme... stab me to death
No... Do not fear

Sin embargo, el tesorero real de España quería el oro de los aztecas. Cortés quemó vivo a Cuauhtémoc porque no confesó dónde guardaba el tesoro. Cuando otro noble azteca, condenado al mismo tiempo a la hoguera,° se quejaba de tal tortura, dicen las crónicas que Cuauhtémoc le respondió: «¿Por qué te quejas? ¿Estoy yo acaso en un lecho° de rosas?»

fire, stake
bed

Para el pueblo mexicano, Cuauhtémoc es un héroe mientras que los españoles son explotadores inhumanos por su trato° de la población indígena. De este trato tuvo origen «La leyenda negra», que afirma la crueldad de los conquistadores españoles.

treatment

Después de la conquista, México se transformó en el Virreinato° de la Nueva España, y Cortés fue el primer gobernador, o *virrey*.

Viceroyalty

La conquista del Perú

En el Perú existía otra civilización tan avanzada como la de México: el imperio de los incas, que se llamaban *hijos del sol*. Entre sus magníficas ciudades sobresalen° Machu Picchu y Cuzco, la capital imperial, llena de palacios construidos con enormes piedras talladas° geométricamente. Estas piedras eran sostenidas, y aún se sostienen en su puesto, sin argamasa.

stand out
carved

El imperio era fabulosamente rico en oro y plata. Tenía un vasto sistema de carreteras que atravesaban la maciza° cordillera de los Andes. Su territorio se extendía hasta lo que hoy son las repúblicas del Perú, Bolivia, Ecuador y Chile.

massive

En 1524, otro conquistador y aventurero, Francisco Pizarro, con un puñado° de hombres audaces,° inició la conquista del imperio inca, la cual terminó en 1533 con la toma° de Cuzco. Otro famoso conquistador de los incas fue Lope de Aguirre. Werner Herzog hizo una impresionante película sobre sus aventuras.

handful/bold
capture

Logros del Imperio Español

Sería imposible negar las contribuciones y los logros de los españoles y portugueses durante la época del imperio. Después de haber explorado

***Francisco Pizarro
nació en Trujillo,
Extremadura. No
recibió ninguna
educación formal. Con
Balboa encontró el
océano Pacífico. Fue
asesinado por
enemigos españoles.***
(Scala/Art Resource, NY)

el Nuevo Mundo durante el reinado de Isabel y Fernando, se encontraron otras tierras y riquezas geográficas. En 1513, Vasco Núñez de Balboa llegó a lo que hoy es Panamá. Con los sesenta y siete hombres que le quedaban de su expedición, avanzó por tierra panameña hasta dar con el océano Pacífico. En 1519, bajo Carlos V, el portugués Fernando de Magallanes y el vasco Juan Sebastián Elcano hicieron su famoso viaje alrededor del mundo. Exploraron las Islas Filipinas, las Islas Molucas y el Cabo de Buena Esperanza. Cabeza de Vaca, otro explorador español, fue el primer hombre europeo que viajó a pie desde el Atlántico hasta el Pacífico. Caminó desde Florida, a través de los actuales estados de Alabama, Misisipí, Luisiana, Tejas, Nuevo México y Arizona, hasta California.

No son escasos los comestibles que se introdujeron en Europa después de estas exploraciones: chocolate, tomate, maíz, patata, caña de azúcar y vainilla.

Fin del reinado de Carlos V

El oro que llegaba de América a España se gastaba en las interminables guerras religiosas. Carlos V llevaba a la famosa infantería° española a guerrear por toda Europa al grito de: «¡Adelante, mis bravos leones de

infantry, army

España!» Pero «los bravos leones de España» no hacían más que desangrarse° en batallas muy lejos de su patria. España se empobrecía° con tanta guerra, y sus campos quedaban abandonados. Pronto vendría la decadencia.

shed their blood/se... became impoverished

En 1555, cansado de medio siglo de guerras, Carlos V se retiró al monasterio de Yuste, en Extremadura, a rezar y a preparar su alma antes de morir. Abdicó en favor de su hijo Felipe II, y murió tres años más tarde.

Felipe II

El rey Felipe II, quien reinó de 1555 a 1598, es uno de los personajes más discutidos° de la historia española. Para muchos, es el emperador más grande que ha tenido España. Para otros, especialmente para los historiadores extranjeros, sólo fue un déspota fanático. En general siguió la política de su padre, de quien recibió personalmente las lecciones de gobierno. Pero en la política religiosa, su determinación en mantener el poder de España sobre los territorios que querían independizarse de la subyugación católica era mayor que la de su padre.

controversial

Holanda, parte de la herencia de Carlos V, presentaba un problema grave para España, y Felipe II no pudo resolverlo. El pueblo holandés era en su mayoría protestante y quería la independencia. Felipe II envió al Duque de Alba a Holanda como gobernador, con instrucciones de no hacer ninguna concesión. Tuvo que emplear la fuerza de las armas y llegar al derramamiento de sangre para mantener el poder y la dominación católica.

Para los españoles Felipe II era el «Rey Prudente» por su estrategia calculadora y centralista. Era un monarca trabajador y concienzudo. Dirigió meticulosamente los Consejos° de Estado para coordinar los diversos asuntos de gobierno. Tenía muchos consejeros para cada asunto pero nunca se dejó gobernar por ninguno de ellos.

Councils

Felipe II continuó las guerras de su padre contra Francia. En 1557 los españoles vencieron en San Quintín al norte de París. Para celebrar el acontecimiento, Felipe II hizo construir el Monasterio de El Escorial. Otro triunfo del llamado Rey Prudente fue la incorporación de Portugal a España en 1581 después de una batalla ganada por las tropas del Duque de Alba.

La batalla de Lepanto

En 1553 cayó Constantinopla en poder de los turcos. El Mediterráneo quedó a merced de los piratas turcos que no permitían la navegación de ningún barco extranjero. España, el Papa° y la República de Venecia

Pope

Situado al pie de la Sierra de Guadarrama, a unas treinta millas de Madrid, el monasterio de El Escorial domina las llanuras de Castilla.
(© Bernard Rouget-Rapho/ Photo Researchers, Inc.)

organizaron una armada de doscientas naves para combatir la marina turca. Juan de Austria, hermano bastardo de Felipe II, fue el comandante. En 1571, la armada obtuvo una victoria trascendental frente al golfo de Lepanto, en Grecia. Murieron treinta mil turcos, se tomaron diez mil prisioneros, se rescataron quince mil cautivos cristianos,° se apresaron ciento treinta galeras turcas° y se hundieron cincuenta. La potencia naval turca fue destruida. En esta batalla Miguel de Cervantes perdió el uso de la mano izquierda, por lo cual desde entonces se le llamaba el «manco° de Lepanto». El gran dramaturgo Lope de Vega también participó con orgullo en esta batalla.

se… 15,000 Christian prisoners were rescued/ se… 130 Turkish ships were captured

one-handed person

La «Armada Invencible»

Felipe II aspiraba a ser rey de Inglaterra para convertir al catolicismo a los protestantes ingleses. Además, «distinguidos» piratas ingleses, como Sir Francis Drake y Sir John Hawkins, capturaban barcos españoles y saqueaban los puertos de América. Para llevar a cabo sus planes, Felipe II se casó con María Tudor de Inglaterra. Pero esta reina murió en 1558, sin haber tenido un hijo que hubiera sido el heredero directo del trono de Inglaterra.

Isabel de Inglaterra, hija de Enrique VIII y de Ana Bolena, era enemiga mortal de Felipe II. En 1587, Isabel mandó a ejecutar° a la católica María Estuardo, reina de Escocia y de Francia, que simpatizaba con Felipe.

mandó… had executed

La «Armada Invencible», la gran flota que envió Felipe II a invadir a Inglaterra, fue derrotada por la flota inglesa, al mando de Drake y Hawkins. Sólo la mitad de la Armada logró regresar.
(Snark International/Art Resource)

Con estos antecedentes,° Felipe II preparó la escuadra° más formidable de la historia, a la que llamó la «Armada Invencible». Se componía de ciento treinta barcos y de más de treinta mil hombres. El Marqués de Santa Cruz era un excelente marino español que había organizado la Armada. Debía mandarla en la batalla, pero murió poco antes de la fecha señalada.° Para sustituirlo, fue nombrado el Duque de Medina Sidonia, un viejo que no quería aceptar la responsabilidad «porque no entendía de las cosas del mar y, además, se mareaba°». Felipe II le contestó que no se preocupara porque «el verdadero almirante° de la Armada era el Señor°».

A causa de las tempestades,° de la mayor velocidad de las naves inglesas y de la absoluta incompetencia de Medina Sidonia, la Armada sufrió, en 1588, una derrota decisiva.

previous events/squadron, fighting force

indicated, chosen

se… he got seasick
admiral/Lord
storms

El régimen político y social

En el siglo XVI, el rey, considerado de origen divino, era la autoridad absoluta. Por encima del° rey sólo estaba Dios. Un gran dramaturgo del Siglo de Oro,° Calderón de la Barca, lo expresa en estos versos:

Al rey la hacienda y la vida
se ha de dar°; pero el honor
es patrimonio° del alma,
y el alma sólo es de Dios.

Por… Above the
Siglo… Golden Age (16th century)

Al… To the king fortune and life must be given/ heritage

El Consejo de Castilla se ocupaba del gobierno interior de la nación. Había un presidente y dieciséis consejeros, nombrados por el rey o por elección popular. Los cargos° también se compraban o se daban a los miembros de ciertas familias.

offices, posts

El Consejo de Estado ayudaba al rey en los asuntos° de política exterior. Había también otros consejos, como los de Hacienda,° Indias,° Inquisición y Guerra. Las típicas cortes españolas eran un parlamento popular que tenía gran importancia; a partir del° siglo XVI, las cortes se reunían pocas veces y no se atrevían° a votar contra los deseos del rey.

matters
Treasury/the Indies (i.e., the Americas)
a... beginning with the
no... did not dare

A la cabeza de la escala social estaba la aristocracia por derecho de sangre.° Los nobles tenían muchos privilegios, y no pagaban impuestos. Algunos ni siquiera reconocían la autoridad del rey. Los Reyes Católicos pusieron fin a esta rebeldía, pero los nobles siguieron siendo una clase privilegiada.

blood (i.e., heritage, birth)

El clero° de España fue siempre conservador y apoyaba° la monarquía. Gozaba de gran prestigio social. Continuamente aumentaba el número de curas, monjas y frailes.° El clero constituía una gran parte de la población total de España.

clergy/supported
curas... priests, nuns, and monks

Los caballeros y los hidalgos («hijos de algo») eran nobles pobres y de categoría inferior a la de los aristócratas, pero estaban orgullosos de su sangre. En la burguesía,° que se dedicó al comercio y a la industria, predominaban los extranjeros. La máxima aspiración de los españoles de las clases altas era dedicarse a las armas° o a la Iglesia, no al trabajo.

bourgeoisie

a... to warfare

Los últimos en la escala social eran los trabajadores manuales, llamados *villanos*. Algunos eran libres y otros vasallos de los nobles. Tenían que pagar la mayor parte de los impuestos y eran los que más trabajaban.

La agricultura, la ganadería y la industria

España era un país agrícola, pero la agricultura no producía lo suficiente para cubrir las necesidades nacionales. Además, las tierras estaban muy abandonadas porque faltaban brazos° para trabajarlas. La población de España disminuía° debido a la emigración al Nuevo Mundo. También las constantes guerras, las expulsiones de judíos y moriscos y la pobreza fueron causas de la disminución de la población. Del siglo XV al XVI, la población se redujo de ocho millones a seis.

arms (i.e., workers)
decreased

Más próspera era la cría° de ovejas, exportadas más tarde a Inglaterra. La producción y la exportación de lana° eran importantísimas, pero pronto fueron abandonadas. También había una importante industria de la seda° en Andalucía, Murcia y Toledo.

raising
wool

silk

En conclusión, se ha visto que durante el siglo XVI, España era el imperio más poderoso del mundo, bajo la dirección de los Reyes Católicos, Carlos V y Felipe II. Pero esta grandeza no les dio paz ni bienestar° a los españoles. España se desangraba en guerras lejanas y abandonaba su propio territorio. Después de Felipe II, la grandeza se convirtió en la más desesperada decadencia.

well-being

Decadencia del Imperio Español

L a decadencia de España se manifestó en la pérdida de su poderío político y militar y en la bancarrota económica y financiera del país. Fue la primera nación moderna en crear un imperio, pero también fue la primera en perderlo. Se convirtió muy pronto en una nación de segundo orden. A pesar de esto, la peculiar escala de valores de los españoles no cambió en lo fundamental.

El gran imperio de Carlos V y Felipe II en el siglo XVI decayó en tiempos de sus sucesores: Felipe III, Felipe IV y Carlos II. Éstos fueron los tres últimos reyes de la Casa de Austria. Reinaron durante todo el siglo XVII. En la primera mitad de ese siglo, España estaba empobrecida debido a las guerras del siglo XVI. Cuando el pueblo sintió que no tenía nada nuevo que hacer, perdió la confianza en sí mismo, y vino la decadencia total. España fue el primer imperio de la edad moderna que fracasó.°

failed

Los reyes españoles del siglo XVII preferían los placeres de la vida contemplativa y ociosa° a las preocupaciones del buen gobierno de la nación. Abandonaron todo en manos de favoritos aristócratas. En vez de gobernar, cazaban,° iban al teatro, daban fiestas y gastaban el tesoro de la nación. Después de muchos desastres militares, en el siglo XVII España perdió Holanda, Flandes, Luxemburgo, el Artois, el Rosellón,° el Franco-Condado, Portugal y algunas posesiones del norte de África. El resultado fue que España dejó de ser° la nación más poderosa de Europa.

idle

they went hunting

region in southern France

dejó... *stopped being*

Como ya se dijo, la decadencia política fue acompañada por la depresión económica y la miseria° y el hambre del pueblo. El español típico del siglo XVII era representado en la novela picaresca° como un pobre muerto de hambre° que ocultaba° su miseria bajo el orgullo de ser un hidalgo.

poverty
novela... *rogue romance, story of a poor and low-born person*
muerto... *starving person*/hid
reapers/se... *rose up*

En 1640, el pueblo catalán, especialmente los campesinos y segadores,° se sublevó° contra el absolutismo centralista y contra la conscripción de catalanes en las guerras de Felipe IV. Los catalanes querían separarse de España y formar una república independiente. Los franceses los apoyaban, pero pronto se vio que lo que Francia quería era apoderarse de Cataluña. La guerra civil terminó en 1652 pero no resolvió los problemas del centralismo español frente a Cataluña.

Preguntas

1. ¿Cuándo se estableció la Inquisición en España? Explica su propósito y cómo lo realizó.
2. Describe el enriquecimiento del Imperio Español debido a la exploración de América.
3. Carlos V y Felipe II reinaron de 1516 a 1598, los años imperiales de España. ¿Cómo se caracteriza el reinado de estos dos monarcas españoles? ¿Cuáles son algunos de los éxitos políticos y sociales logrados? ¿Cuáles fueron los problemas más graves?
4. Describe el régimen jerárquico político y social de la España del siglo XVI. ¿Cómo contribuyó esa jerarquía a la decadencia del imperio?

Temas de conversación e investigación

1. La larga historia de persecución de los judíos forma parte también de la historia de España, aunque los sefarditas contribuyeron de muchísimas maneras a la civilización de la Península Ibérica. Busca alguna información sobre los judíos españoles y escribe un ensayo sobre lo que encuentres. Algunos temas de interés son la Inquisición (¿es una institución exclusivamente española?), la expulsión de los judíos (¿fue un acto contraproducente para el imperio?) y la persecución de los conversos después de la expulsión.
2. También se expulsó a los moriscos. En tu opinión, ¿cuáles son las causas de este tipo de maltrato que se dio a los grupos minoritarios?
3. Hoy día el «descubrimiento» de América se discute mucho en un intento de revalorar el papel de España en la historia del continente americano. Ahora se habla de un «encuentro» en vez de un «descubrimiento». ¿Cuáles son las presuposiciones en que se basan los dos conceptos? ¿Cuál de los dos encuentras preferible? Explica tu posición.

La literatura del Siglo de Oro

L os «siglos de oro» españoles son el XVI y el XVII. Esta época se llama así no sólo por los grandes descubrimientos, las conquistas de los territorios americanos y el enriquecimiento del imperio a consecuencia de la colonización, sino también por la abundante producción literaria. El oro representa la riqueza económica y a la vez el valioso ingenio artístico del imperio en esa época. Las dos corrientes culturales de dicho período son el Renacimiento y el Barroco.

El Renacimiento

E l Renacimiento fue un fenómemo cultural que empezó en Italia en el siglo XV y se extendió por toda Europa. Su característica principal fue una mayor preocupación por lo humano (las ciencias y la creación artística) que por lo divino. El reino de Aragón-Cataluña ya había ejercido su poder en las islas italianas, y en 1443 el reino de Nápoles llegó a formar parte del reino de Aragón. Por eso los primeros indicios de poesía renacentista en España se manifiestan con dos poetas catalanes: Ausias March (1397–1460) y Joan Boscà (1495–1542). Éstos introducen los temas y los estilos italianos en España, especialmente el soneto.

La poesía renacentista busca la armonía humana como una imitación de la perfección celestial. El amor, por ejemplo, es una manifestación del amor de Dios. Pero cuando esta perfecta armonía no se encuentra, el poeta suele expresar dolor y angustia.

Garcilaso de la Vega

Garcilaso de la Vega (1501–1536) es el más genuino representante español del Renacimiento. De familia noble, era militar, diplomático y poeta refinado. Escribió en español, en latín y en italiano. Tocaba el violín y el arpa, y adoraba la belleza femenina. Murió a los treinta y cuatro años luchando por la España imperial.

La obra de Garcilaso tiene importancia porque produjo una revolución en la poesía castellana. Siguió el estilo de Boscà empleando el verso de once sílabas que desde entonces usaron muchos poetas españoles. Escribió poco, pero siempre con delicada elegancia. Cantó a la naturaleza y al amor. En sus versos creó pastores° ideales inspirados en personas de la vida real que él conocía.

shepherds

Garcilaso estuvo locamente enamorado de una noble dama portuguesa, Isabel Freire. En el siguiente soneto se refiere a ella:

¡O dulces prendas,* por mi mal halladas,°
dulces y alegres cuando Dios quería!
Juntas estáis en la memoria mía,
y con ella en mi muerte conjuradas.°

mal… *sadly found*

y… = y ligadas con mi memoria hasta la muerte/= hubiera dicho

¿Quién me dijera,° cuando las pasadas
horas, que en tanto bien por vos me vía,°
que me habíades° de ser en algún día
con tan grave dolor representadas?

que… = que tan bien contigo me encontraba
= habíais

Pues en una hora junto me llevastes
todo el bien que por términos me distes,
llevadme junto el mal que me dejastes.†

Si no, sospecharé° que me pusistes
en tantos bienes, porque deseastes
verme morir entre memorias tristes.

I will suspect

La novela picaresca

Hay un género literario que es una creación típicamente española, aunque muchas literaturas extranjeras lo han empleado. Se trata de la novela picaresca, que es un cuadro muy realista de la vida de la clase

---

*Las prendas son los rizos (*locks*) de pelo que el poeta guarda de su amada muerta.
†En prosa moderna: «Si en una hora me quitaste / todo el bien que poco a poco me diste, / quítame ahora todo el mal que me dejaste.»

baja. El personaje central suele ser° un pícaro° que describe sus experiencias. El pícaro es un tipo muy español que ha existido y aún existe
en España y abundaba durante el Siglo de Oro, que fue una época de
pobreza para la mayoría del pueblo a pesar de la riqueza del imperio.
Este personaje es un individuo de clase humilde que inventa toda clase
de trampas° para sobrevivir y no morirse de hambre. Muchas veces vive
al margen° de la ley, burlando y engañando a la gente. Siente horror al
trabajo, al que considera como un castigo de Dios. La ironía es que tra-
baja muchísimo pensando en la manera de no trabajar.

    Lo más característico de la novela picaresca es su vivo realismo y la
pintura de las clases sociales de la época. No trata de idealizar ni poetizar la vida, sino todo lo contrario: observarla y describirla con naturalidad. La novela picaresca tuvo una gran difusión en Europa y es considerada como una de las bases del realismo moderno.

    La primera novela picaresca, y la más típica de todas, es la *Vida de
Lazarillo de Tormes*, escrita en 1554 por un autor desconocido. Su argumento es así: Lázaro nació en un molino sobre el Río Tormes. Su padre
fue ladrón, su madre fue castigada por ladrona y el amante de ésta fue
ahorcado° por ladrón también. La madre pone a Lázaro al servicio de un
mendigo° ciego. El ciego y Lázaro salen a vagabundear° por los pueblos
de Castilla. Viven de las limosnas,° o de lo que pueden conseguir. Pero
el ciego es un egoísta que se guarda° todo lo que la gente les da. El
pobre Lázaro, para no morirse de hambre, engaña al ciego; al fin lo
abandona. Después sirve sucesivamente a un clérigo, a un escudero,° a
un fraile, a un vendedor de bulas papales,° a un pintor, a un capellán°
y a un alguacil.° Con un tesoro inagotable de buen humor y de picardía,
termina sus aventuras haciéndose pregonero° y casándose con la criada
(y concubina) de un arcipreste.

*suele… is usually/rogue,
vagabond*

tricks
al… outside

hanged
beggar; roam idly
alms
se… keeps for himself

squire
*bulas… Papal Bulls/
chaplain/bailiff*
town crier

El Barroco

U na de las aportaciones° más grandes de la civilización
española es la cultura del Barroco, que coincide con la Contrarreforma católica de mediados del siglo XV hasta finales
del XVII. Se caracteriza por un nuevo dogmatismo religioso y
la glorificación de las obras de la Iglesia. Hay una inmensa variedad de
expresiones artísticas del Barroco, pero una de sus características más
comunes es el estilo florido y ostentoso. Los creadores barrocos querían
llegar al extremo tanto en sus obras artísticas como en sus pasiones. Por
eso hasta los místicos españoles se consideran barrocos.

contributions

Los místicos

La literatura mística, en prosa y en verso, es otro fenómeno muy
español. La religión ha sido siempre un motivo fundamental de

inspiración artística. El misticismo es la manifestación más elevada de espiritualidad religiosa. El místico desea la comunicación directa con Dios. Los máximos exponentes de la corriente mística en la segunda mitad del siglo XVI fueron Santa Teresa de Jesús, quien escribió su obra en prosa, y San Juan de la Cruz, quien la hizo en verso.

Santa Teresa de Jesús (1515–1582) nació en la ciudad de Ávila, en Castilla-León. Ya a los siete años se escapó de su casa para buscar el martirio. Dedicó su vida a la fundación de treinta y dos conventos, en colaboración con San Juan de la Cruz. Inteligente, alegre y muy humana, tenía una energía vigorosa, a pesar de su delicada salud. Su preocupación era doble: lo terrestre° y lo divino. Descubría la presencia de Dios en la realidad de los objetos de la vida cotidiana. Solía decir que «hasta entre los pucheros anda Dios».°

earthly

hasta… God is present even among the cooking pots/simplicity

Su obra *Vida* es un modelo de sencillez,° sinceridad y elevación espiritual. Explica cómo despertó su alma a la virtud y con qué resignación venció sus terribles enfermedades. Santa Teresa da detalles de un mundo que para ella no es sobrenatural. «Estando yo un día oyendo misa, vi a Cristo en la cruz cuando alzaban la hostia…».°

alzaban… they raised the host (communion wafer)

San Juan de la Cruz (1541–1591) es el más refinado de los poetas místicos. Fue discípulo de Santa Teresa, pero con actitud más intelectual. San Juan de la Cruz aspira a llegar al «estado beatífico°» y al «matrimonio espiritual» con Dios. Su poesía, iluminada por el éxtasis, es dulce, liberada de la materia de este mundo. Ha ejercido gran influencia en la poesía lírica moderna.

blissful, beatific

Hoy se considera a Santa Teresa de Jesús como uno de los más grandes místicos españoles. Aquí se ve su habitación en el convento de Santa Teresa de Ávila, ahora convertida en capilla.
(Courtesy of the Spanish National Tourist Bureau)

Lo que sigue es un fragmento de su *Cántico espiritual entre el alma y Cristo, su esposo.*

¿Adónde te escondiste,
Amado, y me dejaste con gemido°?   con… *moaning, wailing*
Como el ciervo° huíste,   *stag*
habiéndome herido;
salí tras° ti, clamando,° y ya eras ido.   = detrás/*crying out*

Pastores, los que fueseis
allá por las majadas al otero,°   por… *through the*
si por ventura° vieseis   *sheepfolds to the*
aquél que yo más quiero,   *knoll*/por… *by chance*
decidle que adolezco,° peno° y muero.   *I am suffering/I am*
                                                               agonizing

El teatro del Siglo de Oro

El teatro español tiene su origen en la religión. Su primera manifestación fueron los llamados *misterios y autos* de tema religioso que se representaban en las iglesias. En el Renacimiento hubo una transición. En el Siglo de Oro los dramaturgos llevaron el teatro a los palacios de los nobles y al pueblo.

Lope de Rueda (1510–1565) es el verdadero padre del teatro español, porque escribió y representó para la gente común por primera vez. Escribió diez *pasos*, piezas cortas para entretener al público por unos momentos. Son admirables cuadros de las costumbres y la vida diaria de su tiempo. Este género de teatro popular es genuinamente español. Ha prevalecido siempre en España bajo los nombres de *entremeses*,° *sainetes*° y *género chico* hasta hoy.

one-act farces shown between acts of a longer play/one-act farces showing popular customs, usually ironic

Lope de Vega

Lope de Vega (1562–1635) es la encarnación misma del teatro español. De familia modesta, nació, vivió y murió en Madrid. No se sabe bien dónde ni cómo adquirió su enorme cultura literaria. Asistió al colegio de los jesuitas de Madrid y a la Universidad de Alcalá, pero era básicamente un autodidacta.° A los doce años escribió su primera comedia. En 1588 luchó contra Inglaterra en la «Armada Invencible».

self-taught person

Su vida fue intensa y emocionante como pocas. Lope era el ídolo del pueblo de Madrid y de toda España. Era tierno padre de familia y amante apasionado. Se casó dos veces y tuvo varios hijos ilegítimos. Aunque gran pecador,° Lope era religioso y creyente. A los cincuenta y dos años se hizo sacerdote. Sin embargo, no dejó de llevar una vida de hombre de mundo. A los setenta y tres años murió en la cumbre° de su gloria, pero pobre.

sinner

height

Lope de Vega fue un genuino intérprete de la esencia vital del pueblo español. Hoy en Madríd se encuentra la Casa Museo de Lope de Vega, donde vivió y murió. La sala de la casa está adornada con este retrato de Lope, de pintor desconocido.
(Institut Amatller D'Art Hispanis)

Era un «monstruo de la naturaleza», según Cervantes. Terminaba una comedia en verso en veinticuatro horas, y tenía tiempo para adquirir una cultura enciclopédica. Escribió unas mil quinientas obras dramáticas en verso, pero sólo se conservan unas quinientas, aparte de su voluminosa producción no dramática. Es el autor más prolífico de todos los tiempos.

Lope unificó los elementos dramáticos de sus antecesores° y estableció el carácter general del teatro español. Cuando él empezó a escribir, sólo existían en España dos compañías teatrales; a su muerte había cuarenta.

predecessors

El teatro de Lope de Vega usaba la sencilla fórmula de divertir y enseñar al público, que en masa iba al teatro para admirar, sentir y vivir la producción inagotable del maestro. Para hacer esto, rompió con los rígidos preceptos clásicos de las tres unidades de tiempo, lugar y acción y proclamó la libertad artística.

Las comedias de Lope son de todas clases: históricas, de capa y espada,° de amor, de temas de caballería,° mitológicas, pastoriles, bíblicas, de vidas de santos y autos sacramentales.*

capa... cloak and dagger/ chivalry, knighthood

---

*Los autos sacramentales eran dramas religiosos en un acto, dedicados al sacramento de la Eucaristía, para ser representados el día de *Corpus Christi* en las plazas públicas de las ciudades.

Fuenteovejuna, por ejemplo, está basada en un hecho histórico. El pueblo entero de Fuenteovejuna, en la provincia de Córdoba, se rebela contra la tiranía del Comendador, un noble feudal que ha cometido muchos abusos. En acción revolucionaria, el pueblo mata al Comendador. Los Reyes Católicos representan en la comedia la justicia contra los excesos del feudalismo. El verdadero protagonista, en esta comedia, es todo el pueblo de Fuenteovejuna. El siguiente diálogo entre el representante del rey y el pueblo resume° el tema:

summarizes

—¿Quién mató al Comendador?
—¡Fuenteovejuna, señor!
—¿Y quién es Fuenteovejuna?
—¡Todos a una°!

¡Todos… *All of us together!*

Pedro Calderón de la Barca

Pedro Calderón de la Barca (1600–1681) siguió las normas teatrales de Lope de Vega. Creó personajes profundos, con preocupaciones filosóficas y religiosas. Nació y vivió en Madrid. De joven era un soldado de vida alegre. Estudió en las Universidades de Alcalá y de Salamanca. A los cincuenta y un años se hizo sacerdote y llevó una vida tranquila, de ahí en adelante.

Se suele hablar del «honor calderoniano», tan esencial en la vida de los españoles de todos los tiempos. En los dramas de Calderón, esposos,

Pedro Calderón de la Barca.

(Retrato de Juan Alfaro y Gómez / MAS)

padres y hermanos matan para defender su honor. El honor no se pierde cuando la ofensa es vengada con sangre. En *El médico de su honra*, por ejemplo, el protagonista, don Gutierre, mata a su esposa inocente sólo porque hay sospechas de su fidelidad, como el Otelo de Shakespeare. En el concepto del honor calderoniano se puede entender las contradicciones inherentes de la dominación masculina sobre las cuales se expresó una poeta mexicana, Sor Juana Inés de la Cruz, en su poema «Hombres necios que acusáis». Sor Juana protestó contra el honor calderoniano al ridiculizar la idea que la mujer es la causa de la transgresión del hombre.

Aún quedan unas doscientas piezas teatrales de Calderón. Escribió dramas basados en hechos históricos o imaginados, comedias de capa y espada, comedias religiosas o filosóficas, autos sacramentales y obras populares.

Pero la obra maestra de Calderón es *La vida es sueño.* El personaje central es Segismundo, hijo del rey de Polonia. Lo encerraron en una torre, cuando aún era niño, porque la astrología había dicho que sería un monstruo. Sin embargo, después de muchos años, el rey lo deja en libertad para probar su carácter. Segismundo cree que sueña, se muestra ingrato,° soberbio° y brutal. Tira por la ventana a un criado. Entonces el rey lo vuelve a encerrar. Segismundo, de nuevo° en la torre, ya no sabe qué es sueño y qué es realidad:

ungrateful; arrogant
de... once again

> ¿Qué es la vida? Un frenesí.
> ¿Qué es la vida? Una ilusión,
> una sombra, una ficción,
> y el mayor bien es pequeño;
> que toda la vida es sueño,
> y los sueños sueños son.

Más tarde, el pueblo lo libera porque no quiere que un extranjero herede el trono. Esta vez Segismundo, en libertad, se porta° como un verdadero rey:

se... behaves

> pues que la vida es tan corta,
> soñemos, alma, soñemos
> otra vez, pero ha de ser°
> con atención y consejo
> de que hemos de° despertar...

ha... it must be

hemos... we must

Tirso de Molina

Tirso de Molina (1583–1648), el creador de *Don Juan*, era un fraile madrileño. Su verdadero nombre era Gabriel Téllez. Fue el dramaturgo más prolífico después de Lope. Escribió más de cuatrocientas comedias, pero sólo se conservan unas sesenta. Observó profundamente la psicología humana. Se considera que *El condenado por desconfiado* es el mejor drama teológico del mundo.

Tirso ha dado a la literatura el personaje español más universalmente conocido, *Don Juan,* en su comedia *El burlador° de Sevilla,* escrita en 1630. El tema, que tiene su origen en una vieja leyenda sevillana, ha sido tratado e interpretado de distintas maneras por todas las literaturas. Sobre el tema de *Don Juan* han escrito Molière, Mérimée, Balzac, Flaubert, Lord Byron, Bernard Shaw y muchos más, sin olvidar la hermosa ópera de Mozart ni el popular *Don Juan Tenorio* de Zorrilla. Pero el donjuanismo también tenía sus críticos contemporáneos, sobre todo entre algunas dramaturgas como María de Zayas (1590–1661) y Ana Caro (1600–1653).

trickster, seducer

Algunos poetas del Siglo de Oro

Luis de Góngora

Luis de Góngora (1561–1627), poeta del Barroco, era un cura cordobés. Fue castigado por el obispo° porque le gustaban más los toros que el coro° de la catedral. Empezó escribiendo sencillas canciones y romances populares. Pero más tarde compuso poemas largos, como las *Soledades* y la *Fábula de Polifemo y Galatea,* en un estilo barroco y metafórico, lleno de jeroglíficos lingüísticos. Esta poesía es de un arte y una belleza supremos. Hay que leerla con paciencia y cuidado para descifrar sus más exquisitas (pero complicadísimas) metáforas. En los versos de Góngora una mesa es «cuadrado pino»; un pájaro, «una esquila° dulce de sonora pluma»; una flecha, «un áspide° volante». Se da el nombre de *gongorismo* a este difícil estilo. Góngora es el ídolo de los poetas modernos que escriben para minorías selectas y no para el pueblo.

bishop
choir

little bell/asp

Francisco de Quevedo

Francisco de Quevedo (1580–1645) es el gran poeta satírico de España. El gongorismo y la sátira caricaturesca de Quevedo representan el estilo barroco de la literatura española del siglo XVII. Quevedo era un noble y culto° madrileño. Estuvo trece años encarcelado en León por criticar la decadente política de los favoritos del rey.

well-educated

Escribió en prosa obras políticas, morales, filosóficas y satíricas. Entre ellas sobresale *Los sueños,* la mejor sátira sobre la sociedad escrita en castellano. Trata del Juicio° Final y del infierno; hace una caricatura de mujeres, médicos, jueces, clérigos y monjas de su tiempo. También es admirable su novela *El Buscón,* llena de picardía y de un estilo exagerado.

Judgment

Quevedo debe su fama principalmente a las novecientas poesías satíricas y líricas que escribió. Muchas de ellas no se han olvidado hasta nuestros días, como la que empieza:

Luis de Góngora. Ejemplo de su poesía es la letrilla que empieza: «La más bella niña / de nuestro lugar, / hoy viuda y sola / y ayer por casar (about to be married) / viendo que sus ojos / a la guerra van, / a su madre dice / que escucha su mal: / dejadme llorar / orillas del mar.»

(Retrato de Diego Rodríguez de Silva y Velázquez. Maria Antoinette Evans Fund. Courtesy Museum of Fine Arts, Boston)

Poderoso caballero
es don Dinero.
Madre, yo al oro me humillo:
él es mi amante y mi amado,
pues de puro enamorado,
de continuo anda amarillo°
pues que doblón o sencillo,°
hacen todo cuanto quiero,
poderoso caballero
es don Dinero.

de… *he continually looks yellow (pale)*/pues… *since doubloons or half doubloons*

Francisco de Quevedo. Ese tipo de anteojo redondo todavía se conoce por su nombre, «Quevedos».

(Retrato de Francis Lathrop. Courtesy of the Hispanic Society of America, NY)

La narración breve

En 1613 Miguel de Cervantes publicó una serie de novelas que él llamó «novelas ejemplares». Son novelas cortas sobre las peculiaridades de la vida y de la gente de aquel tiempo. Intentan ofrecer un ejemplo de buena o mala conducta para que el lector se pueda beneficiar moralmente del modelo presentado. Con estas novelas Cervantes creó un género nuevo, a diferencia de la prosa anterior que se limitaba a tres tipos: novelas de caballería, novelas pastoriles y novelas picarescas. Las novelas ejemplares se asemejan entre sí sin ser dominadas por la vida de un personaje principal. En *El coloquio de los perros,* por ejemplo, hay dos perros que discuten y satirizan la vida cotidiana. Y en *El licenciado Vidriera* un hombre cree que él mismo está hecho de vidrio.

María de Zayas

También cultivó la novela corta María de Zayas (1590–1661), la primera feminista conocida en España. Sus protagonistas son generalmente mujeres y sus imágenes originales, a veces chocantes.° En «Aminta burlada», por ejemplo, la autora presenta la otra cara de la moneda del honor calderoniano. La protagonista, engañada y traicionada por un hombre, insiste en tomar la sangrienta venganza tradicional en sus propias manos. Otras narraciones, como «La inocencia castigada», describen mujeres que han sido víctimas de los hombres, y en «El prevenido engañado», hay hombres tontos que andan detrás de las mujeres más débiles para poder controlarlas. En muchas de sus novelas, Zayas nos presenta el erotismo femenino, caso único en la época. La primera parte de su colección de novelas cortas se titula *Novelas amorosas,* y la segunda, *Desengaños amorosos.* Son historias contadas dentro de un marco, que también forma parte de la novela, al estilo de Boccaccio y Don Juan Manuel. Desafortunadamente, poco se sabe de la vida de esta extraordinaria escritora.

En el siguiente fragmento Zayas describe a uno de sus protagonistas.

El primero que dio principio al airoso paseo fue don Juan, que por guía y maestro empezó solo, tan galán, de pardo, que le llevaba los ojos de cuantos le vían,° cuyos botones y cadenas de diamantes parecían estrellas.

shocking

= veían

Preguntas

1. ¿Qué caracteriza, en general, la literatura del Renacimiento? ¿Quiénes son los escritores más representativos?

2. ¿Cuáles son las características de la cultura del Barroco? ¿En qué se diferencia esta cultura de la del Renacimiento?

3. ¿Quiénes son los dramaturgos más importantes del siglo XVII? ¿Por qué son importantes? Describe una de sus obras.

4. ¿Quién fue la escritora que es considerada por algunos críticos como la primera feminista de España? ¿A qué se debe que sea considerada feminista?

Temas de conversación e investigación

1. Escoge uno de los poemas o pasajes que se citan en este capítulo. Explica con tus propias palabras qué comunica el texto y de qué manera lo comunica. ¿Cabe este texto dentro de la categoría cultural del Renacimiento o del Barroco? ¿Por qué?

2. En la historia del Siglo de Oro, tanto como en la cultura actual, se ha hablado del «honor calderoniano». ¿Hasta qué punto se manifiesta esta actitud hoy día? ¿Por qué crees que el «honor calderoniano» se dirige más a la virtud de las mujeres que a la de los hombres?

3. Escribe tu propio cuento picaresco según la definición que has aprendido de este género.

4. ¿En qué se caracteriza el misticismo de San Juan de la Cruz y/o el de Santa Teresa? ¿Crees que pueda existir un verdadero misticismo hoy día? ¿Por qué sí o por qué no?

6

Miguel de Cervantes

La vida de Cervantes

iguel de Cervantes (1547–1616) nació en Alcalá de Henares, que entonces era una pequeña ciudad universitaria, a treinta kilómetros de Madrid. Su padre era un modesto cirujano,° hidalgo y pobre, de origen gallego. Cervantes nunca recibió educación formal. Fue un autodidacta que aprendió de la vida y de los libros. Se sabe poco de su infancia. Pero sí se sabe que en 1568 estudiaba en Madrid con Juan López de Hoyos, un maestro de latín, liberal, quien llamó a Cervantes «nuestro caro° y amado discípulo».

    En 1569, Cervantes —que trabajaba al servicio de un cardenal°— fue a Italia. Pasó cinco años en esta tierra, cuna° del Renacimiento. Este período ejerció gran influencia en su formación intelectual y artística.

    Pero el hecho más importante de su vida fue su participación en la famosa batalla de Lepanto, en 1571, contra los turcos. Allí perdió el uso de la mano izquierda «para mayor gloria de la derecha», y por eso se le llamaba «el manco de Lepanto».

    Cuando regresaba a España en 1575, el barco en que Cervantes venía fue atacado por piratas turcos. Cayó prisionero y fue llevado a Argel.° Allí sufrió prisión durante cinco años, hasta ser liberado por frailes que lo llevaron a España en 1580.

surgeon

dear

cardinal
cradle

North African port city

Miguel de Cervantes.

(Institut Amatller D'Art Hispanis)

Cervantes no tuvo una vida fácil. No fue feliz en su matrimonio (1584) con Catalina de Palacios. No tuvo éxito en su carrera militar. En 1585, publicó su novela pastoril° *La Galatea,* poco apreciada por sus contemporáneos. Se dedicó a escribir para el teatro, pero el público de Madrid no lo aplaudió.

pastoral, bucolic

Cervantes tuvo varios empleos humildes en Andalucía. Fue encargado de conseguir aceite y trigo° para la «Armada Invencible». Quería ir a América, pero no se lo permitieron. Además, fue encerrado en la cárcel varias veces porque había errores en la administración de sus cuentas.°

wheat

accounts

Quizás en medio de tantas penas y en la soledad de la cárcel, concibió la idea de la obra monumental *Don Quijote de la Mancha.°* La primera parte fue publicada en Madrid en 1605. Inmediatamente el libro alcanzó un éxito sin precedentes en España y, más tarde, en el mundo. Diez años después, en 1615, cuando Cervantes tenía ya sesenta y ocho años, se publicó la segunda parte del *Quijote.* Pero la fortuna de Cervantes no mejoró mucho.

la… area in Southern Castile

Vivió en Madrid hasta su muerte. En los tres últimos años de su vida, ya viejo, publicó las *Novelas ejemplares; Ocho comedias y ocho entremeses,* piezas de teatro breves; el *Viaje al Parnaso,* un libro en verso, y *Los trabajos de Persiles y Sigismunda,* una novela de aventuras fantásticas. Pero nada de esto puede compararse con la grandeza del *Quijote.*

Cervantes murió pobre y olvidado en Madrid, el 23 de abril de 1616. Fue precisamente el mismo día en que murió Shakespeare. Ese día el mundo perdió a dos de los genios más grandes de la cultura occidental.

El ingenioso hidalgo Don Quijote de la Mancha

«*E*n un lugar de la Mancha de cuyo nombre no quiero acordarme... » Con estas inolvidables palabras presenta Cervantes a su héroe, Alonso Quijano «el Bueno». Este personaje se describe como un hidalgo pobre, de unos cincuenta años, alto y delgado, «gran madrugador° y amigo de la caza». Vive solo con el ama° y una sobrina que no pasa de los veinte años.

early riser
housekeeper

Don Quijote es muy aficionado a los libros de caballerías,* que entonces se leían con tanto furor como se leen hoy las novelas de detectives. A causa de la lectura de estos libros, pierde el juicio° y decide hacerse caballero andante.° Como hacían los caballeros andantes de los libros que él había leído, se pone un nombre nuevo: *don Quijote de la Mancha*. Bautiza a su flaco° caballo con el no menos sonoro nombre de *Rocinante*. Como caballero, necesita una dama, que para él será la imagen del amor perfecto y de la gloria que él buscaba. Se acuerda de una moza labradora del pueblo de El Toboso, de quien él había estado en un tiempo silenciosamente enamorado. Se llama Aldonza Lorenzo, pero él la bautiza con el nombre más poético de *Dulcinea del Toboso*. Abandona su casa y se lanza al mundo en busca de la gloria, enderezando entuertos y deshaciendo agravios,° siempre buscando el ideal.

sense of judgment
caballero... knight errant

skinny

enderezando... righting wrongs and undoing injuries/dejando... *letting Rocinante lead him/destination/*roadside inn/*mozas... prostitutes/innkeeper*

Así es cómo una mañana sale don Quijote por el corral de su casa, dejando que Rocinante lo guíe,° sin destino° predeterminado, por las secas llanuras de la Mancha. Se encuentra en una venta° que él imagina ser un castillo, donde es recibido por dos «mozas alegres».° Él cree que son princesas, y que el ventero° es un caballero. Don Quijote les recita este famoso romance:

> Mis areos° son las armas, mi descanso, el pelear, mi cama, las duras peñas, mi dormir, siempre velar.°

trappings
to keep vigil

El ventero, que es muy burlón,° arma caballero° a don Quijote en un rito paródico de las leyes de caballería. Al salir de la venta se encuentra con unos mercaderes° a quienes don Quijote les obliga a confesar que no hay en el mundo nadie como su señora, la sin par° Dulcinea del Toboso. Los mercaderes, que según don Quijote son hombres sin fe, no quieren alabar a una persona a quien no conocen, y golpean al pobre

given to mocking/arma... *confers knighthood*
merchants
sin... peerless

---

*Los libros de caballerías (*chivalry*) narraban hazañas de valientes y nobles caballeros, siempre fieles a sus damas.

EL INGENIOSO
HIDALGO DON QVI-
XOTE DE LA MANCHA,
Compuesto por Miguel de Cervantes
Saauedra.

DIRIGIDO AL DVQVE DE BEIAR,
Marques de Gibraleon, Conde de Benalcaçar, y Baña-
res, Vizconde de la Puebla de Alcozer, Señor de
las villas de Capilla, Curiel, y
Burguillos.

Año,   1605.

CON PRIVILEGIO,
EN *MADRID*, Por Iuan de la Cuesta.

Vendese en casa de Francisco de Robles, librero del Rey nro señor.

La aparición del Quijote en 1605 fue un acontecimiento literario mundial; es una de las fuentes más importantes de la novela moderna. El éxito del libro fue instantáneo en España, y en poco tiempo su fama se extendió al resto de Europa. Fue traducido y, con el tiempo, se convirtió en una obra clásica y universal.

manchego,° quien queda derrotado en el suelo. Pero un buen vecino suyo lo recoge y lo lleva de regreso a su aldea.°

    Como don Quijote se había vuelto loco leyendo libros de caballerías, sus amigos queman más de cien libros de su biblioteca. Pero don Quijote no se arrepiente de su locura y sale por segunda vez de su aldea, ahora en compañía de su escudero Sancho Panza, un labrador bajo, gordo y analfabeto.° En pago a sus servicios de escudero, don Quijote le promete que le hará gobernador de una región que conquistará en alguna de sus imaginadas aventuras caballerescas.

    Don Quijote, montado en Rocinante, y Sancho, en su querido asno,° viajan por los polvorientos° caminos de la Mancha. Van a buscar grandes aventuras, a luchar contra la maldad, la mentira y la hipocresía de los hombres. Don Quijote y Sancho representan los dos extremos de la vida: uno es el ideal, el sueño, el espíritu; el otro, lo prosaico de la vida, la realidad, la carne, la razón. Pero los dos se complementan: discuten siempre entre sí, pero no hay separación posible. La esencia del pensamiento y del sentimiento de Cervantes está en estos inolvidables diálogos entre el caballero y escudero.

    Siguiendo con las aventuras, ahora se encuentran con varios molinos de viento° que la fantástica imaginación de don Quijote convierte en

persona de la Mancha
village

illiterate

donkey, mule
dusty

molinos… *windmills*

«En esto, descubrieron treinta o cuarenta molinos de viento que hay en aquel campo, y así como don Quijote los vio dijo a su escudero... —Ves allí, amigo Sancho Panza, donde se descubren treinta, o pocos más, desaforados gigantes, con quien pienso hacer batalla y quitarles a todos las vidas... »

feroces gigantes. Sancho advierte a su amo que son molinos, pero don Quijote los ataca con su lanza. Las aspas° del molino lo tiran al suelo herido, pero el caballero no cede.° Explica que el mago Frestón tiene la culpa porque convirtió a los gigantes en molinos para robarle la gloria de ganar tan singular° batalla.

No es posible olvidarse de Maritornes, la criada° asturiana° de la segunda venta. Es ancha de cara y tuerta.° La buena Maritornes sirve a los rudos arrieros° que paran en la venta. Atiende a sus necesidades físicas y les da consuelo° espiritual como un acto de servicio y caridad. Cuando el pobre Sancho es golpeado por no pagar la cuenta de la venta, Maritornes, compasiva,° le da una jarra de agua y otra de vino, que ella misma paga.

Prosiguen las aventuras. Don Quijote ve en su camino a unos hombres cargados de cadenas.° Son criminales condenados a las galeras° por la justicia del rey. Don Quijote se indigna y grita: «Soltadles,° porque es injusto hacer esclavos a quienes Dios y la naturaleza hizo libres.» Don Quijote libera a los criminales, pero les ordena que vayan a arrodillarse,° como acto de gratitud, ante su señora Dulcinea. Los criminales no quieren cumplir esta orden y, en cambio, le tiran piedras al pobre don Quijote.

Después de muchas graciosas y trágicas aventuras, un cura y un barbero inventan un plan para llevar a don Quijote de regreso a su casa e intentar° curarlo de su locura. Engañan° al pobre caballero y le hacen creer que está encantado.° De esta manera lo llevan a su aldea, encerrado en una jaula° de madera, transportada por una carreta de bueyes.° Así termina la primera parte del *Quijote*.

wings

no... does not give up

tan... such a unique
maid/de Asturias
blind in one eye
mule drivers
consolation

compassionate

cargados... in chains/a...
to be galley slaves/*Set them free*

kneel

try/*They trick*
under a charm, spell
cage/carreta... *oxcart*

La segunda parte es menos anecdótica pero más profunda y analítica que la primera. En ésta se cuenta cómo don Quijote sale por tercera vez de su aldea, acompañado de su inseparable Sancho Panza. Sancho parece ahora más discreto; quiere y admira más a don Quijote. Aparece Sansón Carrasco, estudiante recién llegado de la gran Universidad de Salamanca. Carrasco quiere mucho a su buen amigo don Quijote, pero no comprende su grandeza que él también toma por locura.

Cerca de Zaragoza, don Quijote y Sancho encuentran a un duque y a una duquesa que dicen haber leído la primera parte del *Quijote*. Para reírse de las locuras del caballero y de la gracia del escudero, los duques fingen° tomarlos en serio. Tratan a don Quijote como si fuera de verdad un caballero andante y lo llevan a su castillo. Esto da lugar° a una serie de burlas humillantes contra el genial manchego. Los duques representan una sociedad que no tiene sensibilidad° para comprender un ideal puro y que ataca con el arma del ridículo. El lector sufre al ver al pobre caballero mortificado por unos nobles ignorantes.

Ha llegado la hora de cumplir la promesa que don Quijote había hecho a su escudero. Los duques nombran a Sancho gobernador de un pueblo que ellos, para burlarse, llaman la ínsula° de Barataria. Para que sea un buen gobernador, don Quijote le da sabios consejos: «sé limpio; no comas ajos° ni cebollas; la diligencia es madre de la buena ventura°». Sancho demuestra ser un buen gobernador, sencillo, humano y justiciero. Pero, al fin, abandona el gobierno de la ínsula porque le piden que mande un ejército imaginario para derrotar a unos supuestos invasores. «Yo no he nacido para gobernar, sino para arar° y cavar°» dice Sancho.

Caballero y escudero, libres y juntos nuevamente, llegan a la ciudad de Barcelona. Pero aquí les ocurre la más triste aventura de su vida. El estudiante Carrasco, vestido de *Caballero de la Blanca Luna*, quiere curar a don Quijote de su locura. Vence a don Quijote en duelo de armas y, según las leyes de caballería, tiene el derecho de obligar al vencido a volver a la paz de su aldea.

Derrotado, triste y melancólico llega don Quijote a su casa. Cae enfermo en cama. Con lágrimas en los ojos, todos rodean a este caballero del espíritu que ahora está moribundo.° Antes de morir, confiesa que sus aventuras no fueron más que locuras, provocadas por la lectura de los detestables libros de caballerías. Dice: «Ya yo no soy don Quijote de la Mancha, sino Alonso Quijano, a quien mis costumbres me dieron renombre de *Bueno.*» Pero Sancho, que ahora se ha contagiado de las ideas de don Quijote, anima° a su amo con energía, aunque llorando: «No se muera vuesa° merced, señor mío, sino tome mi consejo, y viva muchos años; porque la mayor locura que puede hacer un hombre en esta vida es dejarse morir, sin más ni más,° sin que nadie le mate, ni otras manos le acaben° que las de la melancolía.»

Pero el caballero no le oye. Con los ojos en el cielo, dice: «Vámonos poco a poco, pues ya en los nidos de antaño no hay pájaros hogaño».° Su cuerpo muere, pero el espíritu de don Quijote de la Mancha es inmortal.

pretend

da... *gives rise*

sensitivity

= isla

garlic/fortune

plow/dig

dying

encourages
vuestra

sin... *suddenly, without further ado/finish, kill*

Vámonos... *Let us go on little by little, for in the nests of yesteryear there are no birds today.*

La del alba sería... Escena del Quixote, *obra de José Moreno Carbonero, ilustrador del* **Quijote.** (Institut Amatller D'Art Hispanis)

Cuando el personaje central de la novela deja de ser don Quijote de la Mancha para volver a ser simplemente Alonso Quijano «el Bueno», el héroe tiene que morir, y la novela tiene que terminar. El lector, que ha seguido con emoción la odisea° de este caballero y ha vivido el idealismo y la infatigable voluntad de acción de don Quijote, ve con gran desilusión que el héroe rechaza su quijotismo y llama «locuras» a sus ideales y sus sueños.   *odyssey*

Cervantes fue un escritor que reflejó en su obra el gran dilema humano: cómo reconciliar lo real con lo ideal. Es un tema de todos los tiempos.

Preguntas

1. ¿Qué experiencias vitales se cree que ejercieron influencia en la vida intelectual y artística de Miguel de Cervantes?

2. ¿Por qué fue importante la batalla de Lepanto en la vida de Cervantes?

Don Quijote, el caballero del ideal, va en compañía de su inseparable Sancho Panza, contemplados desde atrás por Cervantes. Este monumento se encuentra en la Plaza de España en Madrid.
(© Peter Menzel)

Temas de conversación e investigación

1. El tema central de *Don Quijote de la Mancha* se ha debatido mucho entre los críticos. ¿Cuáles podrían ser algunos de los temas principales de la obra?

2. Haz una comparación entre don Quijote y Sancho Panza. ¿Cómo podrían interpretarse las diferencias entre estos dos personajes?

3. Muchos han interpretado el *Quijote* como la afirmación de un ideal o una lucha espiritual por algo que quizás no exista. Según este punto de vista, la obra elabora una lucha entre lo ideal y la realidad. ¿Estás de acuerdo? ¿Por qué sí o por qué no? ¿Cómo se manifiesta este tema en la vida de hoy día o quizás en tu propia vida?

4. Otros críticos han visto la obra como una crítica a las ideas y actitudes anticuadas que no tienen vigencia en la vida actual. (Por ejemplo, la idea del imperialismo español en un momento en que el mismo imperio entraba en un período de decadencia.) ¿Estás de acuerdo con este punto de vista? Explica.

5. ¿Puedes ver reflejados a algunos personajes quijotescos en la literatura, el arte o la realidad de hoy día? Explica.

Artistas y músicos del Siglo de Oro

E l siglo XVII es el gran siglo de la pintura española. En contraste con el idealismo de la pintura italiana, tres elementos inspiran a los maestros peninsulares: la religión, la monarquía y el realismo. Los grandes cuadros de la escuela de pintura española pueden admirarse en centenares de templos y monasterios, en los museos y en los palacios privados de España. También se encuentran en muchos museos del extranjero.° Pero el más vasto e inapreciable tesoro artístico está en el Museo del Prado de Madrid. No sólo se encuentra allí lo mejor de la pintura española, sino infinidad de obras maestras° de las escuelas italiana y flamenca que España adquirió cuando era un imperio poderoso. Entre muchos otros, el Prado conserva hoy sesenta y seis cuadros de Paul Rubens y cuarenta y tres de Ticiano.

del… *abroad*

obras… *masterpieces*

El Greco

A sí se le llama a Domenico Theotocópuli (¿1542?–1614) porque nació en la isla de Creta, Grecia. Se sabe muy poco de la vida de este maestro, pero se puede deducir por cartas y otros documentos de aquel tiempo que de Creta pasó a Venecia y después a Roma. Allí se quedó hasta 1575 estudiando, pintando y absorbiendo las influencias del Renacimiento italiano. Algunos creen que en este período italiano, El Greco fue discípulo de Ticiano, clásico pintor renacentista.

Sin embargo, durante esta estancia° en Italia no produjo ninguna obra maestra. En 1577 llegó a Toledo, ciudad considerada símbolo del espíritu castellano. Esta ciudad le produjo tal impresión que cambió su estilo y se reveló su propia originalidad. Aquí El Greco empezó a pintar las obras que le han dado el renombre° que tiene hoy.

stay

fame, renown

Es irónico que un artista griego con influencias italianas llegara a ser el pintor arquetípico español. Los temas intensamente religiosos, los colores sombríos, las expresiones reverenciales de los personajes contribuyen al carácter tan español de El Greco. Su arte no fue apreciado por los reyes, como fue el caso de otros pintores de su época. Hasta no hace mucho tiempo, sus cuadros estaban desperdigados° por iglesias y monasterios españoles poco conocidos. El mundo no se dio cuenta del valor de El Greco hasta el siglo XX.

scattered

El Greco usaba colores sombríos y sólo se servía de matices° sutiles. También sobresale en este maestro español el uso del claroscuro, una forma artística que emplea a la vez luces y sombras en una pintura para crear una imagen o una sensación. El Greco fue un maestro de la composición y un gran dibujante.° Sin embargo, a veces alteraba la forma aparente de las figuras para penetrar en el alma del sujeto. Buscando siempre lo espiritual, huía de lo convencional. Podría decirse que sus santos, de caras macilentas,° huesudas° y alargadas,° parecen espíritus de otro mundo.

shades, tints

sketcher

emaciated/bony/elongated

El entierro del conde de Orgaz.

(Giraudon/Art Resource, NY)

La crucifixión *es uno de los muchos cuadros de tema religioso que pintó El Greco, representativo del misticismo español del siglo XVI.*
(Museo del Prado)

El entierro del conde de Orgaz es la obra maestra de El Greco y uno de los cuadros más hermosos del mundo. Puede contemplarse hoy en la modesta iglesia de Santo Tomé, en Toledo. La historia que el cuadro representa es casi tan interesante como el cuadro mismo porque se basa en una leyenda religiosa. Gonzalo Ruiz de Toledo, conde de Orgaz, hizo reconstruir la iglesia de Santo Tomé. Murió hacia 1300 y, como recompensa por este acto de caridad, dice la leyenda que San Esteban y San Agustín bajaron de los cielos para depositar el cadáver de este noble señor en su tumba. El momento en que los dos santos expresan su gratitud al conde es el tema principal del cuadro. El Greco dividió esta obra en dos partes: lo celestial en la parte superior° del cuadro y lo terrestre en la parte inferior.° Arriba está la figura de Cristo y, al lado, la

upper
lower

Virgen María y San Juan. También se pueden ver diversas figuras de la Biblia: Moisés, Noé, San Pedro y otros santos del Nuevo Testamento. Abajo están los nobles, contemporáneos de El Greco, con expresión solemne y caritativa.° La figura que mira directamente a quien contempla el cuadro, la séptima cabeza desde la izquierda, es la del propio pintor. En la parte inferior del centro aparecen las tres figuras principales de la escena: San Esteban, el conde de Orgaz y San Agustín. Hacia la izquierda hay un paje° que podría ser el hijo de El Greco.

charitable

page

Entre otros cuadros famosos de El Greco figura *La crucifixión*. Hay varias versiones: una se encuentra en el Prado, otras en el Louvre de París, en el Instituto de Arte de Cleveland y en otros museos y colecciones particulares.° En la versión que se ve en el Prado el cuerpo de Cristo reposa sereno en la cruz, sin dolor. La tragedia se manifiesta en el tono negruzco verdoso del cielo. Al lado de Jesucristo están la Virgen María y San Juan. En el centro quedan María Magdalena y un ángel, los dos lavando las heridas de Jesucristo. La escena recuerda la penitencia de María Magdalena cuando lavó los pies de Cristo con sus propias lágrimas.

private

Al final de su vida, El Greco pintó uno de los cuadros más excepcionales de su producción artística: *Vista de Toledo*. Es el único paisaje que pintó pero la ciudad aparece en el fondo° de otros cuadros. En este cuadro, parece que el cielo está a punto de estallar;° con colores grises y verdosos, el pintor crea la impresión de que algo sobrehumano domina la ciudad.

background
explode

Diego Velázquez

Si El Greco dio en su obra el alma religiosa de España, Diego Velázquez (1599–1660) dejó su realismo, que, combinados, constituyen la síntesis del espíritu de España. Nadie en la historia de la pintura ha expresado la vida con tanta naturalidad y belleza como Velázquez. Se ha dicho que era frío, observador imparcial de la realidad, y que no tenía corazón. Pero el propio Velázquez decía que su ideal era «la verdad, no la pintura».

En contraste con la vida de El Greco, la de Velázquez fue una serie de éxitos. Velázquez gozó de° gran fama tanto en la vida como en la muerte. Hijo de padres humildes, a los doce años mostró un talento extraordinario para la pintura y empezó a estudiar bajo la dirección de uno de los mejores profesores de pintura de aquel tiempo, Francisco Pacheco. Como pintor, Pacheco era mediocre, pero nadie puede negar su importancia como maestro. En 1618, Velázquez se casó con la hija de Pacheco. Fue un matrimonio arreglado para promover la carrera del pintor. Pacheco ayudó mucho a su alumno, introduciéndolo en la corte de Felipe IV en 1622. Al principio, no lo recibieron con los brazos abiertos. Pero en 1623, el duque de Olivares, que había visto algunos de sus

gozó... enjoyed

Toledo fue la ciudad adoptiva de El Greco, en donde vivió la mayor parte de su vida y en donde pintó cuadros tan impresionantes como esta visión espiritual de la histórica ciudad: **Vista de Toledo.**

(Courtesy of the Metropolitan Museum of Art, bequest of Mrs. H. O. Havemeyer, 1929. The H. O. Havemeyer Collection)

cuadros, le mostró uno al rey. Tan entusiasmados quedaron en la corte que se nombró a Velázquez pintor exclusivo de la familia real.

De 1629 a 1631 Velázquez viajó a Italia para conocer la pintura italiana. Allí vio las obras de Miguel Ángel, Rafael y Ticiano. La atmósfera artística de Venecia lo atrajo tanto que, después de unos años, volvió a esa tierra de tanta actividad cultural. En Roma pintó uno de sus cuadros más famosos: el del papa Inocencio X, un ser frío, calculador y astuto. Se dice que al ver el cuadro, el papa exclamó: «Es demasiado real». Precisamente lo admirable es el realismo casi fotográfico del cuadro.

Cuando el rey Felipe IV se dio cuenta de la popularidad de Velázquez, le mandó que regresara a su tierra natal. En 1651 llegó Velázquez a Madrid y se puso a pintar lo que sería la culminación de su carrera: los cuadros de la infanta° Margarita, entre ellos, *Las meninas°* (véase pág. 51). Velázquez continuó pintando, al servicio del rey, hasta su muerte.

princess/young ladies-in-waiting

El secreto del arte de Velázquez está en la técnica. Y en esto es considerado uno de los primeros en el mundo. Los personajes de muchos de sus cuadros son feos pero, para Velázquez, cualquier manifestación de la vida era belleza, y su inigualada técnica lo muestra. Felipe IV, a quien pintó cuarenta veces, no era conocido precisamente por su hermosura física. Tampoco fue bella la infanta Margarita. Pero en los cuadros de Velázquez sucede algo misterioso: los sujetos no son feos sino dignos,° nobles, admirables. Y estas características se manifiestan sin ninguna insinuación de idealismo ni de falsedad. ¡Qué feos son los bufones, enanos° e idiotas velazqueños! Y, sin embargo, ¡cuánta belleza hay en ellos!

dignified

dwarves

Los borrachos *de*
Velázquez.
(Museo del Prado)

Las obras maestras de Velázquez se encuentran en el Museo del Prado. Entre ellas, las más famosas son *Los borrachos, La rendición de Breda,* el *Cristo crucificado* y, claro, *Las meninas.*

Los borrachos es un cuadro típico de una serie de obras que combinan lo mitológico y lo real. Se ve en el cuadro la figura de Baco, el dios del vino, sentado en un barril con unos campesinos, todos sonrientes y alegres en una escena de diversión campestre.° Al frente se ve un soldado arrodillado° frente a Baco. Éste le pone una corona de laureles, símbolo del propio Baco. La escena es enigmática y contradictoria. Se puede captar la alegría de los borrachos pero, a la vez, se nota el peligro de este tipo de comportamiento. Al fondo se ve una figura oscura que parece un mendigo, una representación de las consecuencias del abuso del vino.

country, rural
kneeling

La rendición de Breda refleja un momento histórico en el desarrollo político de España. Se divide en dos campos: vencedores (los españoles) y vencidos (los holandeses); hay un contraste armonioso entre ambos. El comandante holandés, Justino de Nassau, está arrodillado humilde y dignamente frente al español, el marqués de Spínola. En el marqués se ve un gesto bondadoso y magnánimo al recibir las llaves de la ciudad de Breda. Los soldados españoles, con sus lanzas erguidas apuntando° hacia el cielo, contrastan con los holandeses vencidos pero no humillados. Es irónico que esta escena heroica se pintara durante el período de decadencia del Imperio Español.

pointing

El *Cristo crucificado* es otra obra maestra de Velázquez. A primera vista parece un cuadro objetivo, casi frío, en contraste con las pinturas

La rendición de Breda representa la entrega de las llaves de la ciudad holandesa de Breda al marqués de Spínola y otros generales españoles. Algunos críticos creen que el personaje a la extrema derecha del cuadro es el propio Velázquez. El grupo de españoles y el cuerpo del caballo de Spínola, a la derecha, están perfectamente equilibrados por las figuras de los soldados holandeses.
(Museo del Prado)

de El Greco y las esculturas de Martínez Montañés que tienen el mismo tema. Pero aquí la agonía de Cristo es mucho más sutil. Además, el color negro que lo rodea marca un contraste extraordinario y da la impresión de una soledad total.

Si Velázquez sólo hubiera pintado *Las meninas,* su reputación como retratista° no sería menor. Es una maravilla de composición, misteriosa, enigmática y, al mismo tiempo, tan real. El aparente tema del cuadro es lo que se ve en la parte central: la infanta Margarita, hija de Felipe IV, y las dos meninas que la atienden. Pero mucho más interesante —y quizás más importante para la interpretación de la obra— es lo que se halla en los márgenes. A la izquierda se ve al propio Velázquez con el pincel.° Delante de él está el lienzo,° del cual se ve sólo la parte de atrás. En la pared del fondo° hay un espejo que refleja las figuras del rey Felipe y de la reina Mariana. El gran misterio de la obra queda fuera del cuadro. ¿Cuál es el tema que está pintando Velázquez? ¿Podría ser el rey y la reina, cuyas imágenes se ven en el espejo? Se ha dicho que en este espejo no se ven figuras reales sino el reflejo de un cuadro que estaría° en la pared opuesta. También son interesantes las otras figuras: el señor que entra en la sala (¿o es que sale?) y la pareja detrás de las meninas. Los enanos de la derecha, uno de ellos pisando° el perro que yace° tranquilamente delante de todos, son los típicos bufones de otros cuadros de Velázquez. En su totalidad, el cuadro es una reafirmación del talento del pintor.

portrait painter

paintbrush
canvas/background

must have been

stepping on/is lying

***El Cristo crucificado
sirvió de inspiración
para un volumen de
poemas de Miguel de
Unamuno,* El Cristo de
Velázquez.**
(Museo del Prado)

**Las meninas, *obra
maestra de Velázquez,
considerado el pintor
español más original y
exquisito del siglo
XVII.***
(Museo del Prado)

Velázquez vivió en plena armonía con su época. Desde el principio hasta el final de su vida, tuvo éxito. No fue un espíritu turbulento. Quizás por eso algunos lo han criticado por su «frialdad». Pero la emoción de sus cuadros, de alguna manera, toca la sensibilidad de quien los mira; las posibilidades de interpretación de sus obras son infinitas.

Otros pintores del Siglo de Oro

Además de estos dos grandes maestros de la pintura española, hay otros artistas dignos° de mención. Francisco de Zurbarán (1598–1664), contemporáneo de Velázquez, se conoce por su habilidad de captar la devoción religiosa de los santos de una manera reposada y tranquila. El *Santo Serapión* es un ejemplo de esto. El santo tiene las manos atadas,° pero se ve en su expresión una tranquilidad sublime.

worthy

tied

Bartolomé Esteban Murillo (1618–1682) es otro pintor del período barroco español. Sus temas son religiosos. Pinta escenas bíblicas, como El Greco, intentando señalar el espíritu moralizador de la escena.

También se destaca José Ribera (1588–1656), que nació en Italia pero pasó la mayor parte de su vida en España. Estudió las obras de Ticiano, como muchos pintores españoles, y se nota esa influencia en sus cuadros. Al principio de su carrera fue exaltado y exuberante, como se ve en *El martirio de San Bartolomé* y en su *Piedad*. Pero en la madurez° adquirió un carácter más reposado y espiritual, como lo muestra su pintura *San Jerónimo*.

maturity

Josefa de Ayala (1630–1684), nacida en Sevilla, pintó retratos, naturalezas muertas,° alegorías y un importante retablo en la iglesia de Santa María de Obidos, en Portugal.

naturalezas… *still lifes*

José Ribera pintó* El martirio de San Bartolomé *con detalles realistas; su uso del tenebrismo (contraste entre luz y sombra) se ve muy bien aquí.

(Museo del Prado)

La música

Tomás Luis de Victoria

Tomás Luis de Victoria (1540–1611) fue el mejor compositor de música religiosa del Renacimiento. Estudió en Roma con el italiano Giovanni Palestrina. Durante su estancia en Roma se ordenó sacerdote, pero su actividad espiritual siempre tenía algo que ver con algún aspecto de la música. En 1598, terminó los cinco volúmenes de sus *Laudi Spirituali*, en los cuales empleó canciones folklóricas españolas e italianas dentro de contextos religiosos. Fue nombrado maestro de coro° del Convento de las Descalzas Reales de Madrid. Se dice que Victoria es el primer representante mundial del misticismo en la música.

maestro… *choirmaster*

Domenico Scarlatti

Aunque no nació en España, este compositor de origen italiano (1685–1757) pasó la mayor parte de su vida en la Península Ibérica: primero en Portugal y después en España protegido por la corte de Felipe V. Es uno de los compositores más prolíficos del mundo y se conoce por sus sonatas para la clave.° Las tradiciones musicales de España, su país de adopción, caracterizan las composiciones de este gran músico. La guitarra y los bailes folklóricos castellanos se notan en su música y le dan un tono y estilo muy diferente del de otros músicos de su época. Scarlatti es reconocido como uno de los músicos más importantes de los siglos XVII y XVIII.

harpsichord

Preguntas

1. ¿Quiénes son los pintores más famosos del Siglo de Oro? ¿Cuáles son sus obras más importantes? ¿Por qué son importantes?

2. ¿En qué se distingue el estilo de El Greco? ¿Qué es el claroscuro?

3. ¿Por qué es considerado Diego Velázquez el pintor más original de la escuela española?

4. ¿Cuál es el tema predominante de las obras de Zurbarán, Murillo y Ribera? ¿Cómo se expresa este tema?

5. ¿Quiénes son dos de los músicos famosos del Siglo de Oro? ¿Cuáles son sus obras más importantes? ¿Por qué son importantes?

Temas de conversación e investigación

1. Es de notar que un cuadro tan patriótico como *La rendición de Breda* se haya pintado durante la decadencia del Imperio Español. ¿Te parece una contradicción? Piensa en una posible explicación de este hecho insólito (*unusual*). ¿Hay algo parecido en la cultura actual de este país? ¿Qué propósito puede tener el artista al hacer una obra de este tipo?

2. Escoge uno de los cuadros más famosos del Siglo de Oro y descríbelo. ¿En qué consiste el genio del artista?

3. Mira bien la obra maestra de Velázquez, *Las meninas* (pág. 51). El cuadro parece ser una invitación al espectador a entrar en el mundo de la pintura. ¿Cuáles son los detalles de la obra que podrían ser ejemplos de la importancia —característica del Barroco— de las apariencias y el posible engaño de éstas?

Source and Supplementary Materials

II. Siglo de Oro

Printed Materials

CERVANTES, MIGUEL DE. *Don Quijote de la Mancha.* There are numerous editions and versions of this work, including J. M. Cohen's accurate and lively English translation. London: Penguin, 1954.

FUENTES, CARLOS. *The Buried Mirror: Reflections on Spain and the New World.* New York: Houghton Mifflin, 1992. This richly illustrated book is available in Spanish as well (*El espejo enterrado*), and is accompanied by a five-part video series narrated by Carlos Fuentes (Chicago Films, Inc., 1991).

KELLEY, JAMES, ed. *The Diary of Christopher Columbus's First Voyage to America, 1492–1493.* Norman: University of Oklahoma Press, 1989.

LOPE DE VEGA, FÉLIX. *Fuenteovejuna.* (Ed. María Grazia Profeti.) Barcelona: Planeta, 1981. Many other editions exist as well.

MARAVALL, JOSÉ ANTONIO. *La literatura picaresca desde la historia social.* Madrid: Taurus, 1986.

MARTÍN MORENO, ANTONIO. *Historia de la música española.* Madrid: Alianza, 1996.

PARKER, GEOFFREY. *Philip II.* Chicago: Open Court, 1995. A historical rendition of the life and times of the Spanish monarch.

PRAWDIN, MICHAEL. *Juana la Loca.* Barcelona: Juventud, 1967.

RIVERS, ELÍAS, ed. *Poesía lírica del siglo de oro.* Madrid: Cátedra, 1979. A well-chosen selection of the poetry of the Renaissance and Baroque periods, with English translations and an introduction.

SOUFAS, TERESA SCOTT, ed. *Women's Acts: Plays by Women Dramatists of Spain's Golden Age.* Lexington: University Press of Kentucky, 1997.

VOLLENDORF, LISA, ed. *Recovering Spain's Feminist Tradition.* New York: Modern Language Association, 2001.

ZAYAS, MARÍA DE. *The Enchantments of Love.* Berkeley: University of California Press, 1990, and *The Disenchantments of Love.* SUNY Press, 1997. These translations by H. P. Boyer form the complete narrative work of Zayas.

Audiovisual Materials

Aguirre, the Wrath of God; Fitzcarraldo; Every Man for Himself and God Against All. These three films (available on videocassette) by the famous German director (and hispanophile, of sorts) Werner Herzog, deal with subjects related to Spanish imperial culture. *Aguirre* is based on the life of Lope de Aguirre, explorer in Peru. *Fitzcarraldo* takes place in the Amazon jungle during the exploration. And *Every Man* carries the same theme as Calderón's canonical play *La vida es sueño.*

Don Giovanni, by Mozart, is an opera that uses the Don Juan theme.

"La nef: Music for Joan the Mad," DIS 80128, is a CD with accompanying songbook produced by the Dorian Group, 1995.

Man of La Mancha. Musical based (very loosely) on *Don Quijote.*

Don Quijote de la Mancha. Five-part video produced by RTVE, directed by Manuel Gutiérrez Aragón, screenplay by Camilo José Cela, starring Fernando Rey and Alfredo Landa (Princeton Films for the Humanities, 1993).

The Spanish Embassy has a list of videos (VHS) on various aspects of Spanish civilization. Write to Embajada de España, Departamento de Cultura, 2700 15th N.W., Washington, DC 20009.

III

Siglos de luces y reformas: XVIII y XIX

Francisco de Goya, "El Parasol," Museo del Prado, Madrid. Scala/Art Resource, NY.

8

La España de los Borbones: siglos XVIII y XIX

For more information please go to *Unidad III* of the video to accompany *España y su civilización.*

Cronología

1700–1746	Reinado de Felipe V
1702–1713	Guerra de Sucesión
1746–1759	Reinado de Fernando VI
1759–1788	Reinado de Carlos III; el «despotismo ilustrado»
1788–1808	Reinado de Carlos IV
1808–1814	Guerra de la Independencia contra Napoleón
1810–1822	Guerra de la Independencia de México
1811	Proclamación en Venezuela de la independencia de América
1811–1824	Guerras de la Independencia de América del Sur
1812	Las Cortes de Cádiz
1814–1833	Tiranía bajo el reinado de Fernando VII
1816	Encuentro de Bolívar y San Martín en Guayaquil

1833–1868	Reinado de Isabel II
1833–1840 ⎫ 1872–1876 ⎭	Guerras carlistas
1873–1874	Primera República española
1874–1885	Restauración de la monarquía bajo Alfonso XII

Felipe V y la Guerra de Sucesión

Los Habsburgos de la Casa de Austria reinaron en España de 1516 a 1700. El último, Carlos II «el Hechizado»,° era un enfermo mental que murió sin sucesión. Entonces, las familias reales de Europa iniciaron una lucha diplomática para heredar la rica corona de España. Ganó Luis XIV, el Rey Sol de la casa de Borbón de Francia. De esta manera, el primer Borbón de España, nieto de Luis XIV, fue coronado rey de España con el nombre de Felipe V. Reinó de 1700 a 1746. Los Borbones continuaron reinando sucesivamente hasta 1931. El actual° rey de España, Juan Carlos I, pertenece a la familia de Borbón.

Bewitched

current

«¡Ya no hay Pirineos!» declaró Luis XIV a causa de la victoria diplomática de Francia, cuando Felipe V llegó a España. Francia y

Felipe V, el primer Borbón de España.

(Obra de van Loo, Museo del Prado, Madrid / (Institut Amatller D'Art Hispanis)

España ya no estarían separadas; en adelante serían como dos naciones hermanas. Pero esta victoria provocó la Guerra de Sucesión, que fue civil e internacional al mismo tiempo. De una parte° estaba Felipe V; de la otra, el aspirante al trono, el archiduque Carlos, hijo del emperador Leopoldo de Austria. Inglaterra y Holanda apoyaron a Carlos. Cataluña, temiendo el centralismo tanto español como francés, también apoyó al archiduque, un apoyo que le costó una gran represión.

De... On one side

La guerra duró de 1702 a 1713. Se luchó en Italia, en Flandes, en América y, principalmente, en España. Al fin se firmó la paz° de Utrecht en 1713. Todas las naciones reconocieron a Felipe V como rey de España. Pero los españoles perdieron sus posesiones en Italia y debieron ceder el peñón° de Gibraltar. Inglaterra ha ocupado desde entonces el peñón, como llave del Mediterráneo, para proteger sus líneas de comunicación con el resto del Imperio Británico. España ha luchado siempre por recuperar este territorio, pero en esto Inglaterra ha permanecido inflexible hasta la fecha.°

se... the peace treaty was signed

rock

hasta... to this day

El «despotismo ilustrado»°

enlightened

Los tres primeros Borbones, Felipe V, Fernando VI y Carlos III, reinaron en España de 1700 a 1788. En general, la decadencia nacional continuó, pero hubo síntomas de progreso industrial y comercial. El espíritu cívico y patriótico de los ministros de Carlos III mejoró la situación. El llamado «despotismo ilustrado» de los Borbones consistía en fomentar° el bienestar del país, pero sin dar al pueblo participación en el gobierno.

fostering

Carlos III (reinó de 1759 a 1788) amaba la paz, pero Inglaterra provocaba siempre a España con sus ataques de piratería contra el comercio español en América. Por este motivo, España ayudó financieramente al general George Washington. Mandó armas a los Estados Unidos que ayudaron a ganar la batalla de Saratoga contra Inglaterra.

La agricultura, la industria y el comercio habían decaído lamentablemente durante el siglo XVII. Pero iniciaron su renacimiento en el siglo XVIII, a causa de la buena política económica del gobierno. También en esta época se ve el comienzo del desarrollo económico de Euskadi, donde había aristócratas liberales que estaban interesados en la tecnología industrial y en las reformas agrarias.

Hasta entonces, los nobles y la Iglesia poseían la mayor parte de las tierras de España, y los pequeños propietarios° eran escasos. Los ministros ilustrados de Carlos III, como Gaspar Melchor de Jovellanos, dictaron leyes para conseguir una división más equitativa° de la tierra.

landowners

equitable

Como se ha visto, Castilla había sido siempre una monarquía absoluta de origen divino: el rey de España lo era, se creía, por la gracia de Dios. La más genuinamente española de las tradiciones democráticas de su historia era el parlamento popular conocido por *las Cortes*. Este parlamento se fundó en la Edad Media, pero perdió autoridad y prestigio bajo la tiranía de los reyes Habsburgos.

A fines del siglo XVIII llegaron a España las ideas liberales de la Revolución Francesa. También causó alguna impresión el ejemplo de los Estados Unidos, una república basada en el gobierno del pueblo. Los liberales españoles recogieron° estas ideas con entusiasmo. Al principio eran muy moderados y sólo querían el establecimiento de una monarquía constitucional.

received, picked up

Napoleón en España

espués del despotismo ilustrado de Carlos III siguió el despotismo cobarde° de Carlos IV (1788–1808). Este rey, débil y perezoso,° puso las riendas° del gobierno en manos del ministro Manuel Godoy, protegido de la reina. Por razones egoístas, Godoy obedeció los mandatos° de Napoleón. Contra los intereses de España en esta ocasión, Napoleón obligó a Godoy a declarar la guerra a Inglaterra. El resultado fue que las tropas combinadas de Francia y España fueron vencidas por el almirante Nelson en la famosa batalla de Trafalgar, al sur de España, en 1805.

cowardly
lazy/reins

commands

Al año siguiente, Napoleón le prometió a Godoy un principado° si permitía que los ejércitos napoleónicos atravesaran España para invadir Portugal. No sospechaba el incauto° Godoy que lo que verdaderamente quería Napoleón era invadir España. De esta manera, el pueblo español fue traicionado° por Napoleón, por Godoy y por los reyes de España. Los ejércitos franceses invadieron la península en 1808.

principality, title of prince

foolish

betrayed

Con novelescas intrigas y engaños,° Napoleón tomó prisionero a Carlos IV y a su hijo Fernando VII. Estos «prisioneros» reales vivían cómoda y lujosamente° en Francia, mientras Napoleón invadía España.

deceits, tricks

luxuriously

Napoleón proclamó rey de España a su hermano José, que reinó de 1808 a 1814 bajo la protección de las bayonetas napoleónicas. Los españoles, que creían que todos los franceses eran borrachos,° llamaban a este rey «Pepe° Botellas».

drunkards
nickname for José

La Guerra de la Independencia

apoleón no tuvo en cuenta° una cosa: la dignidad del pueblo español. Creyó que podría jugar con el pueblo lo mismo que con los reyes. Algunos españoles de las clases altas, llamados *afrancesados*, apoyaban a Napoleón por adhesión a los ideales revolucionarios franceses o por razones políticas, pero el pueblo

no… did not take into account

Los fusilamientos del tres de mayo, *un cuadro de Francisco de Goya, representa la ejecución de unos campesinos españoles en 1808, durante la rebelión española contra las fuerzas de Napoleón. Una de las víctimas, con los brazos en cruz como Cristo, parece representar el espíritu del pueblo español.*

(Museo del Prado / Courtesy of Spanish National Tourist Bureau)

español se levantó en masa contra los invasores. No eran los reyes, no era exclusivamente el ejército; era el pueblo desorganizado pero inspirado por una causa común: la expulsión de los invasores.

Esta desigual lucha duró de 1808 a 1814. Hombres, mujeres y hasta niños, con escasas armas, navajas,° palos y aceite hirviendo,° perfeccionaron una modalidad bélica:° la guerra de guerrillas. El ejército de Napoleón, numéricamente superior, ocupaba y saqueaba° las ciudades españolas. Pero nunca pudo dominar la tierra ocupada. De todas partes surgían emboscadas° que aniquilaban° poco a poco las tropas de Napoleón. Esta guerra se conoce en España como la *Guerra de la Independencia.*

Mientras el pueblo español luchaba por su independencia, los reyes de España, desde su «prisión» en Francia, felicitaban° a Napoleón por sus victorias en España. En 1810, un nuevo parlamento fue elegido en Cádiz, en el sur de España, la única ciudad importante que no cayó en poder de los franceses. Este parlamento, conocido como las Cortes de Cádiz, proclamó en 1812 la primera constitución que tuvo España. Reconocía la monarquía constitucional, la soberanía del pueblo y otras ideas liberales.

Al fin, el pueblo español expulsó° a las fuerzas de Napoleón de España, con la ayuda de un ejército inglés al mando del duque de Wellington.

Paradójicamente, después de la guerra el pueblo se mostraba indiferente al liberalismo de las Cortes de Cádiz. En vez de castigar a

razors, knives/aceite… boiling oil/modalidad… method of fighting/ plundered

ambushes/annihilated, destroyed

were congratulating

expelled

Fernando VII por traidor, lo recibió como rey absoluto de España, gritando «¡Vivan las cadenas!»° Todo el reinado de Fernando VII (1814–1833) fue una monstruosa tiranía y una brutal represión contra los espíritus liberales de España. Sólo hubo un período de libertad (1820–1823), impuesto por el coronel Rafael del Riego. Pero Riego fue fusilado° y volvió a imponerse la tiranía, que duró hasta la muerte de Fernando VII en 1833.

¡Vivan… *Long live the chains (of absolutism)!*

executed, shot

La independencia de la América española

L os años de la guerra contra Napoleón, las Cortes de Cádiz y la tiranía de Fernando VII coincidieron con el período en que la mayoría de las colonias americanas obtuvieron su independencia. Durante tres siglos, la América española había vivido bajo un régimen colonial. Los reyes absolutos de España eran también reyes absolutos de América. Los virreyes —gobernadores coloniales— gobernaban autocráticamente en nombre de la monarquía. Se mantuvo la unidad política de la América colonial en virtud de° la fuerza unitaria° de la monarquía española y de la Inquisición.

en… *by virtue of/ unifying*

Las principales actividades de los españoles en América fueron la explotación de las ricas minas que producían fortunas para el imperio, el desarrollo de la agricultura y la ganadería, y la conversión al catolicismo de grandes masas de indígenas. España mantenía el monopolio exclusivo del comercio de América y explotaba por igual a los indígenas y el oro que alimentaba las guerras religiosas españolas.

Entre tanto,° las órdenes religiosas, en particular los jesuitas y franciscanos, se dedicaron infatigablemente° a la construcción de millares de iglesias y catedrales. Estos clérigos se lanzaron a la conversión y educación de los indígenas con vigoroso espíritu misionero. Nueve universidades fueron fundadas en Hispanoamérica antes que la de Harvard; las más importantes fueron la Universidad de México (1551) y la Universidad de San Marcos, en Lima (1551).

Entre… *Meanwhile*
tirelessly

Dos causas fundamentales impulsaron° la independencia de América. En primer lugar, la guerra victoriosa de las colonias norteamericanas demostró que si los pueblos de América se unieran en una causa común, podrían obtener su independencia. Muchos hispanoamericanos cultos pensaban: «Si los Estados Unidos del Norte han formado con éxito una nación unida e independiente, ¿por qué no puede hacer lo mismo el pueblo unido de la América española?» En segundo lugar, muchos patriotas educados conocían muy bien los hechos y las ideas de la Revolución Francesa, que proclamaban al mundo los ideales de libertad, igualdad y fraternidad. Los espíritus liberales pensaban que era

gave impetus to

justo unirse para derribar° al tirano y formar un gobierno basado en el consentimiento del pueblo.

    Pero estas inspiradas ideas sólo estaban en la mente° de una pequeña minoría de americanos cultos. Cuando Napoleón invadió España en 1808, los hispanoamericanos no aprovecharon° la ocasión para separarse de España. Fueron leales a la causa del pueblo español, y enemigos de Napoleón. En vez de luchar por la independencia de América, formaron juntas de ciudadanos que estaban en contra de los virreyes españoles que se habían sometido dócilmente a Napoleón. Eran fieles a los reyes españoles Carlos IV y Fernando VII. Dos años antes de la invasión de Napoleón, por ejemplo, cuando los ingleses ocuparon temporalmente la ciudad de Buenos Aires en una lucha contra el poder del trono español, los hispanoamericanos habían apoyado a los reyes de la madre patria.

overthrow

minds

no... did not take advantage of

La América del Sur

El 5 de julio de 1811 se proclamó en Caracas la primera República de la América española. El ejército español atacó a los patriotas. Así comenzó la gran epopeya° de la independencia de América.

    La guerra duró trece años, con alternativas de triunfos y fracasos. Simón Bolívar y José de San Martín, los dos grandes libertadores sudamericanos, tuvieron que superar enormes dificultades. Sin armas suficientes, con un ejército dividido por las ambiciones personalistas de sus jefes, lucharon con tenacidad hasta alcanzar la victoria final porque tenían fe en el ideal de su causa. En 1822, las tropas norteñas de Bolívar se juntaron° triunfalmente con las sureñas de San Martín en la ciudad de Guayaquil, en el Ecuador. Dos años después, los americanos independentistas ganaron la batalla final de Ayacucho, en el Perú. Durante los diez años antes de morir Bolívar, sus esfuerzos para unificar todo el norte del continente en un solo país —que llevaría el nombre de La Gran Colombia— fueron destinados a fracasar. Había demasiados intereses conflictivos, creados por los españoles, para lograr este fin harmónico. Antes de su muerte, Bolívar, decepcionado, pronunció esta frase histórica: «He arado en el mar.»°

epic

se... were joined

He... I have tried to till the ocean.

México

México no tuvo caudillos militares como Bolívar y San Martín, sino dos modestos curas libertadores. En 1810, el padre Miguel Hidalgo dirigió una pequeña revolución de indígenas al grito de «¡Viva la Virgen de Guadalupe* y viva la independencia!» Pronto fue ejecutado por orden del virrey. Pero otro sacerdote° patriota, el padre José María Morelos, continuó

priest

---

*Según una antigua tradición católica, la Virgen María se apareció milagrosamente a Juan Diego, un humilde indígena mexicano, en 1534, pocos años después de la conquista de México por Hernán Cortés. Desde entonces hasta el presente, Nuestra Señora de Guadalupe, representada en una imagen con rostro indígena, es venerada por el pueblo mexicano como la Patrona de México.

Simón Bolívar, uno de los héroes de la independencia sudamericana, nunca realizó su sueño: la unificación política de Sudamérica mediante la creación de una confederación de pueblos hispanoamericanos, similar a la Unión de los Estados Unidos de Norteamérica.
(Courtesy of OAS)

la revolución por todo el país. En 1815 fue ejecutado también. El papel de la Iglesia y de sus sacerdotes siempre ha sido de doble filo° en México: por un lado, la Iglesia ha sido una fuerza conservadora en la sociedad, y por otro, la tradición de los curas revolucionarios ha continuado. Hoy día sigue el fenómeno de la «teología de la liberación», que es un intento de harmonizar las demandas sociales de los pobres con los principios cristianos.

de... a double-edged sword

Los virreyes seguían dominando la situación, hasta que Agustín de Iturbide logró derribar el gobierno del virrey y proclamar la independencia de México. Pero Iturbide era demasiado ambicioso. En 1822, se nombró a sí mismo emperador de México con el nombre de Agustín I. Sin embargo, su «imperio» terminó en 1824. Iturbide fue fusilado y se estableció un régimen republicano.

Las Guerras carlistas

Después de la muerte de Fernando VII había en España dos facciones políticas. Los liberales moderados querían que heredara el trono la hija de Fernando VII, Isabel, una niña de tres años. Los absolutistas querían a don Carlos, hermano del rey. Subió al trono Isabel II (reinó de 1833–1868). Pero los absolutistas, llamados también *carlistas* y *tradicionalistas,* muchos de los cuales vivían en Euskadi, provocaron dos crueles guerras civiles que duraron de 1833 a 1840 y de 1872 a 1876. Los obstinados carlistas perdieron ambas guerras. El país se arruinó, y los españoles quedaron políticamente divididos. Estas guerras civiles fueron los precursores de la sangrienta Guerra Civil (1936–1939).

Isabel II y los «pronunciamientos»

El reinado de esta reina, considerada frívola e ignorante por muchos españoles, fue un caos de inestabilidad política y de decadencia nacional. En cuarenta y cinco años se promulgaron seis constituciones; hubo cuarenta y un gobiernos y quince levantamientos° militares. Estos levantamientos se llamaban «pronunciamientos». La política era personalista, y los generales eran los caudillos. Las armas fueron el árbitro de la situación, algunas veces a favor de los reaccionarios, y otras, de los llamados liberales.

uprisings

La Primera República

En España entraban algunas ideas europeas del liberalismo del siglo XIX. Este movimiento era bien recibido por los elementos liberales del ejército y de la clase media. Como resultado, el general Juan Prim y otros caudillos militares hicieron una revolución en 1868. La reina fue expulsada de España. En su lugar, el general Prim llevó a Amadeo de Saboya, hijo segundo del rey de Italia, como rey constitucional. Amadeo era un hombre bueno y modesto. Pero después de reinar sólo dos años tuvo que abdicar. No podía dominar las intrigas y la división política de los españoles.

Entonces, las Cortes proclamaron por votación la Primera República española. No duró más de veintidós meses. En tan corto período hubo cuatro presidentes. Todos fueron liberales, cultos, bienintencionados y patriotas. Pero ninguno fue capaz,° en tan poco tiempo, de poner fin a la anarquía política que era general en toda España.

capable

Una vez más, el ejército tuvo poca paciencia y terminó con la joven República en 1874 mediante° otro pronunciamiento militar. Los generales proclamaron rey a Alfonso XII, hijo de Isabel II. La Primera República fue ahogada° antes de tener tiempo de respirar.

through, by means of

smothered

Después del brevísimo experimento republicano de 1873, la monarquía tradicional fue restaurada. Los reyes de la Casa de Borbón que reinaron en España durante esta época fueron Alfonso XII (1874–1885)

Durante el reinado de Isabel II hubo guerras civiles, pronunciamientos militares, inestabilidad gubernamental, favoritismo arbitrario e indiferencia por los problemas de España.

(Retrato por Ribera y Fieve. Courtesy of the Hispanic Society of America, NY)

y su hijo Alfonso XIII (1886–1931). El reinado de Alfonso XII es conocido en la historia como la Restauración.

Alfonso XII

El primer acto de la Restauración fue proclamar la Constitución de 1876. Esta constitución era conservadora y moderada. Establecía la monarquía constitucional hereditaria y el régimen parlamentario con un Senado y un Congreso de Diputados. Reconocía la libertad de expresión y de asociación. El catolicismo era la religión oficial, pero se toleraban otras creencias. También se reconocía el matrimonio civil.

Se formaron dos partidos políticos: el Conservador, presidido° por Antonio Cánovas del Castillo, y el Liberal, dirigido° por Práxedes Mateo Sagasta. Había un acuerdo tácito entre los dos partidos para alternarse en el gobierno y establecer una balanza de estabilidad y continuidad; esto se llamaba el *turno pacífico*. No había gran diferencia entre un partido y otro. Lo importante era que ambos grupos tenían que mantener el régimen monárquico.

En casi todas las provincias había políticos locales, llamados *caciques*, cuya misión era comprar votos, falsificar los resultados de la votación y amenazar° con represalias° a los votantes. Estos delitos°

presided over
led

threaten/reprisals/crimes

políticos no eran castigados. Los caciques eran individuos sin escrúpulos que contaban con la protección de los políticos poderosos de Madrid. Mal podía funcionar una democracia en tales condiciones.

Preguntas

1. Explica cómo un francés, Felipe V, llegó a ser rey de España.

2. ¿Cuáles fueron por lo menos tres de los resultados del Tratado de Utrecht?

3. Define el sistema del «despotismo ilustrado».

4. Describe el gobierno de la América española bajo los virreyes. ¿Por qué hubo luchas por la independencia en estas regiones?

5. Explica en orden cronológico los sucesos (*events*) de la Guerra de la Independencia de América del Sur. Luego, haz lo mismo con los sucesos de la lucha por la independencia de México.

6. ¿Cuáles son los acontecimientos más importantes del reinado de Isabel II? Explica por qué son importantes.

7. ¿Qué fue la Restauración? Resume sus causas.

Temas de conversación e investigación

1. Durante el reinado de Isabel II hubo muchos «pronunciamientos». Define ese fenómeno histórico en términos generales. ¿Cuál es la diferencia entre un «pronunciamiento» y una revolución? ¿Por qué se le llama «revolución» a la lucha por la independencia de América?

2. También en España hubo una guerra de independencia a principios del siglo XIX. ¿Cuáles son las diferencias y las semejanzas entre la Guerra de la Independencia de España y la Guerra de la Independencia de América del Sur?

3. ¿Crees que el «despotismo ilustrado» sirve como un principio político factible hoy día? ¿Por qué sí o por qué no? ¿Hay algunos fenómenos políticos o figuras políticas actuales que se podrían comparar con este fenómeno histórico?

La literatura española de los siglos XVIII y XIX

La riqueza y fuerza creadora de los escritores españoles del Siglo de Oro terminaron con la muerte de Calderón de la Barca en 1681. El siglo XVIII, el llamado Siglo de las Luces,° fue la época de la Revolución Francesa y de la independencia norteamericana. En España el siglo XVIII se conoce por sus animados debates políticos y culturales.

Siglo... *Enlightenment*

El siglo XVIII

En las letras, el siglo XVIII es un siglo de decadencia y de imitación de la literatura clasicista francesa. La dinastía borbónica francesa empezó a reinar en España en 1700. Su influencia fue decisiva. Sin embargo, en el aspecto cultural y político, algunos progresistas intelectuales como el padre Feijóo, benedictino gallego, y Gaspar Melchor de Jovellanos, abrieron las puertas de España al espíritu científico y liberal de Europa. Entre otras cosas, Feijóo escribió una defensa de los derechos de la mujer. España rompió en parte su aislamiento.

***Ramón de la Cruz,
dramaturgo español
del siglo XVIII.***
(Institut Amatller D'Art
Hispanis)

Leandro Fernández de Moratín

Leandro Fernández de Moratín (1760–1828) es ejemplo típico de su época. Liberal, erudito, autor de *Los orígenes del teatro español*, adaptó al castellano las obras de Molière. También escribió comedias neoclásicas de fina ironía, como *La comedia nueva o el café* y *El sí de las niñas*, obra que defiende el derecho de la mujer de escoger ella misma a su marido.

Ramón de la Cruz

No todos los españoles seguían la influencia francesa en el siglo XVIII. Ramón de la Cruz (1731–1794) es un continuador del teatro popular de Lope de Rueda y Cervantes. Madrileño modesto, fue el dramaturgo favorito del pueblo español durante cincuenta años. Escribió muchas comedias y sainetes. Los sainetes, o cuadros de costumbres, de Ramón de la Cruz son reliquias documentales de la España popular del siglo XVIII.

El romanticismo en España

El movimiento romántico en Europa era el triunfo de la imaginación, del sentimiento, del individualismo y de la libertad artística. Combatió la rigidez del clasicismo del siglo XVIII. En España este movimiento duró desde 1830 hasta 1850 y

tenía dos aspectos: por una parte representaba la vuelta° al espíritu de *return*
Lope de Vega y del romancero; por otra, era un movimiento liberal que
empezó cuando murió el tirano Fernando VII y regresaron a España los
exiliados políticos. Éstos habían tenido contacto con los románticos de
Inglaterra y Francia. Como en otras culturas europeas, el movimiento
romántico español combinó el mundo político con el estético.

José de Espronceda

Este poeta romántico (1810–1842) ha gozado de gran popularidad en
España. Sufrió la persecución de Fernando VII por sus ideas liberales.
Su vida, como la de cualquier buen romántico, fue turbulenta; tuvo relaciones amorosas apasionadas. Uno de los poemas largos de Espronceda
es *El estudiante de Salamanca*, sobre un joven libertino° que se ve en *libertine, rake*
su propio funeral bailando con el esqueleto de su novia. Otro es *El diablo mundo*, que aspira a ser una epopeya de la humanidad. Muy conocida es *La canción del pirata*, con su estribillo:° *chorus, refrain*

Que es mi barco mi tesoro,
que es mi Dios la libertad,
mi ley la fuerza y el viento,
mi única patria la mar.

José Zorrilla

Porque cantó las glorias del pasado de España, se le llama a José Zorrilla
(1817–1893) *poeta nacional*. Más poeta que filósofo, Zorrilla ha fascinado
al pueblo español hasta hoy con sus versos. A pesar de su enorme producción, murió en la miseria. Escribió también gran cantidad de obras
teatrales, siempre en verso, con la misma facilidad que tenía Lope de Vega.

Zorrilla es un poeta muy popular en el mundo español, principalmente por su comedia *Don Juan Tenorio*, inspirada en el drama de Tirso
de Molina. Después de su estreno° en 1844, hasta el presente, todos los *premiere*
años ha sido representada el Día de los Muertos.° Día... *All Souls' Day*

Gustavo Adolfo Bécquer

Gustavo Adolfo Bécquer (1836–1870) era un romántico cuando ya había
pasado la ola° del romanticismo, y también era simbolista. Es el poeta *wave*
más refinado y delicado de su siglo. Sevillano, sus antepasados emi-
graron de Flandes a Sevilla en el siglo XVI. Murió pobre y desconocido
a la edad de treinta y cuatro años. Los críticos de su tiempo preferían a
otros poetas inferiores a él, pero hoy es considerado como uno de los
poetas más originales del siglo XIX. Es el principal inspirador de la
poesía moderna española e hispanoamericana.

Su obra principal, las *Rimas*, no se publicó hasta después de su
muerte. Es una colección de setenta y nueve rimas cortas cuyos temas
son la inspiración creativa y el amor en su aspecto romántico y
melancólico. Las rimas a continuación son unas de sus más conocidas.

El más romántico entre los poetas románticos españoles, Gustavo Adolfo Bécquer nunca vio publicadas sus obras en forma de libro. Pobre y enfermo, murió en Madrid. Este retrato fue pintado por su querido e inseparable hermano Valeriano, otro artista romántico, soñador y pobre.

(Institut Amatller D'Art Hispanis)

¿Qué es poesía? dices mientras clavas°   *you fix*
en mi pupila tu pupila azul;
¿Qué es poesía? ¿Y tú me lo preguntas?
Poesía… eres tú.

Por una mirada, un mundo;
por una sonrisa, un cielo;
por un beso… ¡yo no sé
qué te diera° por un beso!   *= daría*

Sus obras en prosa, las *Leyendas*, también muestran gran lirismo.

Gertrudis Gómez de Avellaneda

Además de los escritores románticos del sexo masculino, proliferan en la primera mitad del siglo XIX escritoras románticas de mucha importancia, entre ellas Gertrudis Gómez de Avellaneda (1814–1874), Concepción Arenal (1820–1893) y Carolina Coronado (1823–1911). Gertrudis Gómez de Avellaneda es una de las más famosas. Nacida en Cuba, se trasladó a España cuando tenía veintidós años. Se estableció como escritora de talento al publicar poesías, novelas y obras teatrales. Ganó dos premios literarios muy prestigiosos entre los círculos madrileños de autores románticos. En 1859 volvió a Cuba y allí la recibieron como una gran heroína de la cultura cubana. Su poesía es emotiva y un poco pesimista. Destaca también el erotismo de una mujer emancipada. Algunas de sus obras más conocidas son *Soledad del alma*, un volumen de poesías; *Errores del corazón*, obra dramática, y *Sab*, una novela abolicionista anterior a la famosa obra norteamericana *Uncle Tom's Cabin*, de Harriet Beecher Stowe.

Gertrudis Gómez de Avellaneda, escritora romántica nacida en Cuba en 1814. A los veintidós años se trasladó a Madrid.
(Institut Amatller D'Art Hispanis)

Rosalía de Castro

Otra escritora romántica, comparada frecuentemente con Bécquer, es la gallega Rosalía de Castro (1837–1885). Conocida por su poesía lírica y delicada, también escribió novelas y ensayos. Vivió la mayor parte de su vida en Madrid, siempre añorando° su tierra natal. En efecto, Galicia emerge como tema y fondo en gran parte de su obra. Escribió dos libros de poesía en gallego. Sus novelas están llenas de fantasía e imaginación, pero también hace crítica social en ellas; denuncia sobre todo la pobreza de Galicia, su patria chica.° Su obra más conocida es el libro de poemas *En las orillas del Sar*.

missing

patria… region, province

«Renaixença» romántica catalana

El movimiento romántico tiene una representación muy importante en Cataluña, que coincide con un resurgimiento del uso del idioma catalán, antes prohibido. El género más importante es la poesía. En 1833, Bonaventura Carles Aribau publica un largo poema en catalán que sirve de inspiración y modelo para muchos otros. Jacint Verdaguer (1845–1902) fue un campesino inteligente que educaron para cura. Escribió abundante poesía lírica de gran dulzura y originalidad. No se adaptó nunca a la vida urbana de Barcelona y vivió aislado, por fin muriendo pobre y solo. Joan Maragall (1860–1911), periodista y crítico literario, escribió cinco volúmenes de poesía en catalán. Por el estilo de

Este vaise i aquél vaise,
e todos, todos se van.
Galicia, sin homes quedas
que te poidan traballar.
(Éste se va y aquél se va,
y todos, todos se van.
Galicia, sin hombres te quedas
que te pueden cultivar.)

Rosalía de Castro,
famosa poeta
romántica gallega,
***autora de* En las**
orillas del Sar.
(Institut Amatller D'Art
Hispanis)

sus poemas, le asocian con el movimiento modernista que florecerá más tarde. Un movimiento paralelo ocurrió en Galicia, el «Rexurdimento».

Como la literatura escrita en castellano, la catalana también tiene sus grandes prosistas y dramaturgos en el siglo XIX. Por su realismo, muchos comparan a Narcís Oller (1845–1930) con Benito Pérez Galdós. La protagonista de su última novela, Pilar Prim, es una viuda muy criticada por la sociedad por sus amores con un hombre más joven que ella. En la tradición más pura del romanticismo, se salva, por lo menos moralmente, por su lealtad a sus sentimientos. La «renaixença» lingüística y literaria también tiene su componente en el teatro, representado por Ángel Guimerà (1845–1924). Sus dramas más exitosos° tienen como fondo la vida campestre, y como protagonistas, a sus habitantes, los campesinos.

successful

El renacimiento de la novela: el realismo

En la segunda mitad del siglo XIX triunfó la novela realista. El realismo español fue una reacción contra el subjetivismo y la fantasía de los románticos. Los realistas se dedicaron a describir en todos sus detalles las costumbres de la vida española, en particular el ambiente regional.

La primera novela realista española es *La gaviota* (1849), de Cecilia Böhl de Fáber (1796–1877), escritora nacida en Suiza, de padre alemán y madre andaluza. Como otras escritoras de la época, escogió un pseudónimo masculino: Fernán Caballero. En su novela pintó las costumbres andaluzas. Los grandes novelistas realistas del siglo XIX siguieron la tradición de Fernán Caballero.

Pedro Antonio de Alarcón

Pedro Antonio de Alarcón (1833–1891) fue el novelista que escribió una de las pequeñas joyas de la literatura española: *El sombrero de tres picos.*° Es un cuento popular picaresco, basado en un viejo romance. Por su estilo, es digno de la mejor tradición del Siglo de Oro. Trata de una molinera° casada que es perseguida por un viejo corregidor° andaluz. La molinera y su marido, al final, le dan una lección al corregidor. El gran compositor español del siglo XX Manuel de Falla se inspiró en *El sombrero de tres picos* para crear un ballet del mismo nombre. Estrenó esta obra en 1919 como una colaboración entre grandes figuras de artes contemporáneas: también colaboraron Pablo Picasso en el diseño de la escena y los trajes y Serge Diaghilev del *Ballet russe* en la coreografía.

de... three-cornered

miller's wife/mayor

Benito Pérez Galdós

Benito Pérez Galdós (1843–1920) fue uno de los mejores novelistas del siglo XIX y el alma del pueblo español del siglo pasado. La grandeza de su genio admite comparación con la de Cervantes. El lugar que ocupan Dickens en Inglaterra y Balzac en Francia corresponde al de Galdós en España.

Nació en las Islas Canarias, pero el centro de su vida y de sus novelas fue Madrid, donde casi siempre vivió. Galdós era anticlerical,° republicano y liberal. Sufría al ver la trágica injusticia social de su querida España. Pero, ante todo, era un hombre que luchaba con su pluma contra el egoísmo brutal de la sociedad. No era una lucha con odio, sino con bondad, amor y humor. Tenía fe y esperanza en una humanidad más humana, que sólo la han sentido profundamente los grandes genios como Tolstoy. En medio del individualismo anárquico, Galdós fue una de las pocas voces que pedía lo único que podía salvar a España: tolerancia, conciliación y educación.

opposed to the interference of the clergy in affairs of state

En su discurso de ingreso° en la Academia Española, Galdós dijo: «La novela es la imagen de la vida y su arte consiste en reproducir sus caracteres humanos; pasiones, debilidades,° grandezas° y bajezas;° almas y rostros,° espíritu y materia; idioma, marca de la raza; hogares, símbolo de la familia; vestido, manifestación exterior de la personalidad. Sin olvidar que la reproducción tiene que ofrecer exacto equilibrio° entre la veracidad° y la belleza». Así es la obra de Galdós.

entrance, admittance

weaknesses/greatness/ baseness/faces

balance
truth

La producción de Galdós fue enorme. Además de un gran número de cuentos y artículos, unos ocho mil personajes aparecen en setenta y siete novelas y veinticuatro obras teatrales. Su obra monumental, los

Benito Pérez Galdós (a la izquierda) con la actriz Margarita Xirgu y el dramaturgo José Estrañi en 1914.
(Institut Amatller D'Art Hispanis)

Episodios Nacionales, es un conjunto de cuarenta y seis novelas. Es una novela histórica en la que se mezclan la realidad y la ficción al narrar hechos bien documentados de la España del siglo XIX, con personajes históricos y ficticios. Los *Episodios Nacionales* constituyen una epopeya reveladora de la historia española. Galdós no pasó un solo año sin escribir al menos una o dos novelas.

En su primera época escribió novelas atacando la intolerancia clerical y la falsa religión, como *Doña Perfecta, Gloria* y *La familia de León Roch.* También en esta época hay obras de tendencias sociales, como *Marianela,* que al mismo tiempo tiene un aire sentimental. Las novelas de su segunda época tienen por escenario a Madrid. Constituyen el más fiel retrato de la vida y psicología de los españoles.

Fortunata y Jacinta, una de las obras maestras de Galdós, también es una creación de la primera época. Cuenta la historia del amor entre Juanito Santa Cruz y Fortunata, una joven madrileña pobre que viene de un mundo social totalmente diferente al de su amante, Juanito, casado con Jacinta. A través de la narración de un amor imposible, se describe el desarrollo social y económico de España durante el siglo XIX. Viven en la novela un mundo entero de personajes, a la vez reflejos° de sus circunstancias sociales e individuos con problemas propios.

reflections

En sus últimos años, Galdós se dedicó al teatro. Su teatro es real y humano, inspirado en la gente que sufre. Algunos críticos lo atacaron por sus ideas liberales; en cambio, el pueblo lo aplaudió con entusiasmo. Hoy Galdós es considerado como uno de los primeros dramaturgos del siglo XIX. De sus dramas, los más conocidos son *El abuelo, Electra* y *Realidad.*

Emilia Pardo Bazán, nacida en La Coruña (Galicia) de familia aristocrática, se asocia con el movimiento naturalista en España. Se interesó en la naturaleza como un factor que determina el comportamiento humano.

(Courtesy of Aguilar, S.A. de Ediciones)

Emilia Pardo Bazán

Una de las novelistas más prolíficas e interesantes de todo el siglo XIX es Emilia Pardo Bazán (1851–1921). Hija única y precoz de un aristócrata de gran cultura, llegó a ser una mujer erudita. Fue condesa en Galicia, su tierra natal, y ésta sirve de fondo a muchas de sus obras. Conocida más bien por sus novelas, especialmente *Los Pazos de Ulloa,* también escribió muchísimos ensayos, algunos libros de cocina, y aproximadamente 600 cuentos, incluso algunos en el nuevo género de detectives o policíacos. Fue la primera mujer nombrada profesora de la Universidad Central de Madrid, pero como ningún programa de estudios requería los cursos que enseñaba, los alumnos que asistieron a sus clases fueron pocos. Como feminista, defendió fuertemente el derecho de la mujer a la educación. Sin embargo, sus propios colegas masculinos nunca le dejaron entrar en la Real Academia de la Lengua Española.

Las siguientes oraciones son del cuento «Náufragas».

Era la hora en que las grandes capitales adquieren misteriosa belleza. La jornada del trabajo y de la actividad ha concluido; los transeúntes van despacio por las calles, que el riego de la tarde ha refrescado y ya no encharca.

Vicente Blasco Ibáñez

Vicente Blasco Ibáñez (1867–1928) es el novelista español moderno más conocido en el mundo, aunque quizás no sea considerado el mejor. De joven fue un periodista° dinámico y republicano. Entonces escribió sus mejores novelas regionales sobre Valencia, su tierra. Especialmente *La barraca*° es un vivo cuadro de arte pintado con vigoroso estilo, lleno de luz y color. Más tarde, Blasco Ibáñez se dedicó a escribir novelas anticlericales y sociales, como *El intruso, La catedral* y *La bodega.*° Alcanzó popularidad fuera de España con *Los cuatro jinetes*° del Apocalipsis y *Mare Nostrum,* novelas sobre la Primera Guerra Mundial. *Sangre y arena* es otra novela popular sobre los toros. Hollywood llevó estas tres últimas obras mencionadas al cine, y Blasco Ibáñez alcanzó una fama mundial que pocos escritores conocen.

journalist

small house

tavern, wine-cellar
horsemen

Una* barraca *es una casa rústica, típica de la huerta valenciana, como la que se ve aquí. Como en Irlanda, quedan pocas casas de este tipo, folklóricas pero incómodas.

(Courtesy of the Spanish National Tourist Bureau)

Preguntas

1. ¿Por qué tuvo tanta influencia en España durante el siglo XVIII la literatura clasicista francesa?

2. Explica la importancia y las diferencias entre la producción literaria de Leandro Fernández de Moratín y la de Ramón de la Cruz.

3. ¿Quiénes son algunos de los escritores y escritoras más importantes del romanticismo español? ¿Por qué se consideran románticas sus obras? Ofrece por lo menos dos ejemplos.

4. En Cataluña hubo una «renaixença» en la literatura en la primera mitad del siglo XIX. ¿Coincide ésta con el movimiento romántico castellano? ¿Por qué sí o por qué no? ¿Cuáles son las diferencias?

5. ¿Cuáles son las diferencias entre el realismo y el romanticismo? Describe los dos movimientos, mencionando las fechas en que empezaron y terminaron, los autores más representativos de cada uno y las ideas fundamentales en que se basan.

Temas de conversación e investigación

1. Benito Pérez Galdós escribió que «la novela es la imagen de la vida y su arte consiste en reproducir sus caracteres humanos». En tu opinión, ¿por qué creía Galdós en esta afirmación como modelo de su narrativa?

2. Sin embargo, la novela es ficción; por lo tanto, es mentira. ¿Cómo se podría establecer una conexión en la narrativa entre la verdad y la ficción? Responde incluyendo tus propios comentarios sobre algunas obras de ficción que hayas leído.

3. Los *Episodios Nacionales* de Pérez Galdós consisten en una serie de novelas que muestran la sociedad y la política española del siglo XIX. ¿Conoces alguna obra (novela, película u otro tipo de expresión artística) que pretenda hacer lo mismo? Descríbela y explica cómo «reproduce» la historia.

4. Las obras de Pardo Bazán y Blasco Ibáñez manifiestan un intento de mejorar la sociedad a base de una crítica social novelística. Lo mismo hicieron otros novelistas realistas como Dickens, Tolstoy y Balzac. ¿Crees que es posible cambiar la sociedad escribiendo una novela? ¿Por qué sí o por qué no?

10

Pintura y música de los siglos XVIII y XIX

Después del Renacimiento y del Barroco se pasa a la edad moderna. De la religiosidad y el misticismo se entra en una época que empieza a apartarse° de estos temas. Ahora, en el llamado Siglo de las Luces, la sociedad, en todas sus manifestaciones, es una entidad dinámica que crea, o puede crear, su propio destino. Tanto en la pintura y la música como en la literatura, se nota un nuevo interés por las cosas de este mundo y por la vida de todos los días.

move away

Francisco de Goya

Quizás Francisco de Goya (1746–1823) sea el ejemplo más sobresaliente de esta nueva tendencia. No hay en la cultura del siglo XVIII artistas ni escritores que destaquen, con excepción de él. Sin tradición artística, y poca escuela, Goya es español hasta los tuétanos,° con todas las cualidades y defectos de su tiempo y de su pueblo.

marrow

La vida de Goya

Goya nació en la aldea de Fuendetodos, en Aragón, de una familia humilde. A los trece años se fue a Zaragoza, donde empezó a pintar bajo

***En* José Moñino, conde
de Floridablanca,
*pintado por Francisco
de Goya, se ve la
influencia del estilo
realista de Velázquez.***
(Institut Amatller D'Art
Hispanis)

la dirección de José Luzán y Martínez. Fue un chico travieso° e inquieto, características que conservó toda su vida. Alrededor del año 1766 se fue a Madrid y de allí pasó a Roma, donde vivió hasta 1775. De esta época se conoce muy poco, pero se sabe que la vida que llevó en Roma le costó algunos duelos, riñas° y persecución de la Inquisición. Cuando volvió a Madrid se casó con Josefa Bayeu, hermana de un pintor conocido de aquellos tiempos, Francisco Bayeu. Con la ayuda de Bayeu, empezó a adquirir fama. Le encargaron la pintura de escenas religiosas en dos bóvedas° de la Iglesia del Pilar, de Zaragoza. En 1786, el rey Carlos IV lo nombró pintor de cámara° y le otorgó un salario que lo liberó de preocupaciones económicas. Durante estos años pintó a personajes de la prostituida corte de Carlos IV. No le faltaba picardía ni ingenio; pintó a los miembros de la realeza° con atrevida y fiel exactitud. Toda la degeneración de la familia real se refleja en sus cuadros. Es extraño que no lo ahorcaran° por su audacia.

mischievous

quarrels

vaults, arches
de… court painter

royalty

hang

La gallina ciega, cuadro neoclásico de Goya.
(Museo del Prado)

Goya tenía íntima amistad con la duquesa de Alba, quintaescencia de la belleza española: una mezcla de distinción aristocrática y gracia popular. Muchas veces pintó Goya a la duquesa. Quizás esta experiencia artística y vital haya inspirado sus dos cuadros famosos, *La maja*° *belle, pretty woman* *desnuda* y *La maja vestida*. Pero se sabe que la mujer que le sirvió de modelo para estos cuadros no fue la duquesa de Alba.

Hacia la mitad de su vida, Goya se volvió casi sordo.° Llegó el año *deaf* 1808, cuando las tropas de Napoleón invadieron la península. Al entrar los soldados en Madrid, Goya estaba allí y fue testigo° del horror de la guerra. *witness* Sus cuadros *El dos de mayo* y *El tres de mayo* son escenas dramáticas de la batalla. Se ve en ellas que el pintor estaba del lado de sus compatriotas, horrorizado por lo que llamaría después «los desastres de la guerra».

Goya pasó los últimos años de su vida en Burdeos° como exiliado *Bordeaux (France)* político voluntario. El tirano Fernando VII tenía a España bajo el terror. Goya decidió irse de España para hacerles compañía a sus amigos liberales que vivían en el destierro. Pero nunca dejó de pintar. A los ochenta y un años este gran pintor se murió, lejos de su tierra.

La pintura neoclásica de Goya

Aunque el arte de Goya es principalmente romántico, hay cuadros muy famosos que pintó durante el período neoclásico de su carrera. Estas obras, expresiones idealizadas de un mundo armónico y lógico, fueron pintadas entre 1770 y 1790. El conocido cuadro del conde de Flori-

La familia de Carlos IV *de Goya.*
(Museo del Prado)

dablanca es un ejemplo. Floridablanca fue uno de los ministros ilustrados de la corte de Carlos III. En este cuadro, se ve al mismo Goya mostrándole a Floridablanca otro cuadro que había pintado. El traje rojo y dorado que lleva el ministro, y su mirada delicada y sagaz,° dan muestra de su grandeza. El cuadro parece insinuar que la tierra española estaba en buenas manos.

sagacious, astute

Quizás el cuadro más famoso de este período optimista sea *La gallina ciega.°* En él se capta mucho del espíritu de la época. La alta sociedad, en una escena de diversión juvenil e inocente, está en plena armonía con la naturaleza, que aquí es concebida como algo perfecto, una creación de Dios. Son preciosas las formas elegantes, los gestos de los que juegan, todo en armonía con el horizonte que se ve al fondo.

La… Blindman's Bluff

La familia de Carlos IV

El estilo neoclásico pronto desapareció de las obras de Goya. En 1800 pintó un extraordinario retrato de la familia real, *La familia de Carlos IV.* Mucho se parece este cuadro a *Las meninas* de Velázquez. Los temas son parecidos y la posición del propio pintor dentro de la obra es casi la misma. Se ve que Goya se inspiró en Velázquez. Pero en el retrato goyesco se insinúa una crítica social. Los personajes tienen un aire burgués, no aristocrático como su posición social lo exige. La figura central no es el rey sino la reina María Luisa, ridícula y fea como toda la familia. El rey don Carlos parece que ignora lo que está pasando a su alrededor, y en realidad lo ignoraba. Pero además del comentario social, cosa que no captaron° los propios monarcas, hay en este cuadro una variedad de colores brillantes que armonizan y dan unidad a la escena. Al mismo tiempo, estos colores sirven para individualizar a cada personaje.

grasp, see

Los aguafuertes° y cartones°

etchings; drawings

El arte de Goya es también sarcástico, como se puede ver en la voluminosa colección de aguafuertes titulada *Caprichos.*° Son sátiras al egoísmo, la ignorancia, la envidia y la hipocresía del ser humano. Los *Caprichos* llevan subtítulos en forma de sentencias° y frases enigmáticas que definen el tema del aguafuerte. En «El sueño de la razón produce monstruos» se ve una figura humana sentada con la cabeza echada sobre un escritorio, en un gesto de desesperación. Alrededor de esta figura hay murciélagos° y formas fantásticas volando sobre su cabeza, como en una pesadilla.° La frase es profundamente enigmática, y su interpretación ha preocupado a muchos.

Whims, Caprices

maxims

bats
nightmare

Goya también creó una serie de cartones titulada *Desastres de la guerra.* Las pintó casi al mismo tiempo que *El dos* y *El tres de mayo,* y tienen el mismo tema: la miseria y locura de la guerra. Pero estos «desastres» son quizás más marcadamente pesimistas que los cuadros.

***«El sueño de la razón produce monstruos»* es un aguafuerte de los Caprichos de Goya. En los ochenta aguafuertes de la serie, publicada en 1799, Goya atacó los abusos políticos, sociales y religiosos de su época.**

(Courtesy of the Metropolitan Museum of Art, Gift of M. Knoedler & Co., 1918)

Se ve la desolación total y el sufrimiento de las víctimas de las guerras. Los títulos de estos cartones dan una idea de la intención de Goya al crear esta serie tan famosa: «Ya no hay remedio», «No llegan a tiempo», «Nadie sabe por qué», «Maravilloso heroísmo contra los muertos».

La pintura europea del siglo XVIII era en su mayoría convencional e inexpresiva. El vigoroso estilo espontáneo de Goya produjo una revolución en el arte. Goya fue maestro y precursor del impresionismo moderno.

La música

Las zarzuelas

España ha creado un tipo de teatro lírico nacional, parecido a la ópera italiana o a la «operetta» inglesa: la zarzuela. Consiste en una combinación de canto, baile y diálogo. Se cree que su nombre se deriva del palacio llamado Sitio Real de la Zarzuela, que mandó construir Felipe IV cerca de Madrid. Allí se representó este tipo de teatro lírico. En el siglo XVII, Calderón de la Barca escribió la letra de las primeras zarzuelas. Estas obras trataban asuntos mitológicos, como *El laurel de Apolo*. En el siglo XVIII, Ramón de la Cruz escribió zarzuelas de tipo popular. A mediados del siglo XIX empieza la zarzuela moderna. Desde entonces hasta la fecha, se han escrito miles de zarzuelas «grandes», en tres actos. Algunas son de un acto y se llaman «género chico» o «zarzuela chica».

La Verbena de la Paloma

La mejor zarzuela de todas, y la más clásica, es sin duda *La Verbena de la Paloma* (1893). Escrita con música de Tomás Bretón y letra de Ricardo de la Vega, refleja las costumbres populares de Madrid. Las verbenas se celebran en la víspera° del día de un santo o de una Virgen popular. Tradicionalmente, son como ferias con tiovivos,° bailes en la calle y ventas de churros.° En Madrid, todos los veranos se celebra una verbena en cada barrio. La más famosa de éstas es la verbena de la Paloma, que tiene lugar en los barrios bajos de la ciudad.

eve
merry-go-rounds
fritters

Como en tantas zarzuelas, el argumento consiste en un conflicto amoroso. El dilema se plantea entre Julián, un galán° honrado pero celoso, y Susana, una mujer guapa y también honrada. Pero el personaje de más salero° y gracia es un viejo verde,° el boticario,° don Hilarión. Tiene alrededor de setenta años y todavía le interesan las chicas, o chulapas, de su barrio. Una de ellas es Susana, la novia de Julián. Susana está harta de los celos de su novio. Entonces, para lastimar a Julián, se va con el boticario a la verbena de la Paloma. Don Hilarión canta graciosamente cómo le deleitan° las mozas que se divierten con él mientras que Julián se pone furioso. Al cruzarse con don Hilarión y Susana, Julián le pregunta a su novia: «¿Dónde vas con mantón de Manila?»,° lo que da lugar a un dúo,° cantado por Julián y Susana, que se convierte en la canción principal de la obra. Esta melodía sigue emocionando a muchos españoles hasta hoy día por el color, alegría, gracia y salero que tiene. La zarzuela culmina en un baile grandioso después del cual los enamorados, finalmente, se dan cuenta de que se quieren.

handsome man, suitor

*wit, charm/viejo…
lecherous old man/
pharmacist*

delight

*mantón… with the bright
shawl/duet*

Los grandes compositores modernos

La zarzuela es música popular de teatro lírico, muy querida y admirada por el pueblo español, aunque no tiene grandes aspiraciones musicales. El erudito musicólogo, compositor y maestro catalán Felip Pedrell (1841–1922) hizo una gran campaña para mejorar la calidad de la música española. Trató de conservar su inspiración popular, pero elevó su rango musical para hacerla más universal. Como resultado, en el siglo XX ha habido un resurgimiento de la música española, en parte debido al arte exquisito de tres geniales° compositores: Isaac Albéniz, Enric Granados y Manuel de Falla, tres discípulos de Pedrell.

brilliant, having genius

Isaac Albéniz

Isaac Albéniz (1860–1909) fue un gran compositor de música para piano. A los diez años era ya un gran pianista. Albéniz era un hombre dinámico, aventurero, creador y triunfador. De niño se escapó de su casa para dar conciertos en los cafés y casinos° de los pueblos de España. Se escondió en un barco que iba a Puerto Rico y continuó sus aventuras en Buenos Aires, Cuba, los Estados Unidos y Europa. Algunas veces, ganó aplausos y dinero; otras, vivió en la miseria bohemia. En 1875, regresó cansado a Madrid. ¡Tenía sólo quince años! Entonces recorrió España paso a paso para sentirla, para documentarse. En Budapest conoció a Franz Liszt, con quien viajó por España. Se estableció en el mundo musical de París, donde conoció al impresionista Claude Debussy, quien era muy apasionado por España.

Compuso una ópera, *Pepita Jiménez,* inspirada en la novela de Juan Valera. Pero la fruta madura de su arte es la suite *Iberia,* comenzada en 1906. *Iberia* es como un mapa de España compuesto de música del más fino españolismo. *Málaga, Triana, El Puerto, Lavapiés, Granada* y *El Albaicín* son trozos de música popular pero de categoría universal. Dijo Debussy: «Pocas obras valen en música lo que [vale] *El Albaicín* de *Iberia* … noches españolas que trascienden a clavel y a aguardiente°… »

clubs

trascienden… emit the fragrance of carnation(s) and brandy

Enric Granados

De temperamento opuesto al del dinámico Albéniz, Enric Granados (1867–1916) era soñador,° contemplativo y sedentario. Compuso música de cámara° para piano, como la *Serenata española.* También es autor de una colección de *Danzas españolas,* inspiradas en el folklore de las regiones de España. El Madrid de Goya, con sus majos y majas, es el

a dreamer
de… chamber

Enric Granados (a la derecha) compuso la ópera Goyescas entre 1911 y 1913; sus obras se caracterizan por su pasión y elegancia.
(Institut Amatller D'Art Hispanis)

motivo de su gran suite *Goyescas,* convertida después en ópera. Granados murió con su esposa cuando regresaban del estreno de *Goyescas* en el Teatro Metropolitano de Nueva York, durante la Primera Guerra Mundial. El barco inglés en que viajaban fue torpedeado por un submarino alemán.

La ópera *Goyescas* fue la primera obra musical española que se estrenó en el Teatro Metropolitano de Nueva York y tuvo gran éxito. Es una obra que tiene carácter universal y es, al mismo tiempo, muy española. Empieza con una escena que recrea un cartón de Goya titulado *El pelele,* en el cual unas majas se divierten con un bufón al que tiran hacia arriba. Entre los que miran el espectáculo hay una pareja que está coqueteando:° Paquiro, un torero, y Rosario, una hermosa maja madrileña. Paquiro la invita al baile del Candil, un conocido baile popular de Madrid. Los respectivos novios de estos dos personajes se enteran° y juran vengarse. En la escena del baile hay un duelo entre Paquiro y Fernando, el novio de Rosario. Gana Paquiro y muere Fernando. Al ver el cadáver de su novio, Rosario se arrepiente de haber despertado sus celos. Después del estreno de esta obra, los críticos elogiaron° las melodías, los ritmos y el estilo brillante, apasionadamente español.

flirting

se... find out

praised

Preguntas

1. ¿Cuáles son las nuevas tendencias culturales del Siglo de las Luces?
2. Describe las diferencias entre el arte de Goya en su período neoclásico y el del período romántico. Compara por lo menos dos obras.

3. ¿Qué tema se repite en los cartones de Goya? Explica por qué es importante este tema.

4. ¿Qué es una zarzuela? Da un ejemplo.

5. Describe la obra musical de Isaac Albéniz y de Enric Granados. ¿Cómo se asemejan? ¿Cómo se diferencian? Explica.

Temas de conversación e investigación

1. En el siglo XVIII la cultura empieza a alejarse de los temas religiosos como asuntos fundamentales de la vida en general. Esta tendencia, según algunos, se atribuye a la nueva importancia de la ciencia. ¿Son tendencias incompatibles? Busca un cuadro o una obra musical de este período en que se manifiestan los posibles conflictos, o quizás las convergencias (*concurrences*), entre la espiritualidad y la ciencia.

2. En la biblioteca o el centro audiovisual, busca una obra musical (composición, zarzuela o sinfonía) del siglo XVIII o XIX. ¿Qué comunica la obra? ¿Cuáles son los instrumentos que se emplean? ¿Por qué es esta obra representativa de las tendencias culturales de su época?

Source and Supplementary Materials

III. Siglos de luces y reformas: XVIII y XIX

Printed Materials

The French Declaration of the Rights of Man and of the Citizen and the American Bill of Rights: A Bicentennial Commemoration, 1789–1989. U.S. Congress Senate Document 101–9. Shows both the original forms of eighteenth-century European (including Spanish) political ideology and the contemporary manifestations of that ideology. A possible topic for classroom discussion and/or debate.

GARCÍA MÁRQUEZ, GABRIEL. *The General in His Labyrinth.* (Trans. Edith Grossman.) New York: Knopf, 1990. A novelized biography of the last years of Simón Bolívar. This work shows how eighteenth-century ideology manifested itself in Latin America.

GASSIER, PIERRE and WILSON, JULIET. *The Life and Complete Work of Francisco Goya.* New York: William Morrow, 1971.

GÓMEZ DE AVELLANEDA, GERTRUDIS. *Sab.* Havana: Biblioteca Clásica, 1976. A novel about slavery predating *Uncle Tom's Cabin* and written by the Spanish Romantic, who was also an abolitionist.

KIRKPATRICK, SUSAN. *Las Románticas: Women Writers and Subjectivity in Spain, 1835–1850.* Berkeley: University of California Press, 1989. A deeply insightful discussion of the role of women writers in Spain during the Romantic period. A useful bibliography, with appendices of original works.

PARDO BAZÁN, EMILIA. *Torn Lace and Other Stories.* New York: Modern Language Association, 1996, translated by M. C. Urruela with an introduction by Joyce Tolliver. This collection is also available from MLA in a Spanish edition.

WILLIAMS, GWYN. *Goya and the Impossible Revolution.* New York: Pantheon, 1976. Deals with the politics and historical background of Goya's art.

Audiovisual Materials

Fortunata y Jacinta. Film (available on video). Beware of oversimplification in this version of the story.

Goya, an hour-long video on this fascinating artist and his work, was produced by the BBC in Los Angeles at KVC, 1986.

The Mission. Film (available on video) about clerical and Church entanglements in the subjugation of an indigenous tribe in Brazil.

Blood and Sand and *Four Horsemen of the Apocalypse.* Both films (available on video) are Hollywood versions of novels by Blasco Ibáñez.

La Regenta. Based on Clarín's novel. Available through Tamarelle's International Films, Ltd., 110 Cohasset Stage Rd., Chico, CA 95962 (916) 895-3429.

The Three-Cornered Hat. MCA Classics, MCAC-6265. Music composed by Manuel de Falla for a ballet based on Alarcón's novel *El sombrero de tres picos.*

La verbena de la Paloma. Music by Tomás Bretón, text by Ricardo de la Vega. Madrid: Velasco, 1967.

IV

Siglo XX

Madrid, España
A.G.E. Fotostock

11

Desde Alfonso XIII hasta Francisco Franco

For more information please go to *Unidad V* of the video to accompany *España y su civilización*.

Cronología

1876	▼	Nueva constitución, en vigor hasta 1923
1885	▼	Muerte de Alfonso XII en noviembre y nacimiento de Alfonso XIII en mayo de 1886
1885–1902	▼	Regencia de María Cristina, madre de Alfonso XIII
1902–1931	▼	Reinado de Alfonso XIII
1914–1918	▼	España neutral durante la Primera Guerra Mundial
1923–1930	▼	Dictadura del general Primo de Rivera
1931	▼	Proclamación de la Segunda República, nueva constitución
1933–1935	▼	Gobiernos de *Radicales* (republicanos moderados) y católicos
1934	▼	Revolución de Asturias
1936	▼	Triunfo del Frente Popular en las elecciones y comienzo de la Guerra Civil

| 1939 | ▼ | Triunfo de los franquistas |
| 1940–1950 | ▼ | Años de hambre y represión |

El siglo XX en España es una época sumamente° conflictiva. Se caracteriza por la búsqueda agónica de una forma democrática y moderna de gobierno. Hasta cierto punto esto se ha encontrado hoy día pero no sin luchas sangrientas como la Guerra Civil, en que murieron más de un millón de españoles.

extremely

Alfonso XIII

Alfonso XIII nació pocos meses después de morir su padre, Alfonso XII. Su madre, la reina María Cristina, fue regente hasta 1902, año en que Alfonso XIII empezó a gobernar. Desde un principio mostró su deseo de cambiar arbitrariamente los ministros, con poco respeto por las Cortes. De 1902 a 1923 hubo treinta y tres gobiernos diferentes.

El mayor problema político que confrontó Alfonso XIII fue el Marruecos español. En 1906 se celebró una conferencia internacional en la ciudad de Algeciras. Allí se decidió que España y Francia compartirían° Marruecos. Pero el sector asignado a España era veinticinco veces más pequeño que el francés. Era un trozo de tierra árida y montañosa. Además, los marroquíes, bajo la dirección política y militar del

would share

Alfonso XIII siguió una política conservadora, cuyo objetivo principal era mantener los privilegios de la monarquía. Murió en el destierro en 1941.

(Retrato de Joaquín Sorolla y Bastida. Courtesy of the Hispanic Society of America, NY)

viejo luchador Abd-el-Krim, querían su independencia. España tenía que mantener en Marruecos un ejército sumamente costoso, tanto en pesetas como en vidas humanas. Muchos españoles protestaron violentamente contra la guerra marroquí. En 1909, se declaró una huelga° *strike* general en Barcelona que hoy se conoce como la Semana Trágica. Fue un conflicto sangriento en el cual murieron un centenar° de personas. Se *un... about one hundred* luchó en contra de la guerra en Marruecos y en contra de la conscripción de obreros catalanes. Algunos militantes de la huelga eran anarquistas que también luchaban contra los capitalistas y los políticos catalanes. El pueblo español pagó un precio demasiado alto por su «imperio africano», sin ningún resultado práctico.

Sin embargo, el reinado de Alfonso XIII no fue sólo una serie de fracasos.° En 1914, ocurió algo que salvaría al monarca de sus errores: la *failures* Primera Guerra Mundial. España se mantuvo neutral durante toda la guerra. Esta neutralidad fue muy benéfica° para la economía española. *beneficial* Se desarrollaron la agricultura y la industria. Aumentaron las exportaciones de productos. Los ricos ganaron más dinero y los pobres mejoraron sus jornales.° Al final de la guerra, España era la cuarta nación *wages* del mundo en reservas de oro.

Los conflictos sociales

Desde la restauración de la monarquía, en 1874, hasta la Primera Guerra Mundial, España disfrutó de un período de relativa paz social. Pero los conflictos sociales se hicieron cada vez más violentos. España se dividió, una vez más, en dos grupos irreconciliables: burgueses y trabajadores. El conflicto se convirtió en una lucha de clases.

Los trabajadores estaban organizados en dos grandes sindicatos° *labor unions* nacionales: la Unión General de Trabajadores (UGT), afiliada al Partido Socialista, que fundó Pablo Iglesias,* y la Confederación Nacional del Trabajo (CNT), un grupo anarco-sindicalista. España es uno de los pocos países del mundo en que ha habido un poderoso movimiento anarquista nacional, público o clandestino. La lucha social adquirió especial violencia en la ciudad industrial de Barcelona durante la Semana Trágica de 1909. Allí, el 80 por ciento de los obreros pertenecían a la CNT. Las huelgas se multiplicaban. Patronos° y obreros eran intransigentes en sus *Factory owners* exigencias° y se odiaban a muerte, pero los patronos eran más poderosos. *demands*

Los obreros vivían mal, y los patronos no hacían concesiones. Los obreros pedían la revolución total y la eliminación de la clase burguesa. Los atentados° eran frecuentes en las calles de Barcelona. *assassination attempts* Morían a tiros° muchos obreros y algunos patronos. El gobierno de *a... by shooting* Madrid no podía solucionar este problema que afectaba profundamente a todos los españoles.

---

*Pablo Iglesias (1850–1925) es el padre del Partido Socialista Obrero Español, el partido que ganó las elecciones de 1982.

La dictadura del general Primo de Rivera

Además de la lucha de clases, la situación política empeoró. Junto con el problema marroquí, también había conflictos regionales. Muchos catalanes querían autonomía; otros, independencia total. Para poner remedio a estos males, el general Miguel Primo de Rivera se acordó de los clásicos pronunciamientos del siglo pasado y, con el consentimiento del rey, estableció una dictadura militar que duró de 1923 a 1930.

Al principio, la mayoría de los españoles recibieron con aplausos la dictadura. Todos estaban cansados de la incompetencia y corrupción de los gobiernos parlamentarios. Hasta el Partido Socialista colaboró con la dictadura.

Primo de Rivera como dictador suprimió la rebelión de Marruecos, construyó buenas carreteras y su gobierno coincidió con un período de relativa prosperidad mundial. Por otra parte, abolió la libertad de prensa, el derecho de asociación sindical° y otras garantías constitucionales. El Senado y el Congreso también fueron abolidos. Los graves problemas de separatismo regional y la lucha de clases quedaron sin solución.

de… to have labor unions

Hacia los últimos años de la dictadura, todos los españoles, hasta el ejército, estaban en contra del dictador. Primo de Rivera, abandonado por todos, dimitió° en 1930. Se retiró a París, donde murió a los pocos meses.°

resigned
a… a few months later

Después de la dimisión de Primo de Rivera, se celebraron elecciones municipales en toda España. El dilema era escoger entre la monarquía y la república. El pueblo votó en contra de la monarquía. Alfonso XIII también se quedó solo y tuvo que irse del país. El 14 de abril de 1931 se proclamó la Segunda República española. Fue una revolución sin derramamiento de sangre.° El pueblo español lloraba de alegría: ya era políticamente libre. España se transformaría en una nación democrática moderna; se haría justicia. Era el sueño de la esperanza.

derramamiento… bloodshed

La Segunda República

Las Cortes Constituyentes

La Segunda República española sólo duró de 1931 a 1939. Fueron años de vida violenta y difícil. Había que transformar completamente la organización social y política de la nación. Para empezar, se necesitaba una constitución. Con tal fin se eligieron las Cortes Constituyentes de 1931. Los diputados° republicanos y los socialistas estaban en mayoría. Niceto Alcalá-Zamora, un católico rico y moderado, fue el primer presidente republicano. Manuel Azaña, un demócrata anticlerical, presidió el primer gobierno, compuesto de republicanos y socialistas con espíritu de renovación.

representatives

El 14 de abril de 1931, el pueblo español celebró el comienzo de la Segunda República.
(AP / Wide World Photos)

El 9 de diciembre de 1931 se promulgó la constitución republicana. Fue una de las más progresistas y liberales de Europa, aunque algo sectaria y utópica. El primer artículo de la constitución decía con ciego° optimismo que España era «una república de trabajadores». Era una constitución democrática avanzada, autonomista para las regiones, pacifista y con un amplio programa social. Por primera vez en España se establecía la separación de la Iglesia y el estado. Se aprobaron leyes° consideradas revolucionarias para España: el divorcio, los contratos de trabajo, la reducción del personal del ejército, el derecho de las mujeres al voto. También se declararon reformas agrarias como los impuestos sobre la renta y el cultivo obligatorio de la tierra, porque había grandes extensiones de terreno sin cultivar. Pero lo más importante que hizo la República fue fundar unas veinte mil escuelas públicas. Esto era lo que más necesitaba España.

blind

Se… Laws were passed

Luchas sociales

Los grupos de la derecha —el ejército, el clero y los ricos, en general— no querían un régimen renovador.° El general José Sanjurjo* hizo un pronunciamiento militar el 10 de agosto de 1932 para derrocar a la República. Esta vez fracasó. El alto clero nunca se había conformado con la separación de la Iglesia y el estado, y prefería un cambio de régimen. Algunos ricos capitalistas inmovilizaban° sus fortunas en los ban-

progressive

immobilized, froze

---

*Era el general que debía dirigir la rebelión del ejército en 1936. Murió en un accidente de aviación; el ejército nombró entonces a Francisco Franco jefe del movimiento.

cos o las exportaban al extranjero para arruinar la economía republicana. Por otra parte, los socialistas revolucionarios consideraban que la República era demasiado burguesa y conservadora. No se conformaban con un programa de evolución sino que querían la revolución total, con la eliminación del sistema de clases sociales. El resultado de esta mutua intolerancia fue una constante tensión política y social: huelgas, quema de iglesias y conventos, manifestaciones° en las calles. No había más que «barro,° sangre y lágrimas», como dijo un político de aquellos tiempos, Diego Martínez Barrio.

demonstrations

mud

Como protesta contra esta situación violenta, las elecciones de 1933 dieron el triunfo a los republicanos moderados, llamados *Radicales,* y al partido católico Acción Popular, cuyo jefe era Gil Robles. Se formó entonces un gobierno derechista compartido por Radicales y católicos que duró unos dos años y se caracterizó por una violenta represión contra los izquierdistas.

La revolución de Asturias

En 1934, las organizaciones obreras socialistas y los separatistas catalanes se unieron para hacer una revolución contra el gobierno de Radicales y católicos. Este movimiento es conocido como «la revolución de Asturias» porque los principales protagonistas fueron los mineros de carbón° de Asturias, en el norte de España. Los mineros asturianos lograron ocupar casi toda su región y establecieron allí un régimen socialista revolucionario. Esta revolución duró sólo dos semanas. Hubo feroces luchas entre los mineros y la Legión Extranjera. También lucharon las tropas moras que el gobierno envió desde Marruecos para aniquilar a los revolucionarios. Miles de prisioneros fueron fusilados y algunos torturados. Las cárceles de España se llenaron de «rojos»° de Asturias. Se calcula que en toda España había unos cuarenta mil presos° políticos, casi todos obreros revolucionarios.

coal

"reds," leftists (pejorative)

prisoners

El Frente Popular y la Guerra Civil

El gobierno se desprestigió° con la represión de la revolución de Asturias. Esto dio lugar a la dimisión del gobierno y a las conocidas elecciones que se celebraron el 16 de febrero de 1936. La tensión política había llegado a su punto culminante a principios de 1936. El destino de España se iba a decidir en esas elecciones. Casi todas las fuerzas políticas de la nación se agruparon en dos bandos irreconciliables. Las izquierdas formaron un Frente Popular que comprendía a socialistas, republicanos y unos pocos comunistas. Las derechas se unieron bajo la dirección de Gil Robles, con el grito de

se… lost prestige

«¡Todo el poder para el Jefe!» En el bando derechista estaba la *Falange*, un partido que se inspiraba en el dictador italiano Benito Mussolini. Fue fundado en 1933 por José Antonio Primo de Rivera, hijo del dictador Miguel Primo de Rivera.

Triunfó el Frente Popular con 4.700.000 votos, un margen escaso, pues las derechas obtuvieron cerca de cuatro millones. Por esta razón los republicanos no pudieron formar un gobierno fuerte.

Después de la elección del Frente Popular, la atmósfera política estaba cargada de pasiones. Se temía una revolución sangrienta. Unos creían que se sublevaría el ejército, como en tantas otras ocasiones. Otros temían a las masas proletarias, que pedían un gobierno revolucionario obrero y campesino.

Una vez más en la historia de España fue el ejército el que tomó la iniciativa. Con un clásico pronunciamiento español, el 17 de julio de 1936, empezó la Guerra Civil. El pronunciamiento fue dirigido por el general Francisco Franco, a quien llamaron después «el Caudillo» y que luego fue el dictador de España durante treinta y seis años. El conflicto se convirtió muy pronto en guerra civil y revolución social al mismo tiempo. Con Franco estaban el ejército, el clero (excepto gran parte de los sacerdotes vascos) y las clases altas. Con la República estaban la clase obrera y campesina pobre y parte de la clase media, especialmente los intelectuales liberales. Quedó una masa neutral vacilando° entre ambos bandos. *vacillating, wavering*

En las primeras semanas de la guerra, Franco logró ocupar Marruecos, Andalucía, Extremadura, Galicia, Aragón y el norte de Castilla. Pero no tuvo éxito en el resto de España. En las principales ciudades —Madrid, Barcelona y Valencia— el pueblo desorganizado venció. La lucha no era geográfica, una región contra otra, sino ideológica. Derechistas luchaban contra izquierdistas en todos los rincones de España. Madrid y Barcelona eran las capitales de los republicanos; Burgos y Salamanca, de los franquistas,° o «nacionales». *followers of Franco*

El gobierno era demasiado débil para mantener el orden social en esos tiempos de guerra. El pueblo hacía una revolución y a veces hubo matanzas impetuosas e incendios de lugares religiosos. Los nacionales asesinaban a los «rojos», como llamaban a los republicanos, de una manera fría y cruel. Muchos republicanos fueron ejecutados por orden de Franco durante la guerra y después de ella. El famoso poeta Federico García Lorca fue uno de las muchas víctimas de los franquistas (véase págs. 149–151).

Intervención extranjera

La Guerra Civil se convirtió en un ensayo° de la Segunda Guerra Mundial cuando Hitler y Mussolini empezaron a intervenir con armas, «voluntarios»* y aviones a favor de los nacionales en agosto de 1936. *rehearsal*

---

*Se calcula que Mussolini envió a España unos cien mil soldados italianos que fueron más o menos voluntariamente.

Algunas semanas después, Rusia y México, a pesar de sus propios problemas interiores, empezaron a enviar armas a los republicanos pero tenían pocos recursos.° En el curso de la guerra llegaron a España unos cuarenta mil voluntarios antifascistas, especialmente comunistas, que formaron las *Brigadas Internacionales.* Venían de todos los países del mundo, incluyendo unos tres mil voluntarios norteamericanos de la *Brigada Lincoln.* *resources*

Las potencias° democráticas, como Inglaterra, Francia y los Estados Unidos, adoptaron la política pasiva de la no intervención. Pero los países totalitarios siguieron interviniendo. Alemania envió más y mejores armas y mayor número de técnicos que los demás países intervencionistas. De esta manera, la política de la no intervención fue una farsa hipócrita. Algunos republicanos no eran disciplinados y tenían más interés en hacer la revolución que en ganar la guerra. Cuando al fin se rectificaron, era ya demasiado tarde. Todo lo anterior contribuyó al triunfo de los nacionales. *powers*

Las consecuencias de la guerra

La guerra duró casi tres años, hasta el primero de abril de 1939. Nunca se sabrá exactamente cuántos españoles murieron, porque las estadísticas° son sólo aproximadas. Se calcula que en los frentes de batalla hubo cerca de un millón de muertos. Unos doscientos mil españoles fueron asesinados por motivos políticos o sociales, a veces insignificantes. Cerca de un millón de españoles tuvieron que emigrar de España hacia el final de la guerra. La mayoría se fue a Francia, pero muchos se fueron *statistics*

Valencia siguió fiel a la República hasta el final de la Guerra Civil. Aquí se ve una manifestación a favor del gobierno democrático el 19 de febrero de 1937 en Valencia. En el fondo se ve un enorme cartel, hecho por los anarquistas, en que se pide ayuda médica para los heridos.

(AP / Wide World Photos)

Después de la Guerra Civil se construyó un monumento en honor de los que habían perdido la vida en la lucha. El Valle de los Caídos está en la Sierra de Guadarrama, cerca de El Escorial. Fue construido por prisioneros de guerra y presos políticos republicanos. Aquí está enterrado el general Franco.

(Marc Riboud / Magnum)

a la América española, sobre todo a México donde fueron recibidos con generosidad por el gobierno de Lázaro Cárdenas. Medio millón de casas y unas dos mil iglesias fueron destruidas. Trece obispos y siete mil eclesiásticos fueron asesinados por los «rojos». Dieciséis sacerdotes vascos fueron ejecutados por los nacionales.

Después de la épica lucha, los vencedores fusilaron a unos doscientos mil españoles. La destrucción material de España fue enorme. Todos sus recursos económicos y financieros quedaron agotados.° Nadie ayudó a España en este caos. Y, lo que es peor, como siempre suele ocurrir en las guerras civiles, los españoles quedaron divididos en dos bandos: vencedores y vencidos. Así fue la tragedia española más espantosa° de todos los tiempos.

exhausted

horrifying

La época posterior° a la Guerra Civil

following, after

La represión después de la guerra

Después de casi tres años de lucha, de revolución, de hambre y de matanzas,° el pueblo español estaba agotado. Los españoles sólo querían la paz y un gobierno capaz de unirlos después del desastre. Pero en vez de un sistema de reconciliación nacional,

killings

se estableció un régimen totalitario bajo Francisco Franco, el «Caudillo de España por la gracia de Dios», como se autotituló.° En vez de unir a los españoles, llevó a cabo una vengativa° represión contra los vencidos. En los primeros diez años posteriores a la guerra, el pueblo español fue abandonado por todo el mundo y quedó aislado.° Sufrió hambre y frustración en una magnitud que no tenía precedentes en su larga historia. A los años 40 en España se les llama «los años de hambre».

se… he called himself
vengeful

isolated

Durante la Segunda Guerra Mundial, Franco adoptó una política muy diplomática y bien calculada. Ayudó a Hitler para corresponder a la ayuda que antes había recibido de la Alemania nazi. Pero, al mismo tiempo, no declaró la guerra a las potencias aliadas.°

potencias… Allied Forces

El pueblo antifascista español estaba convencido de que la caída de Hitler significaría el triunfo de los ideales democráticos de España. Sin embargo, Hitler cayó pero el régimen totalitario continuó en España hasta la muerte de Franco en 1975.

Preguntas

1. ¿Cuál fue el mayor problema político que confrontó Alfonso XIII? ¿Qué reacción provocó en algunos españoles? ¿Por qué?

2. Explica la importancia histórica de Miguel Primo de Rivera. Menciona las fechas de su estancia en el poder, las tendencias políticas de su gobierno y los problemas con que se enfrentó.

3. ¿Por qué es importante la fecha 14 de abril de 1931? Explica.

4. ¿Cuáles fueron cuatro de las reformas más importantes de la Constitución de 1931? ¿Por qué fueron importantes?

5. Explica las causas y los sucesos de la Revolución de Asturias. ¿Quiénes participaron y por qué? ¿Cómo terminó la revolución?

6. ¿Cuándo y cómo empezó la Guerra Civil? Explica las intenciones políticas de los dos bandos, republicanos y nacionales, y sus acciones políticas.

7. Explica los hechos y las consecuencias de la intervención extranjera en la Guerra Civil española.

8. ¿Cuáles fueron las consecuencias de la Guerra Civil?

Temas de conversación e investigación

1. Si hubieras vivido en España en el verano de 1936, ¿qué bando hubieras apoyado en la Guerra Civil? ¿Por qué?

2. Un grupo de voluntarios norteamericanos de la *Brigada Lincoln* fueron a España durante la Guerra Civil a defender la República. ¿Qué opinas de esa decisión política y personal? ¿Hubieras hecho tú lo mismo? Explica.

3. Busca un poema o ensayo de Langston Hughes, el famoso poeta africano-americano, sobre la Guerra Civil española. Haz una presentación oral o escribe un ensayo sobre el texto de Hughes.

La «Generación del 98»

En 1898, tuvo lugar la guerra de Cuba. España perdió entonces las últimas colonias de lo que había sido su poderoso imperio. Esta pérdida produjo un gran efecto desmoralizador° y pesimista entre los intelectuales jóvenes que empezaban su carrera literaria. Ese grupo de escritores fue llamado la «Generación del 98». Entre los más representativos de ellos están Miguel de Unamuno, Pío Baroja, Ramón del Valle-Inclán, Azorín y Antonio Machado. Aunque todos coincidieron en Madrid en este año, ninguno nació en Castilla.

demoralizing

Según los historiadores literarios, estos escritores manifestaban una profunda preocupación por el tema de España: querían examinar el presente, el pasado y hasta el porvenir° del país. Todos protestaban contra la política decadente de los gobiernos, y contra la retórica y la superficialidad que, según ellos, reinaban en la literatura del siglo XIX. Así la vida intelectual y literaria recibió un formidable impulso.

futuro

Miguel de Unamuno

Como pensador, novelista y poeta, el vasco Miguel de Unamuno (1864–1936) es el escritor más representativo de la Generación del 98. Fue catedrático y, más tarde, rector de la Universidad de Salamanca. Fue

toda su vida un espíritu rebelde y batallador. Escribió artículos atacando violentamente al rey, a la dictadura, a la República, al marxismo y al fascismo. El título de una de sus colecciones de ensayos lo muestra: *Contra esto y aquello.* El dictador Primo de Rivera lo exilió a las Islas Canarias en 1924. Después vivió en exilio voluntario en Francia, hasta que España lo recibió triunfalmente a la caída de la dictadura, en 1930.

La preocupación constante de Unamuno es el hambre de inmortalidad, el anhelo° de no morir. Su obra capital como pensador es *Del sentimiento trágico de la vida en el hombre y en los pueblos.* Estudia en ella al «hombre de carne y hueso», «el que nace, sufre y muere —sobre todo muere—, el que come y bebe, y juega, y duerme, y piensa, y quiere», como objeto de la filosofía. De la lucha entre la razón y la vida nace una fe que no es dogmática. También surge una duda que no es la duda fría, negativa, racionalista, sino lo que Unamuno llamó «fe dudosa». En otro ensayo, explicó: «Mi religión es buscar la verdad en la vida y la vida en la verdad, aun a sabiendas° de que no he de encontrarlas mientras viva». El sentimiento trágico de la vida es precisamente esa lucha eterna entre el corazón y la razón: el corazón, que cree en la inmortalidad del alma, y la razón, que nos dice que el hombre no es inmortal.

yearning, desire

a… knowing

En vez de plegarse° a la corriente cultural de Europa, Unamuno pre-   *En... Instead of joining*
firió el cultivo de la cultura de Castilla. En 1905 escribió la *Vida de don
Quijote y Sancho,* una interpretación original y subjetiva del *Quijote.*
Para Unamuno, el quijotismo es la filosofía de España.

Las novelas de Unamuno son reflejos de su filosofía. En general, no
hay descripción de paisaje, costumbres ni cosas a la manera realista. Hay
luchas y conflictos de seres humanos atormentados por las pasiones de su
vida interior. Así, *Abel Sánchez* es un profundo estudio de la envidia; *La
tía Tula,* del instinto maternal; *San Manuel Bueno, mártir,* de la falta de
fe de un sacerdote que no puede creer lo que él mismo predica.°   *preaches*

La poesía de Unamuno es un grito desesperado de dolor que emo-
ciona° por su sinceridad. Así es su largo poema *El Cristo de Velázquez,*   *moves (one)*
inspirado en el famoso cuadro de Velázquez, que se encuentra en el
Museo del Prado de Madrid. Otras veces, su poesía es la exaltación del
austero paisaje de Castilla.

Unamuno concluye un lindo poema dirigido a su hija con estas enigmáticas líneas:

No dicen más los árboles, las nubes,
los pájaros, los ríos, los luceros...
¡No dicen más y nos lo dicen todo!
¿Quién sabe de secretos?

Pío Baroja

Pío Baroja (1872–1956) estudió medicina en Madrid, y fue médico
durante algunos años. Con afán° por la verdad científica, observó aten-   *desire, thirst*
tamente la vida de la gente miserable:° mendigos, golfos,° aventureros.   *unfortunate, poor/urchins*
Viajó mucho y repetidamente por las principales capitales de Europa
con el fin de documentarse° para sus novelas. Como la mayoría de los   *inform himself*
escritores españoles, empezó su carrera literaria en Madrid, y allí
residió la mayor parte de su vida.

Baroja era un escéptico nihilista que no creía en casi nada. Atacó a los
políticos, a los militares, a la democracia, a la aristocracia, al socialismo,
a los profesores, a los católicos, a las feministas, a los judíos, a los ricos y
a los pobres. Su autobiografía *Juventud, egolatría*° está llena de juicios   *self-worship*
deprimentes sobre la vida. Pero, al mismo tiempo, revela un espíritu
libre, una gran simpatía por los oprimidos y por los anarquistas. Baroja
creía que este mundo es malo y egoísta, que el mal es inevitable. La única
alternativa es la acción para no morir de aburrimiento. Por eso, sus novelas, aunque pesimistas, son muy amenas.° El secreto de su arte reside en   *charming*
un estilo sencillo de frases cortas, sin retórica ni adorno innecesario.

Ernest Hemingway, después de recibir el Premio Nóbel de literatura,
visitó a Baroja. Hemingway le dijo modestamente: «A usted debían
haberle dado el Premio Nóbel, porque yo aprendí de usted el arte de
escribir novelas.»

Baroja escribió unas ochenta novelas. Entre las mejores, las de su
juventud, están *Zalacaín el aventurero* (situada en Euskadi, donde nació

El vasco Pío Baroja tuvo mucha influencia en la novela española de la posguerra. Este retrato fue pintado por Joaquín Sorolla y Bastida.

(Courtesy of the Hispanic Society of America, NY)

el autor), *Camino de perfección* y *El árbol de la ciencia*. También escribió una serie de veinticuatro volúmenes bajo el título significativo de *Memorias de un hombre de acción*. Allí cuenta la vida de un antepasado suyo, durante las Guerras carlistas de España.

Ramón María del Valle-Inclán

Todo lo contrario de Baroja, Valle-Inclán (1869–1936) fue un estilista. Su preocupación no fue tanto el contenido como la forma y el lenguaje. Sus novelas son joyas de complicado estilo, en las que el autor trabajó pacientemente: usó palabras cuidadosamente seleccionadas para producir un efecto estético en la prosa.

Escribió varias novelas y teatro fantástico, reproduciendo el ambiente de su tierra, Galicia. Son obras misteriosas, líricas, supersticiosas y sensuales. En 1920 inventó un género° literario nuevo, al que llamó «el esperpento°». Su obra esperpéntica más destacada es *Luces de Bohemia*. En sus últimos años escribió esperpentos, obras teatrales y *El ruedo ibérico*, dos volúmenes de narrativa sobre la inmoralidad política y decadencia de la España de Isabel II.

genre

something grotesque and deformed, farcical, a caricature

Azorín

Azorín (1873–1967) es el pseudónimo de José Martínez Ruiz, maestro del ensayo. Escribió unos ochenta volúmenes, casi todos colecciones de los ensayos que durante cincuenta años aparecieron en los periódicos y revistas de España y América.

Azorín escribió miles de ensayos literarios. Este cuadro fue pintado por Ignacio Zuloaga, el pintor más característico de la Generación del 98.
(Courtesy of the Hispanic Society of America, NY)

Los ensayos de Azorín son evocaciones emocionantes del pasado de España. El tema más frecuente es el alma de Castilla: los pueblos, el paisaje, la vida campesina, las catedrales, las ciudades antiguas, el escenario de las grandes obras de la literatura española. Pero Azorín no describe lo grandioso ni lo monumental. Concentra la atención en un sólo detalle minúsculo,° pero lleno de vida. Por ese detalle se siente hoy el alma de todo el pasado.

minute, small

Azorín creía que España no cambiaba, que era siempre la misma a través de los siglos, como el sonido de las campanas° de sus catedrales. Por esta repetición de la vida, Azorín vio todo el pasado en las costumbres del presente, y tal vez por eso algunos de sus escritos más bellos son reivindicaciones° de la literatura tradicional como *La Celestina* y el «Licenciado Vidriera» de Cervantes. Entre sus volúmenes se destacan *España, Castilla, Los pueblos, La ruta de don Quijote* y *Al margen de los clásicos,* este último de crítica literaria. También escribió obras de teatro: *Old Spain; Brandy, mucho brandy,* y otras comedias.

bells

recoveries

Antonio Machado

Este gran poeta lírico (1875–1939) nació en Sevilla, pero vivió muchos años en varias ciudades de Castilla. Fue profesor de francés y gran amante de la libertad. Sintió profundamente la tragedia de la Guerra Civil. Murió en Francia.

Fue un poeta que cantó la emoción del paisaje castellano. En estos versos describió la parda tierra de Soria:

¡Soria fría! La campana
de la Audiencia da° la una.
Soria, ciudad castellana
¡tan bella! bajo la luna.

is striking

Pero Machado, igual que los demás escritores de la Generación del 98, a veces gritaba dramáticamente contra el espectáculo de decadencia e indiferencia de su patria empobrecida:

Castilla miserable, ayer dominadora,
envuelta en sus andrajos° desprecia cuanto ignora.°
¿Espera, duerme o sueña? ¿La sangre derramada
recuerda, cuando tuvo la fiebre de la espada?

rags/desprecia… *it disdains what it does not know*

También escribió poemas filosóficos como el siguiente:

Caminante son tus huellas
el camino, y nada más;
caminante, no hay camino,
se hace camino al andar.

Otros escritores del siglo XX

Juan Ramón Jiménez

Juan Ramón Jiménez (1881–1958), que se autotituló «el andaluz universal», vivió en Madrid gran parte de su vida. Durante la Guerra Civil se trasladó a Puerto Rico, a Cuba y después a los Estados Unidos, donde enseñó en varias universidades. En 1956, recibió el Premio Nóbel de literatura.

La poesía de Jiménez muestra un anhelo constante de perfección. Quería llegar a la cumbre° de la poesía desnuda y pura. Fue también el poeta de la tristeza profunda —sólo quien sufre vive—, de la soledad y de la dulce melancolía. Tenía una intensa vida interior, tierna, sentimental y culta° al mismo tiempo. Sentía inefable° amor por la naturaleza, como se ve en *Arias tristes, Jardines lejanos, Estío* y *Eternidades.* Su *Platero y yo* ocupa un lugar prominente en la literatura española; es una evocación en prosa de su pueblo natal y de la inolvidable figura de Platero, un burrito, descrito a continuación.

height, zenith

refined, learned/ indescribable

PLATERO es pequeño, peludo, suave; tan blando por fuera, que se diría todo de algodón, que no lleva huesos. Sólo los espejos de azabache de sus ojos son duros cual dos escarabajos de cristal negro.

Federico García Lorca

El mundo perdió a un artista extraordinario, versátil e inolvidable cuando unos falangistas° asesinaron a Federico García Lorca (1898–1936) a la

supporters of Franco

Además de ser poeta, García Lorca hacía dibujos geniales. Aquí se ve uno de ellos.
(© Aguilar, S.A. de Ediciones)

temprana edad de treinta y ocho años. El crimen fue cometido al empezar la Guerra Civil y se debió a odios personales y políticos —García Lorca había apoyado la República. El asesinato de García Lorca es una de las grandes injusticias de la historia moderna española.

El poeta nació en la provincia de Granada. Creció rodeado de los ambientes árabe y gitano de su querida ciudad andaluza.

Su obra ha alcanzado inmensa celebridad. Conocido como poeta y dramaturgo, el talento de García Lorca no se limitó a la literatura. También fue compositor, pianista y guitarrista, director y dibujante.°   *illustrator*

García Lorca era el poeta de los gitanos y de otros grupos marginados por la sociedad. Su preocupación por los negros de Nueva York, los homosexuales (como él mismo) y las mujeres frustradas bajo el peso de valores tradicionales se ve en muchas de sus obras. Asimiló como nadie la esencia y la gracia castiza° de la poesía popular   *genuinely Spanish* española. Al mismo tiempo, le dio un tono personal único. Su mérito se debe a su habilidad para dar una visión poética de las cosas y de la vida, mediante emocionantes imágenes de color y de música llenas de gracia y belleza. Revitalizó la forma de la balada antigua. De su *Romancero gitano*, poemas de tipo tradicional, es el fragmento siguiente:

La luna vino a la fragua°   *forge*
con su polisón° de nardos.°   *bustle (of a dress)/ spikenards (fragrant flowers, a type of tuberose)*
El niño la mira, mira.
El niño la está mirando.

—Huye° luna, luna, luna.   *Run away*
Si vinieran los gitanos,
harían con tu corazón
collares° y anillos blancos.   *necklaces*

Como típico andaluz, a García Lorca le entusiasmaba° la corrida de   *excited*
toros. Compuso su *Llanto por Ignacio Sánchez Mejías* después de la
muerte trágica de este famoso torero, amigo íntimo suyo. Este poema no
tiene igual en la poesía moderna por la trágica visión de la muerte y su
grandiosidad rítmica.

García Lorca viajó a los Estados Unidos en 1929. El barrio de
Harlem de Nueva York fue lo que más le impresionó y le deprimió. Sus
vívidas impresiones inspiraron su libro *Poeta en Nueva York*. Es, sin
duda, el mejor poemario surrealista de la literatura española.

García Lorca llevó su poesía al teatro. Pero el destino no le dio
tiempo de ampliar° su producción teatral. Sin embargo, los dramas que   *increase, extend*
dejó han ganado el entusiasmo del público teatral de muchos países de
Europa y América. Los más conocidos son *Bodas de sangre*, *Yerma* y *La
casa de Bernarda Alba*. Los elementos principales de sus dramas son las
pasiones profundas, la frustración del amor pasional, el odio y la liberación de los deseos carnales.

Federico García Lorca nació en Andalucía. Captó el sonido de la guitarra española con este poema: «Empieza el llanto / de la guitarra. / Se rompen las copas / de la madrugada… / Es inútil callarla, / ¡Oh, guitarra! / corazón malherido / por cinco espadas».

(Institut Amatller D'Art Hispanis)

Literatura de la Guerra Civil y la posguerra

La Guerra Civil

Durante la Guerra Civil muchos escritores tuvieron que tomar una postura política frente a los sucesos. También las dificultades materiales impedían el trabajo intelectual. Sin embargo, muchos poetas como Rafael Alberti (1902–1999) y Miguel Hernández (1910–1942) se entregaron a la causa de la República y la lucha social. Son famosos los poemas y romances de Alberti y Hernández sobre la importancia de ganar la guerra. La «Canción del esposo soldado», de Hernández, trata de un campesino que tiene que dejar a su familia para defender la República. El campesino, representado por la voz del poeta, se dirige a su esposa exclamando:

Nacerá nuestro hijo con el puño° cerrado,   *fist*
envuelto en un clamor de victoria y guitarras,
y dejaré a tu puerta mi vida de soldado
sin colmillos° ni garras.°   *fangs/claws*

Hay también varios novelistas de la generación de la guerra que empezaron su carrera literaria antes de 1936 y siguieron escribiendo durante y después de la guerra: Max Aub (1903–1971), Francisco Ayala (n. 1906) y Ramón Sender (1902–1980). Todos tuvieron que irse de España después de la derrota de los republicanos, pero continuaron escribiendo en el exilio. La experiencia de la guerra es uno de los temas principales de toda la literatura española que se escribe fuera de España después de la Guerra Civil. Hay que pensar en la pérdida de cerebros,° que significaba tanto exilio.   *pérdida… brain drain*

La posguerra

Después de 1939 tanto la vida española como la cultura se divide en dos: los vencedores y los vencidos. La mayoría de los intelectuales estuvo con los vencidos, y por lo tanto se percibe una actitud crítica y pesimista en muchos de sus escritos. Un ejemplo es Rosa Chacel (1898–1994). Era la mayor de los intelectuales, ya en plena madurez, que vivieron los años de la guerra. Empezó su carrera escribiendo artículos en varias revistas de cultura y arte. Escribió gran parte de sus numerosas obras (novelas, cuentos, ensayos, poesía, memorias y una autobiografía) en el exilio. En una serie de novelas que empieza con *Barrio de las maravillas* describe la vida intelectual de España en la primera mitad del siglo XX. Tal vez su obra más ambiciosa es *La sinrazón*, que trata de un protagonista intelectual que quiere recobrar la inocencia juvenil. Está escrita como un monólogo interior durante los años 1918 y 1941. Chacel volvió a España, donde siguió escribiendo y gozando de una vigorosa vida intelectual hasta su muerte.

Dos catalanas de la posguerra: Rodoreda y Capmany

Uno de los escritores más importantes del siglo XX en España es la catalana Mercè Rodoreda (1908–1983). Al terminar la guerra se fue con un grupo de intelectuales catalanes a Francia y luego a Ginebra.° Volvió a Cataluña después de la muerte de Franco y allí murió. Aunque también escribió poesía y algunas obras dramáticas es conocida principalmente como novelista. Escribió muchas novelas en catalán, la mayoría de las cuales ha sido traducida al castellano y algunas al inglés. Sus cuentos, llenos de fantasía mezclada con toques de realismo social, se podrían comparar con algunas obras del boom* latinoamericano. Muchos de sus protagonistas son mujeres de diferentes edades y clases sociales. Aunque no fue una feminista declarada, su obra maestra, *La plaça del diamant,* trata profundamente de los obstáculos políticos y personales que confronta la mujer, protagonizada en esta novela por una mujer sencilla durante la Guerra Civil. También se ha hecho una película basada en esta gran novela.

Geneva (Switzerland)

En el fragmento a continuación, Rodoreda describe el proceso de crear una novela.

Una novela se hace con una gran cantidad de intuiciones, con cierta cantidad de imponderables, con agonías y con resurrecciones del alma, con exaltaciones, con desengaños, con reservas de memoria involuntaria... toda una alquimia.

Mercè Rodoreda, gran novelista catalana.
(Courtesy of Institut d'Estudis Catalans, Barcelona)

---

*Movimiento literario latinoamericano que tuvo lugar en la década de los sesenta.

Otra catalana de carrera larga y variada es Maria Aurèlia Capmany (1918–1991). No sufrió el exilio como tantos de sus compañeros, y por eso su vida y su obra funcionan como puente entre los vencedores y los vencidos. Siempre siguió escribiendo, incluso durante los períodos más represivos, aunque algunas de sus obras no se publicaron hasta mucho más tarde a causa de la censura franquista. Fue sumamente respetada por su voz crítica y por haber sido modelo intelectual y vital para tantas jóvenes escritoras. Escribió prolíficamente y cultivaba varios géneros: novela, ensayo y teatro. En una novela dedicada a Virginia Woolf, *Quim Quima*, creó una protagonista que cambiaba de mujer a hombre cuando las injusticias eran demasiado inaguantables. También le interesaba el género epistolar, cartas que ella coleccionaba de mujeres de muchos niveles sociales y edades que no sólo describían su situación sino que protestaban de ella. Y en *Carta abierta al macho ibérico* estudió el problema del patriarcado español y lo comparó con variantes del mismo fenómeno en otros países. Fue una de las pocas feministas declaradas de la época.

Otros escritores de la posguerra

Camilo José Cela

Después de la Guerra Civil, la censura oficial impuso limitaciones a la literatura. Pero a pesar de esta supresión, los novelistas españoles de entonces prefirieron tratar los temas más ásperos, turbulentos, deprimentes y violentos de la vida. A esta corriente de crudo realismo algunos lo han llamado *tremendismo*. En el fondo, es un reflejo del sórdido clima de angustia y miseria de los años de la posguerra.

Camilo José Cela (1916–2002) ocupa un lugar prominente entre esos escritores. Sus dos novelas *La familia de Pascual Duarte* y *La colmena*° *beehive* fueron los éxitos literarios más importantes de la España de la posguerra. En 1989 le concedieron el Premio Nóbel de literatura.

La colmena es una composición alternada de fragmentos de la vida de 346 personajes. Todos ellos son hombres y mujeres del deprimente Madrid de la posguerra. Como dijo el propio Cela: «No es otra cosa que un pálido reflejo, una humilde sombra de la cotidiana,° áspera, *everyday* entrañable° y dolorosa realidad». *intimate*

En la otra gran novela de Cela, *La familia de Pascual Duarte*, traducida a varios idiomas, el personaje central es un hombre amoral. Comete toda clase de crímenes. Hace siempre la justicia por su mano porque no puede dominar sus instintos de criminal. Pascual cree que sólo Dios sabe dónde está el bien y dónde está el mal. Cuando es condenado a muerte por sus crímenes, el sacerdote que oye su última confesión dice que Pascual es sólo «un manso cordero,° acorralado° y asustado por la vida». *manso… weak lamb; cornered*

***Camilo José Cela,
Premio Nóbel de
literatura 1989.***
(Raphael Gaillarde/Gamma
Liaison Network)

Carmen Martín Gaite

Especialista en la novela psicológica y el realismo social, Carmen
Martín Gaite (1925–2000) fue una escritora intelectual y meticulosa en
su estilo. Fue profesora, crítica y novelista. Muchos de los protagonistas
de sus novelas son mujeres. *El balneario,* por ejemplo, es un estudio de
una mujer que busca su identidad y razón de ser a través de espacios
exteriores como su vida cotidiana. Mientras tanto se va revelando su
vida interior. Otra obra que ha tenido mucho éxito es *El cuarto de atrás.*
La protagonista, quien se parece mucho a la autora, hace una entrevista
que dura una noche entera a un hombre misterioso vestido de negro.
Resulta que la protagonista está escribiendo el relato de la misma entrevista que le está haciendo al hombre «diabólico». Es una novela, si se
puede llamar así, de fantasía, una memoria de acontecimientos reales y
un magnífico ejemplo de «metaficción».

Juan Goytisolo

Juan Goytisolo (n. 1931), en sus más recientes novelas, adopta algunas de las tendencias estilísticas de la época: experimentación verbal,
variedad de perspectiva narrativa y una fuerte crítica de la España de los
años sesenta. Tanto *Señas de identidad* como *Reivindicación del Conde
don Julián* y *Juan sin tierra* son novelas experimentales. Los personajes son fenómenos culturales, símbolos de un acontecimiento o figuras

«Pinto, pinto, ¿qué pinto?, ¿con qué color y con qué letrita? Con la C. de mi nombre, tres cosas con la C., primero una casa, luego un cuarto y luego una cama». Carmen Martín Gaite ha escrito muchas novelas y obras de crítica literaria. Una de sus novelas más conocidas (de donde proviene la cita anterior) se titula **El cuarto de atrás.**

(1998 © Joan Costa/Cover)

históricas o mitológicas. En *Don Julián,* por ejemplo, Goytisolo recrea la figura histórica del Conde don Julián, que, según la leyenda, dejó a los moros invadir España. Es una novela llena de amor y de odio.

Otros autores que se inclinaron por el estilo de esta «nueva novela» son Luis Martín-Santos en *Tiempo de silencio;* Juan Benet, autor de *Volverás a Región,* y Juan Marsé, sobre todo en la novela *Si te dicen que caí,* aunque en su obra más conocida, *Últimas tardes con Teresa,* el estilo es más tradicional.

Preguntas

1. ¿Qué acontecimiento mundial ocurrió en 1898? ¿Cómo influyó en la producción literaria de los escritores de esa época? Menciona por lo menos tres ejemplos.

2. ¿Quiénes son los escritores más representativos de la Generación del 98? Explica sus tendencias literarias.

3. Haz una comparación entre la vida de Pío Baroja y la de Miguel de Unamuno. ¿Cómo se refleja la vida de ellos en sus obras?

4. ¿Cuáles son las características de la poesía de uno de los escritores de esta época, ganador del Premio Nóbel, Juan Ramón Jiménez?

5. ¿Quién es el poeta contemporáneo cuya fama ha alcanzado nivel internacional? ¿Cuáles son dos de sus obras más conocidas? ¿Cuáles son las características de su obra en general?

6. ¿Quiénes fueron tres de las escritoras importantes de la posguerra? Describe una de las obras más conocidas de una de ellas.

Temas de conversación e investigación

1. El año 1998 fue el centenario de la Generación del 98. En España se celebraron muchos homenajes a los escritores de este grupo. Busca en un periódico o revista hispánico un artículo en donde se hable de alguno de estos escritores. ¿Qué dice el artículo? ¿Crees que es positivo hacer este tipo de homenajes? ¿Por qué sí o por qué no?

2. ¿Qué significa para ti el concepto de Unamuno de la «fe dudosa»? Explica el concepto y ofrece un comentario sobre la posibilidad de la convergencia de estas dos ideas contradictorias: la fe y la duda.

3. El *Romancero gitano* de Federico García Lorca es una colección de narraciones poéticas, o sea, poemas que cuentan un relato. Busca una edición del *Romancero gitano* de García Lorca y lee uno de los romances. ¿Qué cuenta? ¿Cuáles son los acontecimientos del relato? Escribe en prosa tu propia versión del romance.

4. Mercè Rodoreda escribió exclusivamente en catalán. Sin embargo, se le considera una de las narradoras más ilustres de la Península Ibérica. ¿Qué dificultades crees que podría tener un escritor o una escritora al escribir en un idioma periférico? Busca otros ejemplos de escritores peninsulares que no escriben en castellano.

13

Arte y música del siglo XX

La pintura en el siglo XX

Después de Goya no hubo pintores españoles de primera categoría hasta que apareció el valenciano Joaquín Sorolla (1863–1923). Fue pintor del sol deslumbrante° de España. Los museos de los países donde el sol es escaso pedían cuadros a Sorolla diciéndole: «Mándenos un pedazo de sol de España». Su técnica es fácil, y consiste en pintar las cosas tal como se ven a primera vista. El museo de la Sociedad Hispánica de Nueva York posee la mejor colección de cuadros de Sorolla. Entre otros lienzos° hay un retrato de Juan Ramón Jiménez y trece monumentales cuadros llenos de sol y color que representan las regiones de España. Su antigua casa en Madrid es ahora un precioso museo.

    Ignacio Zuloaga (1870–1946), vasco, es un pintor más intelectual y menos impresionista. Estudió en los museos las obras de los pintores del pasado: El Greco, Velázquez, Goya. Pintó más de cuatrocientos cuadros cargados de los temas de la España dramática, fanática y romántica: curas y toreros, gitanos e inquisidores,° santos y chulas,° mendigos y bailarinas. La Sociedad Hispánica posee el retrato que le hizo a Unamuno.

dazzling

canvases

inquisitors; pretty girls

Las doncellas de Avignon *de Pablo Picasso.*

(The Museum of Modern Art, New York. Acquired through the Lillie P. Bliss Bequest; © 1999 Estate of Pablo Picasso ARS, NY)

Pablo Picasso

Junto con El Greco, Velázquez y Goya, Pablo Picasso (1881–1973) es uno de los grandes pintores españoles que ocupan un puesto importante en la pintura mundial. Con el pintor francés Georges Braque, Picasso es conocido como el padre del cubismo, y tuvo muchísimos discípulos.

Nació en Málaga. Su padre fue un humilde curador° de museos de arte, cosa que sin duda influyó en la formación del pintor. A los quince años Picasso se fue con su familia a Barcelona, y allí empezó a pintar en serio. Sus primeras obras se exhibieron en 1897. El joven Picasso participó en las actividades intelectuales de Barcelona y conoció a Antoni Gaudí, el arquitecto catalán de la catedral de la Sagrada Familia de Barcelona.

Parece que la tierra española inhibía a Picasso. El furor revolucionario e innovador que se manifiesta en la primera década del siglo lo inquietaba; tuvo que buscar otros horizontes. A los diecinueve años se fue al gran centro artístico mundial de entonces: París. Aunque muchos españoles quisieran negarlo, Picasso no habría sido Picasso sin las influencias parisienses. Esta metrópoli de la vanguardia bohemia le dio lo que necesitaba para cumplir su misión artística. En 1907 pintó la obra iniciadora del cubismo: *Las doncellas de Avignon.* (Avinyó es una calle de Barcelona.) En el cuadro se ve un grupo de jóvenes mujeres desnudas que miran serenamente hacia el pintor. Frente a ellas hay un racimo° de uvas y otras frutas dentro de lo que parece ser un sombrero. Pero estas figuras están violentamente distorsionadas; tres parecen caricaturas y las otras dos llevan máscaras. El cuadro está pintado con formas

curator

cluster

El guitarrista viejo capta el alma española, pues aunque Picasso vivió por muchos años en Francia, su inspiración le vino de España.

(Courtesy of the Art Institute of Chicago, Helen Birch Bartlett Collection; © 1999 Estate of Pablo Picasso/ARS, NY)

geométricas bien definidas: círculos, triángulos, rectángulos. Esta obra preparó el camino que siguió Picasso en los años posteriores.

La recepción de este cuadro en los medios artísticos parisienses fue muy variada. Al principio, pocos lo comprendían. Pero durante los años que precedieron a la Primera Guerra Mundial, e incluso durante la guerra, la fama de Picasso aumentó enormemente. Desde entonces, fue uno de los pintores más destacados de Europa.

Francia siempre fue para Picasso el lugar de su oficio, pero no se le puede considerar francés. Volvía a menudo a su tierra natal, manteniendo amistades y recorriendo los sitios conocidos de su infancia y adolescencia. Sólo un español podría haber pintado un cuadro tan típico del alma española como *El guitarrista viejo*. Se ve al pobre viejo con la cabeza inclinada hacia abajo, las manos elegantes y finas sobre las cuerdas de la guitarra española y una vaga expresión de éxtasis en el rostro. Parece que la guitarra forma parte de su cuerpo. A fin de cuentas,

La obra **Guernica** *representa el bombardeo nazi de esta ciudad vasca.*
(© 1999 Estate of Pablo Picasso/ARS, NY)

podría decirse que si París le dio a Picasso la técnica, España le dio la
inspiración y el alma.

La mejor muestra de su obra es el famoso cuadro *Guernica* que pintó
durante la Guerra Civil. El gobierno republicano de Madrid le comi-
sionó un óleo° para conmemorar la guerra. En un principio, Picasso no
sabía cómo crearlo pero después de enterarse de los bombardeos nazis
a la pequeña e indefensa ciudad vasca de Guernica, empezó a trabajar
frenéticamente. El resultado fue el cuadro que lleva el mismo nombre
de esa ciudad.

Es un cuadro asombroso y lleno de horror, que continúa la tradición
humanista y antibélica° de Goya. La primera impresión que da la obra
es de caos e irracionalidad. Los objetos y los seres humanos están espar-
cidos a lo largo del cuadro de una manera que desobedece a la lógica.
A la izquierda se encuentran un toro bravo mirando en varias direc-
ciones, una mujer con su hijo muerto y un soldado en el suelo, aga-
rrando° una espada. En el medio está el sol, dentro del cual hay una
bombilla° eléctrica; también hay un caballo que está a punto de caer.
Hacia la derecha, la cabeza de alguien mira por una ventana, con una
vela° en la mano para ver mejor el desastre. También se ve una casa
ardiendo° y una persona con los brazos en alto, en un gesto de temblor
y asombro. Casi todas las figuras humanas miran temerosamente hacia
arriba, lo cual sugiere la caída de las bombas. Cada detalle acentúa el
horror de la situación. La manera primitiva y simple en que están pintados los ojos, las manos y las llamas° da la impresión de que una fuerza

oil painting

antiwar

clutching
lightbulb

candle
burning

flames

inhumana (quizás la arbitrariedad, quizás la irracionalidad) se encarga de la ordenación.° *arrangement*

Después de su exposición en París en 1937, *Guernica* fue prestada al Museo de Arte Moderno en Nueva York, y allí quedó durante la época de Franco. Picasso no quiso que su obra estuviera en España mientras Franco permanecía en el poder. Después de la muerte del dictador se hicieron arreglos para llevar el cuadro al país que lo inspiró. En 1981, después de muchos debates y disputas, *Guernica* fue transportada al Museo del Prado en Madrid. Pero algunos españoles protestaron y siguen protestando porque creen que el verdadero hogar de *Guernica* no es Madrid sino la misma ciudad de Guernica, en Euskadi. Se ha propuesto que el famoso cuadro sea trasladado al nuevo Museo Guggenheim en Bilbao.

Después de la Segunda Guerra Mundial, Picasso fue considerado el pintor moderno más importante del mundo. Siguió residiendo en París, sin ir a España. Las relaciones entre el gobierno dictatorial de Franco y Picasso continuaron siendo antagónicas. Picasso no volvió, pero su tierra no dejó de inspirarlo. En 1957, pintó varias versiones de pinturas clásicas españolas: una del *Entierro del conde de Orgaz* y otra de *Las meninas*. No son imitaciones, ni mucho menos. Dan a las obras antiguas un carácter intensamente moderno.

Durante los últimos años de su vida, Picasso siguió pintando y viviendo con un espíritu tan enérgico como el que tenía en su juventud. A los noventa y dos años murió en Francia. Muchos pintores continúan hoy día la revolución artística que inició Picasso.

Pintores surrealistas:
Juan Gris, Salvador Dalí, Joan Miró, Remedios Varo

Además de Picasso, hay varios pintores de la misma generación que ocupan un lugar destacado en la pintura española. Juan Gris (1887–1927), pintor cubista, también desarrolló su carrera artística en París. Fue gran amigo de la escritora vanguardista norteamericana Gertrude Stein y, como tantos artistas parisienses de esa época, buscaba nuevos modos de percepción.

El movimiento surrealista empezó en Europa en esta misma época. Entre los surrealistas españoles figuran Salvador Dalí (1904–1989), autor del famoso cuadro titulado *La persistencia de la memoria*. Es una de las pinturas más típicas y famosas del surrealismo. Lo primero que sugiere este cuadro es una atmósfera de sueño e irrealidad. También se ve claramente la obsesión del creador de esta obra por el tiempo: los relojes, elementos artificiales, tienen características extrañas; parecen ser hechos de una sustancia blanda, casi líquida. ¿Qué significarán esos insectos y esa isla en el fondo?

Joan Miró pintó el cuadro Interior holandés *después de un viaje a Holanda en la década de los veinte.*

(The Museum of Modern Art, New York. Mrs. Simon Guggenheim Fund; © 1999 ARS, NY / ADAGP, Paris)

Fenómeno de ingravidez (weightlessness), *un cuadro de Remedios Varo (1908–1963), pintora surrealista. Tuvo que escaparse de España después de la Guerra Civil. Después de vivir dos años en París, se exilió de nuevo a México donde siguió pintando hasta su muerte.*

(Courtesy of Walter Gruen)

La persistencia de la memoria *de Salvador Dalí.*

(Collection, The Museum of Modern Art, New York, given anonymously.)

Joan Miró (1893–1983), pintor catalán de tendencia surrealista, pintaba con símbolos ricos en color que representaban conceptos de la naturaleza primitiva. Es el autor de *Interior holandés,* cuadro representativo de su obra. Las figuras podrían representar cualquier cosa; todo depende del significado que el espectador les quiera dar.

Remedios Varo (1908–1963) nació en Madrid pero se fue al exilio en México después de la Guerra Civil. En sus obras usa imágenes prestadas de la alquimia,° el misticismo, la ciencia y la magia.   *alchemy*

A los surrealistas les interesaba el mundo de los sueños, de la fantasía y del tiempo como frutos° de la psique humana. Es interesante que   *products*
todos estos pintores innovadores, incluyendo al gran maestro Picasso, hayan creado sus obras más famosas en tierras no españolas.

Arquitectura y escultura

Figura máxima de la arquitectura moderna y de fama mundial es el catalán Antoni Gaudí (1852–1926). Con imaginación fertil y genial, adaptó aspectos de toda la arquitectura tradicional para crear nuevas formas y estilos. Dejó monumentos de valor por todas partes de Barcelona, la ciudad en que vivió la mayor parte de su vida. Se le asocia con los movimientos artísticos más importantes de su época, el mo-
dernismo y el «noucentisme»°. Su obra más conocida es una catedral   *turn-of-the-century*
  Catalan modernism
neogótica, La Sagrada Familia, que aún está sin acabar.

Las esculturas macizas° de Eduardo Chillida (1924–2002) decoran   *solid*
muchos espacios públicos, sobre todo en su región natal, el País Vasco.

Modulación del espacio I (1963) *por el artista vasco* *Eduardo Chillida.*
(© ARS, NY. Tate Gallery, London/Art Resource, NY)

La música

El flamenco

L a música folklórica española, como la poesía popular de los romances,° es una de las más ricas y variadas del mundo. Ha sido transmitida de generación en generación hasta el presente por vía oral. En todas las provincias españolas los cantos y bailes regionales constituyen una expresión artística popular genuina.

    El *cante jondo* o *flamenco,* por ejemplo, es la música popular de Andalucía. Es de origen oriental, árabe y gitano. Consiste en una disonancia tan particular de la voz que desconcierta a quien no está acostumbrado a oírlo debido a la ausencia total de una melodía fácil. Hay diversos tipos de cante flamenco. Muchos de ellos varían según el lugar de donde provienen: granadinas de Granada, malagueñas de Málaga, sevillanas de Sevilla. Todos utilizan las manos y los pies como instrumentos de percusión.

ballads

Jovencitas españolas bailando sevillanas y los mayores animándolas.
(Robert Frerck/Woodfin Camp & Associates)

También el baile flamenco es apasionante; casi siempre va acompañado de la guitarra, las palmas,° los gritos y los «olés» de quienes lo presencian.° Hay más de sesenta formas diferentes de cante y baile flamenco. El cante es difícil de interpretar. El tono es optimista o pesimista, alegre o triste, como la vida. En ciertos aspectos, es muy parecido al jazz de Norteamérica y al tango de Argentina. Esta música andaluza, tan fascinante e inquietante,° ha inspirado a grandes poetas españoles, como Federico García Lorca.

i.e., clapping
attend, listen to, or watch

unsettling

Manuel de Falla

Manuel de Falla (1876–1946) nació en Cádiz y allí hizo sus primeros estudios musicales. Es el primer compositor español del siglo XX. Albéniz y Granados crearon música especialmente para piano; Falla, para orquesta. Se inspiró en la música popular de Andalucía, sobre todo de Granada. Trabajó de una manera concienzuda y disciplinada, sin concesiones a lo fácil y superficial. Siguiendo el consejo de su maestro Pedrell, el ideal de Falla era purificar la esencia de la música andaluza. Al principio compuso un par de zarzuelas que fracasaron, pero en 1904 alcanzó un gran éxito con su ópera *La vida breve*, de fondo° andaluz.

essence

En 1907, se fue a París con intención de pasar allí siete días, pero se quedó siete años, en compañía de Maurice Ravel, Debussy y Albéniz. En París compuso sus «impresiones sinfónicas» *Noches en los jardines de España*, una evocación de la fragancia de Granada y de su arte gitano. En 1915, en España, compuso el ballet gitano *El amor brujo* para

***Esta estatua de la elegante
«Dama de les paraigues» está en
el parque de la Ciutadella en
Barcelona.***
(Institut Amatller D'Art Hispanis)

la cantaora y bailaora° gitana Pastora Imperio. Una de las piezas, *Danza ritual del fuego,* tuvo un éxito extraordinario en todo el mundo.

La *Fantasía bética* para piano está dedicada al pianista Arturo Rubinstein, quien la introdujo en los Estados Unidos. En 1928, Falla empezó su principal esfuerzo creativo con la sinfonía *La Atlántida,* basada en un poema épico del poeta catalán Jacint Verdaguer. Cuando Falla murió en la Argentina en 1946, esta obra estaba casi terminada. En 1962, fue finalmente estrenada en el Gran Teatro del Liceo de Barcelona. Tuvo un éxito tan grande que constituyó un acontecimiento musical en toda Europa.

cantaora... cantante y bailadora *(Andalusian forms)*

Joaquím Rodrigo

El valenciano Joaquím Rodrigo (1902–1999) regresó a España después de la Guerra Civil. Estrenó su famoso *Concierto de Aranjuez* en 1940 con gran éxito. El uso de la guitarra armonizando con los tradicionales instrumentos musicales de orquesta dan a su música un sabor español sin folklorismo. Rodrigo fue ciego, pero esto no le impidió componer música de todos tipos. También escribió canciones populares castellanas y catalanas. En 1996, el maestro Rodrigo fue galardonado° con el prestigioso premio Príncipe de Asturias «por dignificar la guitarra como instrumento».

honored

Los virtuosos españoles

Andrés Segovia (1894–1987) y Carlos Montoya (1903–1993) son los mejores guitarristas de música clásica. La guitarra en sus manos parece una orquesta sinfónica. El catalán Pau Casals (1876–1974) fue el mejor violoncelista del mundo, un verdadero prodigio. Desde que terminó la Guerra Civil española, Casals vivió retirado en un pueblecito de Francia, frente a la frontera española. En 1958, fijó su residencia en Puerto Rico, donde dirigió grandes festivales musicales de carácter internacional. Casals se negó, por motivos políticos, a tocar en público, fuera de su retiro, hasta que cesara el gobierno del general Franco en España. En 1962, como una excepción a su postura política, dio un concierto en la Casa Blanca de Washington en honor del presidente Kennedy. Desgraciadamente, Casals no sobrevivió a Franco; no vio la nueva democracia española.

Andrés Segovia desempeñó un papel muy importante en el restablecimiento de la guitarra como instrumento de concierto en el siglo XX. Hizo 150 transcripciones de obras escritas originalmente para la vihuela (type of early guitar) o el clavicordio, añadiéndolas al repertorio de la guitarra.
(UPI / Corbis)

***Pau Casals,
violoncelista catalán,
vivió en el extranjero
después de la Guerra
Civil.***
(Institut Amatller D'Art
Hispanis)

Preguntas

1. ¿Por qué es tan importante Pablo Picasso en el mundo del arte del siglo XX? Explica.

2. ¿En qué consiste el arte surrealista? ¿Qué temas se representan? Contesta dando ejemplos de obras de arte específicas.

3. ¿Cuáles son los orígenes de la música flamenca?

4. Explica la importancia del compositor Manuel de Falla y describe una de sus composiciones más famosas.

Temas de conversación e investigación

1. Describe en detalle el famoso cuadro de Picasso sobre la Guerra Civil, *Guernica* (*Gernika* en euskera). ¿Qué comunica el artista? ¿Cómo lo comunica?

2. Busca una foto de la catedral barcelonesa de la Sagrada Familia. Describe el edificio. ¿En qué consiste su originalidad? Escribe un comentario sobre la estética religiosa de este edificio.

3. Busca un cassette o un CD de la obra de un músico español del siglo XX —Granados, Rodrigo, de Falla, Segovia, Casals u otro— o una canción flamenca. Describe la pieza musical. ¿Qué comunica y de qué manera lo hace?

Source and Supplementary Materials

IV. Siglo XX

Printed Materials

ALVAREZ JUNCO, JOSÉ. *La ideología política del anarquismo español 1868–1910.* Madrid, 2nd. ed.: Siglo XXI, 1991.

BAREA, ARTURO. *The Forging of a Rebel.* (Trans. Ilsa Barea.) New York: Reynal and Hitchcock, 1946. The English version of this novel about the Spanish Civil War and exile was published before the Spanish version.

BOTTI, ALFONSO. *Cielo y dinero: el nacionalcatolicismo en España (1881–1975).* Madrid: Alianza, 1993. A historical-economic appraisal of the connections between nationalism and Catholicism.

BRENAN, GERALD. *The Spanish Labyrinth.* Cambridge: Cambridge University Press, 1962. An insightful discussion, by the famous British hispanophile, of the politics and history that led to the war.

DENT COAD, E. *Spanish Design and Architecture.* New York: Rizzoli, 1990.

GIBSON, IAN. *Federico García Lorca: A Life.* London: Faber, 1989.

The Shameful Life of Salvador Dalí. New York: W.W. Norton, 1998.

JACKSON, GABRIEL. *The Spanish Republic and the Civil War.* Princeton, NJ: Princeton University Press, 1965. A thorough account of the Second Republic and the Spanish Civil War.

JORDAN, B. *Writing and Politics in Franco's Spain.* London: Routledge, 1990.

KAPLAN, JANET. *Unexpected Journeys: The Art and Life of Remedios Varo.* New York: Abbeville, 1988.

KAPLAN, TEMMA. *Red City, Blue Period: Social Movements in Picasso's Barcelona.* Berkeley: University of California Press, 1992. An informative and unique rendition of Barcelona's history in the twentieth century, with interesting discussions of women.

MANTEIGA, ROBERTO, GALERSTEIN, CAROLYN and MCNERNEY, KATHLEEN. *Feminine Concerns in Contemporary Spanish Women Writers.* Potomac, MD: Scripta Humanistica, 1988.

MARCO, TOMÁS. *Spanish Music in the Twentieth Century.* Cambridge, MA: Harvard University Press, 1993.

MARTÍN GAITE, CARMEN. *Usos amorosos de la postguerra española.* Barcelona: Anagrama, 1994. Memoirs of Martín Gaite's youth.

MONTEATH, PETER. *The Spanish Civil War in Literature, Film, and Art: An International Bibliography of Secondary Literature.* London: Greenwood, 1994.

O'BRIAN, PATRICK. *Pablo Ruiz Picasso: A Biography.* New York: Putnam, 1976.

ORWELL, GEORGE. *Homage to Catalonia.* New York: Harcourt, Brace and World, 1952. An eyewitness account of the International Brigades and the political complexity of the Civil War, with special attention to Barcelona, where Orwell was sent as a participant in the antifascist battle.

RODOREDA, MERCÈ. *The Time of the Doves.* (Trans. David Rosenthal.) New York: Taplinger, 1983. English version of *La plaça del diamant*, set against the background of the Spanish Civil War.

SALAÜN, S. and SERRANO, C., ed. *1900 en España.* Madrid, 1990. Essays on the performing arts, publishing, education, and town planning at the turn of the century.

TISA, JOHN. *The Palette and the Flame.* New York: International Publishers, 1979. Posters from the Spanish Civil War.

UGARTE, MICHAEL. *Madrid 1900.* College Station: Penn State University Press, 1996. A discussion of Baroja, Carmen de Burgos, Gómez de la Serna, Valle-Inclán, and Azorín and their relationship to Madrid culture.

WOOLF, VIRGINIA and WOOLF, LEONARD. *The Spanish Constitution of 1931.* London: Hogarth, 1933. Virginia Woolf was intensely interested in the political developments in Spain in the 1930s, as were many European intellectuals.

ZAVALA, I. M. *Colonialism and Culture: Hispanic Modernism and the Social Imaginary.* Bloomington, IN: Indiana University Press, 1992.

Audiovisual Materials

El amor brujo. Music by Manuel de Falla. RCA Gold Seal, 1981. There is a film version by Carlos Saura, a Flamenco ballet with Antonio Gades as lead. There is a soundtrack of the film (available on cassette), Angel, 4DS-38338.

¡Ay Carmela!, HBO Prestige, 1991, a film by Carlos Saura, represents a travelling theatrical group that falls in the hands of the Fascist Italian Army during the war. Available at the Instituto Cervantes, 122 E. 42nd St., New York, NY 10168; tel. 212-689-4232, fax 212-545-8837.

Bodas de sangre. Ballet version of Lorca's play, on film; directed by Carlos Saura. (Available on video.)

Concierto de Aranjuez. Music by Joaquím Rodrigo. (Available on tape, RCA ALK 1-9535.)

De toda la vida (All our Lives). Video interviews of several women leaders of the anarchist movement.

"Música clásica de España, I & II" EMI Classics, CMS 7 64241 2 and CMS 7 64467 2, contain the work of many of the composers mentioned in this chapter.

Nights in the Gardens of Spain. Music by Manuel de Falla. RCA Red Seal, 1960.

La plaza del diamante. Film version of Rodoreda novel. (Available on video.)

Viaje a la luna. Film by Federico García Lorca.

V

Presente y futuro

El Museo Guggenheim Bilbao, España
© Jacques Pavlovsky/Corbis Sygma

14

Del franquismo a la democracia

For more information please go to *Unidad V* of the video to accompany *España y su civilización*.

Cronología

1955–presente	El «boom» turístico
1959	Comienzos de la organización ETA
1968	El príncipe Juan Carlos de Borbón es nombrado sucesor de Franco
1968–1975	Huelgas estudiantiles y revueltas
1973	Asesinato de Luis Carrero Blanco
1975	Muerte de Francisco Franco
1977	Elecciones; Adolfo Suárez es elegido primer presidente de la España posfranquista; Nueva constitución
1978	Referéndum aprobando la nueva constitución
1981	«Golpazo»
1982	Felipe González y el PSOE ganan las elecciones

1986	España entra en la CEE y la OTAN
1992	Barcelona hospeda los Juegos Olímpicos
1996, 2000	José María Aznar (Partido Popular) gana las elecciones

El «boom» turístico

Aproximadamente diez años después de la Guerra Civil, el gobierno de Franco se dio cuenta de que la depresión económica causada por el programa fascista de autosuficiencia no podía continuar. Franco vio la necesidad de abrir las puertas a una iniciativa de fomentar relaciones económicas con otros países. No sólo se intentó atraer la inversión de capital extranjero, sino también el turismo. El turismo fue la salvación del país; se le llegó a llamar «el milagro económico». «España es diferente», era el lema comercial de los funcionarios franquistas para atraer a turistas y empresarios. El Opus Dei, una organización católica y derechista, participó activamente en los nuevos programas tecnológicos y económicos.

Sin embargo, aún existían problemas. Muchos obreros españoles se vieron obligados a marcharse de España en busca de empleo y mejores condiciones de trabajo. Estos emigrados (en su mayoría extremeños y andaluces) mandaban parte de su sueldo a sus familias participando así en la recuperación económica del país. A partir de 1955, el nivel de vida española mejoró notablemente. Pero España logró sus avances económicos casi exclusivamente con capital extranjero.

Durante los años 50 y 60, España no se liberó de leyes ni de medidas autoritarias. De la censura severa de los años cuarenta se pasó a la autocensura° bajo el nuevo Ministerio de Información y Turismo dirigido por Manuel Fraga Iribarne. Este tipo de censura exigía que los directores de periódicos y editoriales y autores de obras creativas publicasen sus respectivas obras con «discreción», sin ofender lo que ellos clasificaban como sensibilidades públicas. Pero en muchos casos la autocensura fue más severa que en los años previos y hubo represalias contra personas e instituciones que habían publicado obras o ideas contra el gobierno, la iglesia o las fuerzas armadas. *self-censorship*

Poco antes de la muerte de Franco, en cambio, la censura y la autocensura casi habían desaparecido. La muerte del dictador se esperaba, y a pesar de la continuación del régimen que se había prescrito,° el cambio hacia la democracia se veía como algo necesario. *st… had been prescribed*

Los últimos años de Franco

En los años setenta las protestas contra el régimen de Franco aumentaron y, en consecuencia, a medida que el generalísimo envejecía, también decaía el régimen. Las acciones antifranquistas fueron particularmente severas en Euskadi, donde el deseo de conservar la identidad y la lengua vascas a pesar de la represión dictatorial siguió con el respaldo de la mayoría de la población vasca. Desde los años sesenta la organización ETA (Euskadi Ta Askatasuna: *Tierra y Libertad Vascas*) había luchado violentamente contra Franco por medio de acciones ilegales: secuestros, atracos, asesinatos y asaltos a instalaciones de la Guardia Civil. El gobierno franquista respondió con detenciones, ejecuciones y una fuerte vigilancia policial en todo Euskadi.

En 1973 una facción de ETA asesinó al primer ministro, el almirante Luis Carrero Blanco, conocido por su ideología ultranacionalista. Aunque Franco había nombrado en 1969 al entonces príncipe Juan Carlos de Borbón como sucesor a su régimen, dio a entender que el jefe de estado activo sería el almirante. Los españoles llamaban a Carrero Blanco «el Ogro» por su seriedad y piedad católica. Los etarras°   militantes de ETA
pusieron una bomba en un túnel que habían construido debajo de una calle de Madrid y, cuando pasó el coche de Carrero Blanco, estalló la dinamita. Murieron instantáneamente el Ogro y el chófer del coche. Este acto fue un desafío a la estabilidad del orden dictatorial; los responsables nunca se encontraron. Faltaba poco para la muerte de Franco y el final de la larga dictadura. Sin embargo, después de la dictadura, ETA siguió cometiendo actos de violencia.

Protesta de estudiantes en contra de la violencia de ETA.
(Copyright *El País/Charo Valenzuela*)

***Rueda de prensa
de representantes
de ETA.***

(Copyright *El País/Alfredo
García Francés*)

La transición

A l morir Franco el 20 de noviembre de 1975, después de una pro-
longada enfermedad, el pueblo español estaba ansioso por la
democracia. Como el dictador ya había declarado que España
volvería a ser una monarquía, muchos españoles estaban sospechosos de los motivos y preocupados por la posibilidad del retorno de la
violencia de la Guerra Civil. Pero el nuevo rey, Juan Carlos I de Borbón,
nieto de Alfonso XIII, abrió el camino a la democracia. Nombró a
Adolfo Suárez como primer ministro y éste se dedicó a organizar las
primeras elecciones que tendría España desde 1936. Se liberaron
muchos presos políticos, se legalizó la bandera vasca y, en septiembre
de 1976, el pueblo catalán celebró su fiesta nacional, cosa que se había
prohibido durante la época de Franco. Al año siguiente se legalizó el
Partido Comunista Español, también prohibido bajo la dictadura. Las
elecciones de 1977 representaban un paso a la estabilización de la
democracia más perdurable° de toda la historia de España. Fue un
momento optimista, una afirmación de la libertad y una denuncia contra
la opresión. Votó más del 80 por ciento del electorado.

°long-lasting, durable

En estas elecciones se establecieron las tendencias políticas más
dominantes entre los españoles. La derecha estaba compuesta de
antiguos franquistas y afirmadores de ventajas y logros del régimen dictatorial anterior. El líder de este partido, que entonces se llamaba

Durante las elecciones de 1977, los españoles esperaban optimistamente los beneficios de la nueva sociedad.
(UPI/Corbis)

Alianza Popular (ahora Partido Popular, encabezado por José María Aznar), era Manuel Fraga Iribarne. El candidato del centro político, el entonces UCD (Unión Centro Democrático) era Adolfo Suárez. El UCD ganó las elecciones y Adolfo Suárez llegó a ser el primer presidente del nuevo estado español. El tercer grupo, el PSOE (Partido Socialista Obrero Español), dirigido por Felipe González, ganó entonces el 28 por ciento del voto. Pero en las elecciones que siguieron, celebradas en 1982, el PSOE ganó con una mayoría absoluta. Felipe González fue el primer ministro y presidente de 1982 a 1996.

Después de las elecciones de 1977, los nuevos diputados de las Cortes (el parlamento español) empezaron a discutir los detalles de la nueva Constitución. El resultado fue una Constitución concebida, escrita y aceptada por las Cortes. En 1978 fue aprobada por el pueblo español en un referéndum.

Suárez trató de resolver los problemas de las nacionalidades; negoció con los líderes vascos un plan de autonomía que incluyera la libertad de Euskadi para formar su propio parlamento, policía y sistema jurídico. Este plan se aprobó en otro referéndum, en octubre de 1979. Sin embargo, ETA lo veía como un intento deshonesto del gobierno para colonizar Euskadi. En los años siguientes, Suárez y la UCD fueron atacados por todos los demás partidos políticos hasta que, en el invierno de 1981, Suárez dimitió.°   *resigned*

En 1984 el gobierno aprobó una ley antiterrorista que, según algunos, debilita los mismos principios democráticos que inspiraron la constitución. Por ejemplo, la policía puede detener a un sospechoso de un delito «terrorista» e interrogarlo sin acusarlo de ningún crimen. La ambigüedad y torpeza del gobierno frente a los problemas que siguen sin resolver en las comunidades autónomas, unidas a la continuación de los actos violentos de ETA, amenazan la estabilidad del país.

La Constitución de 1977

La Constitución que se escribió en 1977 y que se aprobó en un referéndum a finales de 1978, estableció la democracia como una institución permanente. Afirmó que España se basa en un estado de derecho° y que el gobierno es una monarquía parlamentaria. Se puntualizaron los derechos del rey, los del primer ministro y los de las Cortes. También se estableció la separación de la iglesia y el estado, afirmando que España no tendría una religión oficial. Sí se estableció, en cambio, la unidad de España como «patria común e indivisible de todos los españoles», aunque también se reconocieron las diferencias entre «las nacionalidades y regiones que la integran y la solidaridad° entre todas ellas» (Artículo 2). Según esta constitución que sigue en vigencia hoy día, el rey es el «símbolo de… unidad y permanencia» (Artículo 56) y el jefe supremo de las fuerzas armadas, pero fuera de esto, no goza de importante poder administrativo. Sólo puede nombrar al primer ministro después de que éste haya sido confirmado por las Cortes. Las Cortes se componen de dos cámaras: un Congreso de Diputados, cuyos miembros son elegidos por sufragio universal, y un Senado formado por cuatro representantes de cada provincia.

Sin embargo, debido a la situación delicada en que se encontraba España inmediatamente después del régimen de Franco, ciertos problemas políticos e históricos no se pudieron resolver. Los que escribieron la Constitución optaron por el pluralismo e intentaron incorporar las ideologías de todos los partidos e intereses en cuestión. De esta actitud surgió cierta ambigüedad e ineficacia,° particularmente en lo que se relaciona con las regiones y autonomías. Las características propias de las «comunidades», histórica y lingüísticamente distinguibles (Galicia, Euskadi y Cataluña), no se reconocieron de una manera satisfactoria para muchos de los ciudadanos de estas zonas, particularmente para los vascos. El Partido Nacionalista Vasco, por ejemplo, no apoyó la Constitución en las Cortes.

Estado… nation of laws

cooperation

inefficiency

El «golpazo»

L a amenaza más severa a la democracia española no fue causada por ETA ni por ningún acto independentista. En febrero de 1981, casi inmediatamente después de la dimisión° de Suárez, se intentó dar un golpe° militar, el llamado «golpazo». Fue una maniobra° bien planeada que tuvo consecuencias en varios lugares del país. Un teniente coronel de la Guardia Civil, Antonio Tejero Molina, entró en el Congreso de Diputados con 150 guardias armados con ametralladoras° y fusiles.° Tomaron preso al Congreso entero. En Valencia, en conjunción con el acto de Tejero, el capitán Jaime Milans del Bosch había entrado en la ciudad con tanques dispuesto° a tomar el poder. Pero estos dos individuos no fueron los únicos responsables del golpe de estado. Unos treinta jefes oficiales tenían conocimiento del plan. Todos ellos se quedaron en sus respectivas guarniciones militares en espera de una declaración del rey. Pero el rey Juan Carlos I permaneció fiel a la constitución, señalando la deshonra política y moral de los militares. En vista de tal posición del trono, los militares se rindieron y fueron detenidos en nombre del orden legítimo de la democracia.

Después de este episodio se probó que la democracia española era algo seguro y duradero.° La ideología expresada por el golpe era de una época ya terminada en la historia de la Península Ibérica.

resignation

coup

manuever

machine guns/rifles

prepared

lasting

El teniente coronel Antonio Tejero Molina, con 150 hombres, entró en el recinto (area, meeting room) del Congreso de Diputados con la intención de abolir la democracia. Pero al «golpazo» no le faltaron aspectos cómicos. Nadie hizo caso de Tejero y éste tuvo que disparar la pistola dos o tres veces para que los diputados le prestaran atención.
(UPI/Corbis)

Las autonomías y el problema de los nacionalismos

Como se explicó en la Introducción a este libro, España es un país con naciones o nacionalidades dentro del estado nacional. En este aspecto España no es diferente a muchos otros países como se ha visto después de la caída de la Unión Soviética. Después de la muerte de Franco las regiones o nacionalidades que más se vieron oprimidas política y culturalmente por el franquismo pidieron que se reconociera sus diferencias. La resolución fue la división del país en una nueva entidad° geográfica y gubernamental: la comunidad autónoma (véase la Introducción «Las comunidades autónomas», pág. 9). La transición a la democracia creó un ambiente político en el cual se dio a cada ciudadano la posibilidad de expresar con el voto su nacionalismo local y regional. En casi todas las regiones hay un partido nacionalista cuya plataforma es promover y proteger los intereses de sus respectivas zonas geográficas creando así un sentido de unidad cultural y nacional en tales zonas. Los partidos nacionalistas más poderosos y conflictivos frente al estado nacional español son el Partido Nacionalista Vasco (PNV) y Convergència i Unió de Cataluña (CiU). Por ejemplo, Jordi Pujol, líder de CiU, ha sido uno de los políticos de la segunda mitad del siglo XX más influyentes, no sólo de Cataluña, sino de toda España.

entity

Una minoría de los ciudadanos de estas áreas, particularmente en Euskadi, quiere la independencia total. La violencia nacionalista (o *abertzale,* en euskera) del grupo armado independentista, ETA, tiene difícil resolución sin la cooperación del PNV. Este problema sigue siendo uno de los más graves de España. La violencia independentista vasca siguió después de la transición y ha continuado hasta hoy día. A la mayoría de los vascos le repugna la muerte de gente inocente a manos de ETA, pero tampoco quiere las medidas de represión contra el pueblo vasco, medidas que han tomado todos los gobiernos españoles posteriores a la dictadura, aunque no tan severas como las de Franco.

La presidencia de Felipe González

En 1982, Felipe González, el líder del Partido Socialista Obrero Español (PSOE), ganó las elecciones con el 47 por ciento del voto. Es el porcentaje° más alto que haya ganado cualquier otro partido político desde la muerte de Franco.

percentage

Después del liderazgo de Suárez y el fracaso del golpe derechista, el pueblo español estaba preparado y animado para el «cambio», palabra que se usaba en los medios de comunicación para enfatizar las reformas que se planeaban y la ilusión que tales reformas creaban en mucha gente joven. Para los dirigentes del PSOE el socialismo no era el socialismo de Karl Marx ni el del propio fundador del partido socialista en el siglo XIX, Pablo Iglesias (véase pág. 136). Era más bien la socialdemocracia, una versión española de los gobiernos liberales del resto de Europa: los que proveen ayuda financiera para las necesidades básicas como la sanidad, la educación y pensiones para los ciudadanos jubilados, es decir, el «estado del bienestar»° europeo.

«estado... *"Welfare State"*

González llegó a la presidencia con el voto de la juventud y con un plan de crear 800.000 nuevos puestos de trabajo para resolver el grave problema del desempleo. Pero pronto se vio que tal promesa era difícil de cumplir en vista de la debilidad de la economía española en comparación con la de otros países europeos. El nivel de desempleo subió en los años iniciales del gobierno de González, del 16 por ciento en 1982 al 22 por ciento en 1986. En vista de tales problemas, González optó por la modernización y la atracción de inversiones extranjeras.

En 1986 España, encabezada por el PSOE, entró en dos organizaciones internacionales, las cuales no habían formado parte de la política exterior española durante el franquismo: la Comunidad Económica Europea (CEE) y la Organización del Tratado del Atlántico Norte (OTAN), la organización militar establecida para la defensa de los países capitalistas contra los soviéticos. La entrada de España en la CEE resultó en un incremento en los ingresos de la economía debido a nuevos mercados para productos españoles y a la inversión de capital de empresas europeas en la economía española. Pero también hubo problemas para el ciudadano español medio. Los precios de productos de consumo seguían subiendo y el desempleo seguía alto. Un español afirmaba que el paro (o desempleo) era la gran empresa nacional de Felipe González.

También se percibía una gran contradicción en la afirmación de González de que, para modernizarse, España tenía que entrar en la OTAN. Según los altos miembros del PSOE, habría que estar al nivel de los gobiernos europeos. Para muchos de los jóvenes que habían participado en el proceso de «cambio» progresivo —jóvenes con tendencias antinorteamericanas y antimilitaristas— el giro del PSOE hacia la llamada modernización era una traición y causó en ellos un desencanto con el gobierno. Para otros, en cambio, los avances económicos que ocurrieron entre 1986 y 1991 ofrecían oportunidades económicas y se convirtieron en «yuppies». Hoy día estos nuevos españoles miran con optimismo la unión político-económica de Europa.

En cierta medida, Felipe González y la recreación del PSOE marcan el final definitivo de la transición y del llamado «cambio». «Ahora somos europeos», decían muchos militantes del PSOE cuando España entró en la CEE. Pero muchos no tomaron en cuenta que la integración definitiva de España en una Europa unida iba a traer problemas.

Preguntas

1. Describe los resultados económicos del «boom» turístico. ¿Por qué no quería Franco ninguna intervención extranjera en el país antes de los años cincuenta?

2. Explica las causas y consecuencias de la censura en los años cuarenta y cincuenta en España.

3. Resume las razones por el establecimiento de la organización ETA y describe algunas de las consecuencias de sus acciones. ¿Cuáles han sido algunos de sus actos más notorios? ¿Cuáles son los problemas que ha causado esta organización? ¿Cómo ha respondido el gobierno?

4. En la Constitución de 1978, ¿cuáles son los principios de gobierno más importantes? ¿Por qué?

5. Describe el «golpazo» del 23 de febrero de 1981.

6. Describe el gobierno de Felipe González y el PSOE de 1982 a 1996. ¿Por qué fue un presidente tan popular en los años 80?

Temas de conversación e investigación

1. Busca información sobre la transición española de la dictadura a la democracia. ¿Crees que este fenómeno hace al pueblo español digno de admiración? ¿Quiénes fueron los que no estaban conformes con los resultados de la transición? ¿Por qué?

2. Busca el texto de la Constitución española de 1977 en la página web: www.congreso.es/funciones/constitucion/indice.htm. ¿Cuáles son los artículos más importantes? ¿Y los más interesantes? ¿Crees que tienen algunas similitudes con la Consitución de EE.UU?

3. ¿Crees que en EE.UU es posible un «golpazo» como el que ocurrió en España en 1981?

4. ¿Qué quiere decir «cambio» en el contexto de la política española de la presidencia de Felipe González? ¿Ves algún fenómeno parecido en la reciente historia de EE.UU? Por ejemplo, ¿ves algún cambio en los valores, la dirección, las ideas, en los primeros años de la presidencia de Bill Clinton? El «cambio» español resultó en pocos cambios y desilusión. ¿Ves algo parecido en este país o no?

5. ¿Cómo defines la palabra «terrorista»? ¿De qué factores históricos y culturales depende la definición? ¿Se podría llamar «terroristas» a los revolucionarios anticolonialistas norteamericanos de 1776? ¿O crees que son situaciones completamente diferentes?

15

La política actual

Cronología

1983–1987	Acciones de los Grupos Antiterroristas de Liberación (GAL)
1998	Juicios contra los oficiales gubernamentales acusados y condenados por participar en los GAL
2000	Victoria del PP en las elecciones generales
2000	Motines en El Ejido
2003	Aznar apoya a EE.UU en la guerra contra Irak
2004	Terrorismo internacional en Madrid; gana el PSOE

España ha entrado definitivamente en la política y economía europeas. Es un momento crucial en la historia de las dos entidades. Europa es cada día más grande y poderosa en su proceso de unificación del continente incluyendo a los países de la Europa oriental.° Asimismo, España es cada día económicamente más dominante en el mundo, particularmente en Latinoamérica. En

Europa… *eastern Europe*

cambio, la identidad española sigue siendo tan fuerte como en los años anteriores. La identificación con lo que se llamaba la «patria chica», la comunidad local, es quizás más intenso hoy que en el pasado.

El ocaso del PSOE

Los fracasos más significativos del partido socialista no sólo tenían que ver con la economía. Con una marcada mayoría en las Cortes, el PSOE pudo controlar todos los aspectos de la política española, aunque no sin favoritismo a los que apoyaban a su partido. Hubo varios escándalos de corrupción. Noticias del caso RUMASA, una empresa bancaria° nacionalizada por el gobierno, aparecieron con frecuencia en los periódicos como consecuencia de la nacionalización. Se arguía que algunos altos funcionarios del PSOE se habían beneficiado de los bienes de la empresa. En otro caso, el vicepresidente Alfonso Guerra fue acusado de haberse aprovechado de° su poder para facilitar los negocios ilegales de su hermano.

Otro caso importante fue el de los Grupos Antiterroristas de Liberación (GAL). Enfrentándose con el problema del terrorismo, según las declaraciones de algunos policías, el gobierno empezó a actuar de una manera antidemocrática involucrándose° en actividades parecidas a las de ETA: atracos, asesinatos y secuestros de supuestos miembros de ETA. Se había creído que los GAL estaban formados por ciudadanos independientes que querían atacar a los terroristas usando los mismos medios. Pero se descubrió una conexión entre algunos funcionarios del PSOE, incluyendo al entonces Ministro del Interior José Barrionuevo. Este grave escándalo cuestiona fundamentalmente los principios democráticos que dieron a la nueva España posfranquista su razón de ser.

empresa... holding company

aprovechado... taken advantage of

involving itself

La ascendencia del Partido Popular

Con tantos problemas políticos y económicos que no pudieron resolver el PSOE y Felipe González, el Partido Popular, encabezado por el conservador José María Aznar, ganó por muy pocos votos las elecciones generales de 1996. Y otra vez en 2000 ganó decisivamente con el 44 por ciento de votos del electorado, mientras que el PSOE sólo obtuvo el 34 por ciento. Las razones por tales triunfos del PP son complicadas, pero quizás la más notable es la disminución del desempleo, si no se tiene en cuenta que muchos nuevos puestos de trabajo son temporales.

Otra indicación del cambio de opinión pública es que un creciente° *growing* sector del electorado español expresa confianza en la política económica del llamado neoliberalismo o sea la privatización de los servicios, como la sanidad y el transporte público. Dichos servicios en Europa se han considerado tradicionalmente como dominio del gobierno. Pero hay algunos que creen que el gobierno no los administra de manera eficaz.

El debate político y social de hoy día, tanto en España como en el resto de Europa, se basa en la medida en que se debe proteger el llamado «estado de bienestar».° Hoy día todo ciudadano español puede Estado... *welfare state* recibir servicios médicos gratuitos (o casi gratuitos) porque el estado los paga. Las pensiones de los jubilados también son administradas y pagadas por el gobierno y suelen ser significativamente más altas que las de EE.UU. Además, según la constitución de 1977 cada ciudadano español tiene el derecho a una vacación pagada y a servicios médicos. La enseñanza universitaria es casi gratuita, en comparación con las matrículas° de las universidades norteamericanas. *tuition costs*

En cambio, ¿cómo se podrá mantener estos beneficios? Según algunos economistas la baja tasa de nacimiento° en España dificultará baja... *low birth rate* la continuación del «estado de bienestar» debido a la disminución del presupuesto nacional. Por eso creen muchos que los impuestos tendrán que subir. El PP cree que la solución se encuentra en la privatización de tales servicios. Los impuestos españoles, como los de todas las naciones europeas, son altos en comparación con los de EE.UU. Y el desempleo° también es más alto. El futuro económico de España es *unemployment* incierto y sumamente problemático.

La Unión Europea (EU) y el euro

Espana ha querido formar parte de la Unión Europea desde hace tiempo, pero le ha sido difícil. Después de su entrada en la Comunidad Económica Europea en 1986, la integración de España en la sociedad y política europeas ha sido cada día más aparente. La idea de unidad entre los muchos países europeos en la Unión Europea se convirtió en una realidad con el Tratado° de Maas- *Treaty* tricht en 1993. Desde entonces los planes económicos y políticos de Maastricht han sido puestos en vigencia. En el año 2000 se ha establecido una nueva moneda, el euro, en sustitución de la peseta. El euro es la moneda° oficial de la mayoría de los países europeos. Además, todo *currency* ciudadano español es ciudadano europeo. Esto le permite viajar por Europa sin pasaporte.

Tanto el PSOE como el PP han adoptado una política a favor de tal integración. Formar parte de la UE significa la obligada cooperación en los asuntos de seguridad y economía, particularmente en las restricciones económicas. España ha desempeñado un papel° importante en esa realización.

desempeñado... *played a role*

Pero las ventajas y las desventajas de formar parte de la UE han sido temas de abundante discusión. Mientras que algunos sectores de la economía española, como la agricultura, han experimentado ciertas mejoras,° también se ha visto una subida en los precios. Pero el cambio quizás más importante es la preocupante disminución de la soberanía de cada uno de los países europeos puesto que muchas de las decisiones políticas y económicas que afectan a tantos españoles se hacen, no en España, sino en el parlamento europeo. Se espera que la UE también tendrá su propia Constitución, pero no se ha resuelto el problema de los conflictos entre las leyes de dicha constitución futura con las leyes soberanas de los respectivos países.

improvements

La inmigración

Una de las realidades más aparentes de España a finales del siglo XX y comienzos del siglo XXI es la fuerte subida en el número de inmigrantes que llegan todos los días a territorio español. Es una realidad relativamente nueva en comparación con otros países europeos como Francia y Alemania. Hace sólo unas décadas eran los españoles los que emigraban a países con mejores condiciones de trabajo. Pero ahora España se enfrenta con una situación sin precedente. En 1995 había en España unos 500.000 extranjeros residentes en España, mientras que en 2001 ese número ha subido a más de un millón. Aunque esas cifras no son altas comparadas con las del resto de Europa, la novedad° del fenómeno ha causado que muchos españoles vean la inmigración como el problema más grave del país.

novelty

Inmigrantes intentando entrar ilegalmente en España.
(Copyright *El País/Rodríguez Aparicio*)

Los inmigrantes llegan a España de muchas partes del mundo. Los países de donde vienen en mayor número son Marruecos, Argelia, Ecuador y China. La mayoría sale de su país para escapar de la miseria. En una encuesta° se calculó que el 82 por ciento de los alumnos de escuelas secundarias de Marruecos proyectaba irse a Europa; se supone que no pocos de ellos se encontrarán en España.

poll

Muchos de los nuevos inmigrantes llegan a España arriesgando su vida en «pateras»° intentando cruzar el Estrecho de Gibraltar; algunos de ellos mueren en el trayecto. Otros llegan milagrosamente, pero sin documentación. Los que llegan han afectado la vida y la atmósfera sociales en España. En un sentido, la llegada de los inmigrantes ha contribuido a la mejor economía de algunos españoles al ofrecer mano de obra barata° por trabajos que pocos españoles quieren ejercer. Y como no son ciudadanos, tienen pocos derechos para demandar mejores condiciones y mayor sueldo.

rafts for illegal transportation

mano... cheap labor

Se han visto reflejadas actitudes racistas en muchos españoles, gente que se suele creer muy tolerante en cuestiones de igualdad entre las razas. Pero, como dice Francisco Zamora Loboch, un escritor de Guinea Ecuatorial, la antigua colonia española africana: «Los españoles han sabido... hacer creer a varias generaciones que no era racista un país cuyo santo° patrón es Santiago (alias «matamoros»).

santo... patron saint

El Ejido

Un caso célebre° que revela los problemas y dificultades de la inmigración pasó a comienzos del año 2000 en una localidad de Almería, en El Ejido. Después de varias muertes de españoles en la zona, alegadamente° causadas por marroquíes, la policía detuvo a un marroquí de unos veinte años como presunto° asesino de una mujer. Esto causó una serie de motines contra los inmigrantes marroquíes. Algunos de sus locales comerciales fueron destrozados por unos séis mil españoles residentes en esta zona. Muchos marroquíes resultaron heridos.

caso... famous case

allegedly
supposed

Sin embargo, también hubo fuertes declaraciones en contra del racismo. Los incidentes de El Ejido dieron lugar a manifestaciones en contra del racismo, no sólo en Almería, sino en toda España. Este conflicto será uno de los más significativos para España en el futuro. En este sentido se está viendo que España no es tan diferente.

Los problemas ecológicos

Tampoco son muy diferentes los problemas ecológicos españoles que han causado la degradación del medio ambiente y enfermedades. Los ecologistas tienen mucho que decir en España y razones para protestar. La organización Greenpeace, por ejemplo, tiene una importante rama española. Las preocupaciones por los incendios forestales son intensas, así como la contaminación del Mediterráneo y las playas que atraen a tantos turistas. La desertificación en las zonas del sur de España tam-

Prop del bosc

no juguis amb foc.

Cal que aquells que estan convençuts de tenir-ho
tot controlat s'adonin d'una vegada per sempre que
tirar un cigarret per la finestra del cotxe, fer foc prop del
bosc, o cremar marges i rostolls a ple estiu pot tenir
conseqüències irreversibles.

L' experiència demostra que, desgraciadament,
aquestes persones cada any s'han equivocat cente-
nars de vegades.

Prop del bosc, no juguis amb foc.

 Generalitat de Catalunya
Departament d'Agricultura,
Ramaderia i Pesca
**Direcció General
del Medi Natural**

*«Cerca del bosque,
no juegues con
fuego.» El fuerte
movimiento
ecologista se
evidencia en carteles
como éste en
catalán. Los carteles
y los graffiti son
importantes medios
de comunicación y
propaganda política
en toda España.*

bién es un dilema que hasta ahora no ha tenido una resolución definitiva. Algunos dicen que en el futuro el agua en España será tan cara
como el petróleo porque las medidas que se están tomando para dis-
tribuirla no son sostenibles. Los invernaderos,° por ejemplo, que han
creado tanta prosperidad agrícola en Almería, llegarán a acabar con el
agua del subsuelo, según algunos críticos ecologistas.

nurseries

El problema ecológico más grave de los últimos años ocurrió en noviembre de 2002. Se trata del vertido° de un barco petrolero,° *El Prestige*, en el Atlántico a unos 250 kilómetros de la costa de Galicia. Por un accidente imprevisto este barco se hundió y se produjo una mancha marítima de combustible de cientos de toneladas de este petróleo —útil para los coches pero no para la vida marítima del Atlántico. Un total de 327 playas de las costas de Galicia, Asturias, Cantabria y Euskadi fueron contaminadas de chapapote.° Hubo acusaciones y contra-acusaciones sobre las causas. Pero más conflictivo fue el debate sobre las medidas que se debían tomar para limpiar las costas. Miles de españoles, soldados, funcionarios y ciudadanos, se lanzaron° a la limpieza. Los políticos de los partidos de oposición al PP decían que el gobierno de Aznar no había tomado las medidas más eficaces para enfrentarse con° la catástrofe. Pero según Loyola de Palacio, alta funcionaria en el gobierno del PP, para prevenir° este tipo de castástrofes ecológicas en el futuro habría que imponer severas reglas de inspección de los barcos petroleros. Y añadió el presidente de Francia, Jaques Chirac, que estas medidas se deben tomar aun cuando estas reglas perjudican los intereses de las compañías de petróleo.

spill; oil tanker

tar

se… embarked

enfrentarse… face
prevent

La conservación y limpieza del medio ambiente es otra indicación de que España no es única en cuanto a sus dilemas políticos y sociales.

El 11 de septiembre y la guerra de Irak

El ataque a las torres gemelas° de Nueva York y al Pentágono de Washington en 2001 se vio en España con mucha preocupación. Con una larga experiencia histórica sobre las consecuencias del terrorismo, la mayoría de los españoles simpatizó con los trágicos acontecimientos de ese día nefasto en la historia mundial. Sin embargo, después de los primeros bombardeos de Afghanistán, y el ataque a Irak en 2003 por el gobierno de Estados Unidos, la opinión pública española en contra del militarismo estadounidense creció notablemente.

torres… twin towers

El apoyo del gobierno del PP al ataque, invasión y ocupación de Irak fue muy criticado por la mayoría de los españoles. Por todo el país hubo manifestaciones a veces de cientos de miles de personas en contra de esa guerra. Varios acontecimientos ocurridos durante la invasión reforzaron estas críticas. José Couso, un periodista español, fue víctima de un ataque estadounidense al hotel donde se hospedaba en Bagdad en abril de 2003. Y en octubre de ese mismo año siete españoles murieron en las afueras de Bagdad a consecuencia de un ataque de iraquíes que resistían la ocupación de su país.

El 11 de marzo de 2004, tres días antes de las elecciones nacionales, ocurrió en Madrid uno de los atentados terroristas más significativos de la historia española reciente. Diez bombas estallaron en varias estaciones de trenes de las cercanías. Como consecuencia murieron 191 personas y quedaron heridas unas 1.500. El gobierno quiso culpar a la organización ETA por tales atentados, según muchos españoles, por razones oportunistas pensando que un acto terrorista de los independentistas vascos contribuiría a una victoria electoral del PP.

En cambio la evidencia de la autoría etarra de tales atentados fue escasa indicando claramente que las explosiones fueron causadas por terroristas islámicos la mayoría marroquíes residentes en España y conectados con Al Qaeda, la organización responsable de los ataques a Nueva York y Washington en 2001.

La esperada victoria electoral de los conservadores del PP no se llevó a cabo. La elecciones nacionales del 14 de marzo resultaron en la vuelta del PSOE al poder legislativo español con el nuevo primer ministro José Luis Zapatero. El primer acto político de su gobierno fue la retirada de las tropas españolas de Irak.

Después del 11 de marzo de 2004 España definitivamente no es la misma.

Preguntas

1. ¿Por qué perdió el PSOE las elecciones de 1996 y 2000? ¿Por qué gano el PP? ¿Por qué volvió a ganar el PSOE en 2004?

2. Define la Unión Europea y descríbela.

3. ¿Cuál es la diferencia entre inmigración y emigración?

4. ¿Por qué emigran tantas personas del norte de África a España? ¿Cómo emigran y en qué condiciones?

5. Describe los acontecimientos de El Ejido (Almería) en 2000.

6. ¿Cuáles son los problemas ecológicos de España? ¿Qué consecuencias tienen estos problemas en la economía española?

7. ¿Cómo reaccionó la mayoría de los españoles a los ataques del 11 de septiembre de 2001 a EE.UU?

Temas de conversación e investigación

1. Escribe un ensayo sobre el ecologismo en la España actual. (Sugerencia: véase www.greenpeace.es). ¿Cuál es la importancia de este movimiento? Busca algún artículo periodístico relevante al tema e inclúyelo en tu ensayo.

2. José María Aznar, presidente de España hasta 2004, y el Partido Popular son ejemplos de lo que se llama hoy día «neoliberalismo», aunque en España Aznar se considera conservador. Neoliberales son los que apoyan el mercado libre entre diversas naciones y la reducción de la intervención estatal en los aspectos económicos y sociales de la vida cotidiana. Busca en la prensa actual alguna información sobre este fenómeno y escribe un ensayo sobre las ventajas y/o desventajas del mercado libre mundial.

3. El llamado «estado de bienestar» y el «welfare state» son términos que se aplican más o menos al mismo fenómeno gubernamental de apoyar económicamente a los ciudadanos necesitados. Sin embargo, aunque se refieren a la misma situación social ¿hay alguna diferencia

entre las implicaciones de estos términos en relación con la cultura (España, Norteamérica) en que se usan?

4. Muchos españoles no creen que ellos sean racistas. ¿Cómo relacionas el racismo con la situación actual de los inmigrantes residentes en España? ¿Crees, como Francisco Zamora, que no es verdad que en España no exista el racismo? ¿Crees que el racismo es universal? ¿Cómo se puede comparar con la situación de convivencia entre razas y nacionalidades en España?

5. El presidente de España apoyó la política exterior norteamericana relacionada con los ataques del 11 de septiembre de 2001. En cambio, la mayoría de los españoles no estaba de acuerdo con su presidente. ¿Cómo explicas la discrepancia? ¿Cómo explicas la victoria del PSOE en la elecciones nacionales del 14 de marzo 2004?

16

La cultura del pasado a la actualidad

omo se ha visto en el capítulo anterior, la España de hoy es un país que aspira a ser democrático y moderno. Sin embargo estas aspiraciones se interpretan y realizan de diversas formas. De la rígida época franquista se pasó rápidamente a la modernidad y a algo que algunos han llamado la posmodernidad. Mientras que en los años de Franco, se prohibían muchas películas por su contenido sexual, hoy día se ven mujeres «topless» en las playas y hasta en los anuncios en la televisión. En los años 70 y 80, España tuvo que acelerar° el proceso de apertura cultural para llegar a los niveles de permisividad° de Europa occidental. Y en los años 90 lo hizo —no sin problemas. Varios aspectos de la cultura española actual son dignos de comentario.

hasten
permissiveness

La mujer y el feminismo

os estereotipos que desvaloran a la mujer son muchos, pero también abundan estereotipos acerca del machismo español o hispánico. Hasta cierto punto es verdad que España es el país de don Juan y del caudillo machista. Pero tanto en la actualidad como en otras épocas de la historia española no han faltado mujeres que han luchado en contra de la dominación del hombre sobre la mujer.

Los avances por los derechos de la mujer no sólo fueron frenados con la caída de la Segunda República, sino que hubo un marcado retroceso. Pero con la muerte de Franco y la llegada de la democracia hubo un intento de corregir la desigualdad social entre los sexos. La Constitución de 1977 legalizó el divorcio, y en 1986 se permitió el aborto, pero sólo en ciertas circunstancias. El debate sobre la opción del aborto sigue siendo intenso, como en muchas otras culturas del mundo.

El Artículo 14 de la Constitución protege la igualdad de la mujer frente al hombre. Dice: «Los españoles son iguales ante la ley, sin que pueda prevalecer° discriminación alguna por razón de nacimiento, raza, sexo, religión…». Sin embargo, a pesar de esta afirmación de la igualdad sexual, se declara que la antigua ley sálica° sigue vigente.

prevail

ley… Salic law; prohibited women's succession to the throne

Hoy día hay muchas mujeres en la política y en la vida pública, no sólo en los partidos y las ideologías de izquierdas sino también entre los conservadores. En el Partido Popular ha habido varios importantes cargos° ocupados por mujeres. También existen grupos feministas como el Partido Feminista de Lidia Falcón. Además, no faltan periodistas y comentaristas feministas como Rosa Montero y Maruja Torres que escriben con frecuencia sobre la condición de la mujer española. Son voces críticas en los asuntos relacionados con las jerarquías masculinas. Particularmente en Cataluña hay diversos grupos de escritoras que se enfrentan por medio de sus escritos a los abusos que la sociedad ha cometido contra la mujer.

posts

La novela y la prensa

El vínculo entre la narrativa y la prensa ha sido estrecho en el pasado, y hoy día ese vínculo sigue fuerte. Los grandes diarios españoles como *El País, El Mundo, ABC* y *La Vanguardia,* tienen mucho poder en la promoción de escritores. Algunos de los novelistas de más fama colaboran en° estos diarios: Manuel Vázquez Montalbán fallecido en 2004, Antonio Muñoz Molina, Juan José Millás, Rosa Montero, Almudena Grandes, Manuel Vicent y muchos más.

colaboran… write for

Quizás por esta conexión con la prensa, y seguramente por la deseada conexión con los lectores, la novela de hoy aspira a ser amena° y accesible. Esta tendencia es muy diferente del estilo de los narradores más importantes de los años 70 como Juan Benet y Juan Goytisolo. En 1975, el año en que murió Franco, se publicó la primera novela de uno de los narradores más importantes de hoy día, *La verdad del caso Savolta,* de Eduardo Mendoza. Es una novela histórica de intriga y de conflictos humanos. Tiene lugar en Barcelona durante los años de luchas sociales en las primeras décadas del siglo 20. Hay un crimen cuyas circunstancias y «verdades» no se descubren en su totalidad. Por eso tiene ciertas similitudes con la novela de detectives.

enjoyable

Desde la publicación de esta novela, los narradores españoles se han preocupado mucho por la trama° de sus novelas. A Mendoza y a otros narradores importantes como Javier Marías, Arturo Pérez Reverte, Manuel de Prada, Marina Mayoral, Carme Riera y Vázquez Montalbán les interesa contar historias siempre con toques de ironía, parodia y picardía, tendencias muy marcadas en toda la novela española. Mientras tanto, las preocupaciones por el tema de España no se ven tan claramente; ahora el interés es en lo global.

plot

Otros novelistas-periodistas

Manuel Vázquez Montalbán (1939–2003), muy conocido por sus colaboraciones en *El País* y en otras revistas y diarios españoles, fue un escritor prolífico. Cultivó varios géneros: ensayo, novela, poesía. También ha escrito guiones° cine-matográficos. Vivía en Barcelona, ciudad que fue inspiración y escenario de la mayoría de los sucesos de sus novelas. Los temas de la actualidad social española le interesaban tanto que aparecen en sus novelas y en los artículos que escribía para revistas y periódicos. Como muchos periodistas de la izquierda, criticó el franquismo y sigue representando una voz de disidencia contra la política del poder estatal español. Sus opiniones sobre la vida y la política en la España actual son muy comentadas por los lectores españoles.

scripts, screenplays

Además de haber escrito novelas experimentales como *El pianista*, Vázquez Montalbán cultivó asiduamente los géneros populares, especialmente la novela de detectives, llamada también la *novela negra*. Este escritor fue el creador del detective Pepe Carvalho, protagonista de unas quince novelas de crimen. Como muchos detectives, Carvalho es aficionado a la gastronomía y en muchas novelas se explica la preparación de comidas típicas catalanas y españolas. *Los mares del sur* es quizás la novela más conocida. Trata de un negociante que abandonó la vida convencional de rico burgués catalán para seguir la ruta del pintor Paul Gauguin a Tahiti. Este negociante muere asesinado y Carvalho, antiguo miembro del Partido Comunista y ex-agente de la CIA, se encarga de descubrir al culpable del asesinato.

En las obras de Vázquez Montalbán y en las de otros novelistas-periodistas como Rosa Montero (1951–) y Montserrat Roig (1946–1991) se nota algo del estilo periodístico, por imaginativa que sea la obra. Y en algunos casos, consecuentemente, incorporan la narración periodística en sus novelas. Roig escribió una trilogía de novelas (*Ramona, adéu; El temps de les cireres* y *L'hora violeta*) que forman una crónica de varias generaciones de una familia desde un punto de vista feminista. Roig, que escribió en catalán, fue muy conocida por las muchas entrevistas que les hizo a personajes famosos que a veces aparecen en la televisión española y catalana. Toda su obra ha sido traducida al castellano.

Además de sus novelas y artículos periodísticos, escribió varios libros de ensayo, reportajes sobre temas como el feminismo, los catalanes en los campos de concentración y el sitio° de Leningrado durante la Segunda Guerra Mundial.

siege

Otra escritora y periodista es la madrileña Rosa Montero, que también ha entrevistado a mucha gente famosa. Es ávidamente leída y conocida por sus breves comentarios que salen con frecuencia en *El País*. Sus novelas tienen rasgos periodísticos. En *La función delta*, por ejemplo, la protagonista es una mujer de gran éxito en su vida profesional que se está muriendo a los sesenta años. En un nivel recuerda una semana de hace treinta años cuando empezó su carrera con el estreno de una película suya. A otro nivel toma nota de los días que está viviendo en el momento en un lecho del hospital donde reflexiona sobre su vida y las grandes cuestiones filosóficas. Montero utiliza más directamente el periodismo en *Te trataré como a una reina*, novela que empieza con un artículo de periódico y que desarrolla toda la historia como interpretación o explicación de las líneas enigmáticas del artículo. Esta novela y algunos de sus cuentos tienen como fondo los barrios bajos de Madrid. Forma una exposición de la capa más pobre de la sociedad: el mundo del crimen, de la violencia y de las drogas, todo como resultado de una miseria sin esperanza. A pesar de la seriedad de sus temas y cierto tono de protesta social, en la obra de Rosa Montero siempre está presente su sentido del humor y una tendencia a ironizar.

Montserrat Roig, escritora feminista catalana, escribió varias novelas, entre ellas **L'ópera quotidiana.** *También escribió artículos periodísticos para el diario barcelonés* **Avui.**

(© Pilar Aymerich / Courtesy of Mercedes Casanovas, Barcelona)

Carme Riera, otra escritora feminista catalana, es autora de varias novelas importantes que se han traducido del catalán al castellano.
(© Effigie/G. Givannetti/ Cover)

El cine

A los españoles siempre les ha gustado el cine, tanto durante los años de Franco como en la actualidad. Durante los treinta y seis años de censura que impuso el gobierno de Franco, las escenas políticamente peligrosas (desde el punto de vista del gobierno) y las escenas sexualmente sugestivas eran cortadas o cambiadas. En las salas de cine, antes de comenzar las películas de una función, se proyectaban cortos de propaganda en los cuales se alababa al generalísimo° y se señalaba los logros sociales, tecnológicos, económicos —hasta los morales— de la España franquista. A esta parte de la función se le llamaba el *nodo.*° Ahora, en cambio, se permite la proyección de películas españolas que antes habían sido censuradas, como las obras maestras del gran director español Luis Buñuel: *Viridiana, Los olvidados, Tristana* y tantas más. En los últimos años, a pesar de ciertos problemas financieros, ha surgido un cine dinámico, crítico e innovador. Han aparecido directores españoles cuyos méritos son bien conocidos dentro y fuera de España; Luis

el general Franco

noticiario documental

Un pensativo Pedro Almodóvar.
(© Stephane Cardinale/
People Avenne/Corbis)

Berlanga, Carlos Saura, Pilar Miró, Víctor Erice, Luis Borau y Pedro Almodóvar, director que ha tenido un éxito sorprendente en todo el mundo.

Una de las obras maestras del cine español se creó durante el franquismo, *¡Bienvenido, Míster Marshall!* Es una joya fílmica representativa de la atmósfera social y política que existía en España en la posguerra. Es sutilmente crítica y humorística a la vez. Trata de la exclusión de España del Plan Marshall, plan de reconstrucción económica de Europa iniciada y financiada° en gran parte por Estados Unidos. Un pueblo castellano espera con ilusión la visita de Mr. Marshall y le prepara una gran recepción. Pero lo único que vemos de Mr. Marshall es su coche al pasar a gran velocidad° por el pueblo.

Otra película importante del posfranquismo es *El crimen de Cuenca* de Pilar Miró. Se filmó en 1979 pero no se pudo ver en España hasta 1981. El film trata del proceso° de un crimen que ocurrió en 1912 pero las referencias a la vida contemporánea, especialmente a la brutalidad de la Guardia Civil, son obvias. A dos golfos° se les acusa de haber matado a un pastor° de un pueblo de la provincia de Cuenca. La Guardia Civil, dispuesta a sacarles de cualquier manera la confesión a los dos sospechosos, les tortura en unas escenas muy dramáticas y repelentes. Los golfos son condenados injustamente a quince años de prisión. Seis años después, se descubre que el pastor aún vive.

iniciada... *initiated and financed*

speed

trial

rogues
shepherd

Pero aun antes de la Constitución de 1978, en que se otorgaron° todos los derechos democráticos de la libertad de expresión, se habían filmado y distribuido películas críticas y serias. *Los furtivos* de Luis Borau, por ejemplo, se rodó en el mismo año en que murió Franco. Al principio se prohibió, pero después de muchas peticiones se permitió su proyección. Trata de un militar que pasa los fines de semana en un chalet de campo. La violencia militar franquista se representa por medio de las escenas de caza,° un leitmotivo cinematográfico que ya se había utilizado en otra película anterior, *La caza* de Carlos Saura, uno de los directores españoles más conocidos.

Son también conocidas las películas de Víctor Erice: *El espíritu de la colmena* y *El sur.* En *El espíritu de la colmena* se intenta de nuevo captar la psicología infantil con unos recursos muy sutiles. Se ve, por ejemplo, un film dentro del film: una película de horror, *Frankenstein,* vista por una niña de un pueblo de Castilla. El miedo que le causa la película de horror está sugestivamente conectado con la trama cuando la niña descubre un soldado herido en una casa abandonada cerca del pueblo. Nada en la película queda lógicamente explicado. Erice nos ofrece un mundo de ambigüedad infantil. Algo parecido es *El sur* que también trata de una niña que no logra comprender el pasado misterioso de su padre con una amante. Erice contrasta cinematográficamente el paisaje del norte frío e inhóspito donde vive la niña con su padre con la sensualidad del soleado° sur donde el padre se acuerda de sus relaciones amorosas.

Hay otros directores españoles importantes como Luis Berlanga, Juan Antonio Bardem y Mario Camus que hizo *Los santos inocentes.* También hay directores que ruedan películas sobre los problemas de los diversos nacionalismos, como el catalán Antoni Ribas (*La ciutat cremada* [La ciudad quemada]) y el vasco Imanol Uribe que hizo *La fuga de Segovia* basada en un suceso real en el cual treinta miembros de ETA se escaparon de una cárcel de Segovia.

Pedro Almodóvar y la posmodernidad

Quizás el director español más conocido mundialmente es Pedro Almodóvar (n. 1949). A Almodóvar le fascina lo anticonvencional, el mundo de la gente joven y marginada, las drogas, la homosexualidad, el travestismo.° Este mundillo sórdido, perverso y escandaloso para la mayoría de la sociedad nunca se trata en las películas de Almodóvar como un asunto sombrío.° En Almodóvar se ve lo contrario: el humor, la frivolidad, el placer junto con el dolor. Los dilemas que crea siempre tienen un toque irónico, como si los mismos personajes estuvieran convencidos de la artificialidad de la vida. Esto hace que Almodóvar sea un creador posmoderno. *Laberinto de pasiones, Matador, Ley del deseo, ¿Qué he hecho yo para merecer esto?, Mujeres al borde de un ataque de nervios, Átame* y *Carne trémula* son títulos de películas que indican los temas y las preocupaciones del director. En *Mujeres al borde,* por ejemplo, la

se… were granted

hunting

sunny

transvestism

somber

trama es complicada y melodramática. Hay unos líos° amorosos diver-
tidísimos en los cuales las amistades entre las mujeres pesan más° que
los amores entre los hombres y las mujeres. En otras películas suyas
como *Matador* y *Ley del deseo* las escenas sexuales explícitas (tanto
entre homosexuales como entre heterosexuales) podrían ofender la ética
convencional y burguesa. Sin embargo, son sin duda películas inqui-
etantes a pesar de su aparente frivolidad. *liaisons* · *pesan… are more significant*

Los últimos logros° de Almodóvar han recibido muchos elogios° de
los críticos. *Todo sobre mi madre* ganó un Oscar en 2000 por la mejor
película extranjera. Se trata de una madre soltera cuyo hijo querido
muere en un accidente. Ella va a Barcelona en busca del padre de su
hijo, que resulta ser un travestí genial,° Lola, que no sabe que tiene un
hijo. *successes; praise* · *travestí… lovable transvestite*

La siguiente película de Almodóvar, *Hable con ella* (2002), también
ganó un Oscar, esta vez por el guión más original. La trama es laberín-
tica, como en muchas películas de Almodóvar, pero el tema, la comunicación, está elaborado coherentemente desde muchas perspectivas,
incluyendo la de una mujer torera. El tema de la confusión debida al
género sexual, también se articula en esta película, como en tantas
obras de este famoso cineasta° español. *film maker*

Aunque Almodóvar ha podido conectar con los espectadores más
sofisticados, los ultra y posmodernos de París, Berlín y Nueva York, él
mismo afirma que se siente muy español y que sus temas son españoles.
En entrevistas ha expresado cierto afecto por su provincia natal Ciudad
Real, y en sus películas a menudo se percibe la sociedad de la gran
urbe de Madrid con todos sus problemas, extravagancias y perver-
siones. Muchos de sus personajes urbanos quieren volver «al pueblo».
Se dice que Almodóvar es una figura fundamental de la llamada
«movida madrileña», el Madrid de la gente joven, los «punquis»,° los
roqueros° y la gente cuya propia manera de ser es una protesta contra la hipocresía. *punks* · *rockers*

Otros aspectos de la cultura popular actual

La música popular

A la juventud española le encanta la música popular contemporánea. Tanto en España como en Inglaterra y en los Estados
Unidos, la música popular de la juventud es algo plenamente
enérgico y revelador de los valores e inquietudes de la nueva
generación. El rock norteamericano y europeo (británico, alemán,
francés) se oye a menudo en la radio española. También se nota mucha
influencia latinoamericana. Hay muchos conjuntos españoles de rock

como «Los Hombres G», «El Último de la Fila», Mecano y Barricada. Hasta la música flamenca ha sido influida (según algunos, contaminada) por la música de la juventud norteamericana y europea. Algunos grupos han tenido mucho éxito fuera de España. Utilizando la guitarra electrónica, el grupo «Pata Negra», en uno de sus discos compactos que se llama *Rock Gitano,* mezcla ritmos gitanos con los ritmos familiares de la música inglesa y norteamericana.

En los años setenta y ochenta hubo músicos populares que, acompañándose de instrumentos electrónicos, cantaban (y algunos siguen cantando) sobre los problemas sociales. Algunos de ellos son Carlos Cano; Ana Belén, la famosa actriz y cantante; su esposo gallego Víctor Manuel; Joan Manuel Serrat, Lluís Llach y María del Mar Bonet, que cantan canciones folklóricas y políticas catalanas.

En 2001 murió el gran canta-autor, Carlos Cano, conocido por su compromiso° contra el racismo.   *commitment*

La televisión española

Casi todos los hogares españoles tienen televisor. Algunos dicen que cada día demasiados españoles están pegados a «la tele» o «la caja tonta». A veces, como en los hogares de muchos países, la tele está puesta aun cuando no hay nadie mirándola. Radio Televisión Española (RTVE) ha sido una poderosa empresa dirigida por el estado en los años de Franco

Lluís Llach, cantante catalán.

(Copyright *El País/Bernardo Pérez*)

TVE-1	La 2	Antena 3	TELE 5	CANAL +	TV-3	K3 / 33
6.00 *Canal 24 Horas.* **7.30** *Telediario matinal.* Incluye: — 9.30 *Los desayunos de TVE.* Invitado: Iñaki Anasagasti, portavoz del PNV en el Congreso de los Diputados. **10.15** *Saber vivir.* Hoy: 'El cerdo, amigo de nuestra salud'. **11.00** *Por la mañana.* Magacín. **13.30** *La cocina de Karlos Arguiñano.* 'Semfrito de turrón'. **14.00** *L'informatiu migdia.* **14.30** *Corazón de invierno.* Los famosos, su trabajo, sus vidas, ocio... **15.00** *Telediario 1.* **15.55** *El tiempo.* **16.00** *Luna negra.* Telenovela. (Teletexto, 13 años). **16.45** *Machos.* (13 años). **17.45** *Gata salvaje.* (13 años). **18.45** *Cerca de ti.* 'Tras la boda, el infierno'. **20.00** *Gente.* Programa que se ocupa de la crónica de sucesos y de las noticias más relevantes del mundo del corazón. Presentan Pepa Bueno y Sonia Ferrer. **21.00** *Telediario 2.* **21.55** *El tiempo.* **22.00** *Paco y Veva.* 'Qué pasa con Romeo y Julieta'. **El ala oeste de la Casa Blanca** En el primer capítulo de esta noche, el presidente asiste a una cena benéfica en Los Ángeles. En el segundo, la primera dama encabeza una campaña contra la explotación de menores. **1.30** *Telediario 3.* **2.00** *La economía.* **2.10** *Las cazarrecompensas.* 'Fiesta sorpresa'. (13 años). **3.00** *Canal 24 Horas.*	**7.00** *That's English.* **7.30** *Los lunnis.* **9.30** *Aquí hay trabajo.* **10.00** *TV educativa: la aventura del saber.* **11.00** *La película de la mañana.* 'La campana de Anya'. (Estéreo. Teletexto. Todos los públicos). **12.45** *La botica de la abuela.* 'Corazón contento'. **13.00** *Los lunnis.* **14.15** *El rival más débil.* **15.15** *Saber y ganar.* Concurso. **15.45** *Grandes documentales.* 'Diario del gran felino'. **16.50** *El escarabajo verde.* **17.30** *Los lunnis.* Programa infantil. 'Tommy y Oscar'. 'La momia'. 'Digimon Tamers'. **19.00** *Al teu servei.* Presenta Virtu Morón. **19.30** *Catalunya avui.* Presenta: Daniel Domenjó. **20.00** *L'informatiu vespre.* Presenta Montse Tejera. **20.30** *Continuarà...* **21.00** *Neu pols.* Presenta Anna Cler. **21.30** *Vivir con Mr. Cooper.* **22.00** *La 2. Noticias.* **22.30** *El tiempo.* **22.35** *La noche abierta.* **0.15** *Días de cine.* **Metrópolis** El programa duplica su horario habitual para ofrecer un especial dedicado a la danza *Amelia*, dirigida y coreografiada por Edouard Lock e interpretada por la emblemática compañía canadiense La La La Human Steps. **2.15** *Conciertos de Radio 3.* Guerrilla Gorila. **2.45** *Cultura con ñ.* 'Tosca en el Real'. Invitadas: Núria Espert y Ana María Sánchez. **3.15** *Cine.* 'Puñalada final'. (Estéreo. 18 años). **4.30** *Euronews.*	**6.00** *Las noticias de la mañana.* Presentado por Roberto Arce. **9.15** *La mañana.* Javier González Ferrari recibe a Gaspar Llamazares, coordinador general de Izquierda Unida. **10.00** *Como tú vida.* Con Alicia Senovilla. **12.30** *Háblame de ti.* Talk show. Con Agustín Bravo. (Entre las 13.50 y las 14.00 se emite, en desconexión el informativo *Noticias Cataluña*). **14.00** *Los Simpson.* (Subtitulado para sordos). **15.00** *Antena 3 Noticias 1.* Con Susanna Griso y José Antonio Luque. (Incluye información meteorológica). **15.45** *La selva de los famos.o.s.* Resumen. **16.30** *Sabor a ti.* **18.30** *El diario de Patricia.* Talk show presentado por Patricia Gaztañaga. **20.00** *Pasapalabra.* Concurso. Con Silvia Jato. **21.00** *Antena 3 Noticias 2.* (Incluye información meteorológica. A continuación se emitirá el sorteo de la ONCE). **¿Hay trato?** Carlos Sobera presenta este concurso, en el que tres miembros de una misma familia juegan cada tarde en un plató ambientado en una terminal de aeropuerto para llevarse un suculento premio en metálico. **22.00** *Sin rastro.* Estreno. (Subtitulado para sordos). **23.55** *7 días, 7 noches.* **2.00** *Antena 3 Noticias 3.* **2.15** *JAG.* Serie. (Subtitulado para sordos). **3.00** *Televenta.* **5.05** *Repetición de programas.*	**6.30** *Informativos Telecinco matinal.* **9.25** *La mirada crítica.* Tertulia informativa y de opinión presentada por Montserrat Domínguez. Invitado en la entrevista: Joan Puigcercós, *número uno* en la lista de ERC por Barcelona al Congreso. **11.05** *Día a día.* Magacín presentado por Teresa Campos. **14.30** *Informativos Telecinco.* Presentado por Hilario Pino y Carme Chaparro. (Subtitulado para sordos). (De 15.15 a 15.25, en desconexión, informativos propios del País Vasco). **15.30** *Aquí hay tomate.* Presentado por Jorge Javier Vázquez y Carmen Alcayde. **17.00** *A tu lado.* Presentado por Emma García. **20.30** *Informativos Telecinco 20.30.* Presentado por Àngels Barceló y Agustín Hernández. (Subtitulado para sordos). **21.30** *Pecado original.* Programa de actualidad social. **Gran Hermano** Especial presentado por Mercedes Milá, en el que todos los concursantes de la quinta edición, que ganó la catalana Nuria por la imagen), recuerdan los 113 días de convivencia en la casa de Guadalix de la Sierra. **24.00** *Crónicas marcianas.* Presentado por Javier Sardá. **2.00** *Informativos Telecinco.* Presentado por Màxim Huerta. **2.30** *One on one.* **3.00** *Infocomerciales.* Espacio promocional. **5.30** *La línea de la vida.* Divulgativo. **6.00** *Nocturnos.*	**7.55** *Noticias CNN+.* **8.20** *Transworld sport.* (Multidifusión). **9.10** *Lo + Plus.* (Multidifusión). **10.00** *Cine.* 'Mothman, la última profecía'. (Codificado). **11.54** *Cine.* 'El rey de la granja'. (Codificado). **13.15** *+ te vale.* (Multidifusión). **13.30** *Los 40 principales.* **14.00** *Más deporte.* **14.50** *Noticias CNN+.* **15.00** *Friends.* 'Rachel tiene un hijo'. Segunda parte. **15.30** *Lo + Plus.* **16.30** *Cine.* 'Ocean's eleven'. (Codificado). **18.23** *Cine.* 'Sólo mía'. (Codificado). **20.00** *+ te vale.* **21.00** *El gafe.* Serie. **21.30** *Noticias CNN+.* **21.50** *Las noticias del guiñol.* **Frasier** En este episodio de la comedia protagonizada por Kelsey Grammer, titulado *Corazón hambriento*, después de una cena copiosa, Niles y Daphne, que se siente deprimida al verse demasiado gorda, deciden ponerse a dieta. **22.22** *Noche de series en Canal +.* 'El guardián: En lugar de los padres'. (Cod.). **23.10** *Cine.* 'El rey Escorpión'. (Codificado). **0.38** *Una cita con los hermanos Farrelly.* 'Todo sobre los hermanos Farrelly'. (Mult. Codificado). **1.03** *Cine.* 'Osmosis Jones'. (Codificado). **2.36** *Cine.* 'Shine'. (Cod.). **4.18** *Cine.* 'The point men' (En el punto de mira)'. (Codificado). **5.46** *Cine.* 'Cabaret'. (Codificado).	**7.00** *Blocs 3/24.* **8.30** *Bon dia, Catalunya.* Entrevista a Francesc Codina, presidente del Consejo del Audiovisual de Cataluña. **10.50** *Poble Nou.* **11.35** *Bonanza.* **13.20** *Videoclip català.* **13.25** *A+A+.* **13.55** *Avanç informatiu migdia.* **14.00** *Telenotícies comarques.* **14.20** *El medi ambient.* **14.30** *Telenotícies migdia.* Presentado por Carles Francino y Raquel Sans. Deportes: Xavier Bonastre. **15.25** *El temps.* Con Francesc Mauri. **15.30** *Cuines.* **15.45** *El cor de la ciutat.* **16.20** *La columna.* Entrevista a Rosario Flores, que presenta su nuevo disco. **18.00** *S'ha escrit un crim.* **18.55** *En directe.* **20.00** *Avanç informatiu vespre.* **20.05** *Els esports.* **20.30** *Telenotícies vespre.* Con Carme Ros y Xavier Coral. Deportes: Enric López Vilalta. **21.30** *El temps.* **21.35** *L'un per l'altre.* **22.20** *Estrenes de TV-3.* 'Cota roja'. Un comando terrorista secuestra un barco de carga lleno de productos químicos. **0.10** *Pel.lícula.* 'Codi de silenci'. **1.45** *Jornada intensiva.* **2.05** *Blocs 3/24.* **Citytv** **6.00** *AruCitys.* **6.55** *Molt animats.* **8.55** *La bona vida.* **10.20** *La pel.lícula.* 'Y & R: La joven esposa'. **11.40** *Històries de mitja tarda.* 'Un puñado de polvo'. **13.35** *La bona vida.* **15.10** *AruCitys.* **15.50** *La pel.lícula.* 'Y & R: la joven esposa'. **17.15** *Històries de mitja tarda.* 'Celonio y yo somos así'. **18.50** *AruCitys.* **20.30** *Molt animats.* **21.30** *Notícies 10.* **21.35** *Temps per a tot.* **21.40** *La neu.* **21.43** *Cine Metròpolis.* 'The hit-la venganza'. **23.25** *Vitamina N.* **2.15** *AruCitys.* **3.50** *Vitamina N.*	**7.00** *La meva casa estimada.* 'La meva casa a Cuba'. **7.05** *M'agrada la música.* **7.15** *Cinc minuts més.* **7.45** *Club Super3.* **9.35** *Horitzons.* **13.05** *Club Super3.* **13.30** *3xl.net.* **16.00** *Planeta Terra.* **17.05** *Club Super3.* **19.00** *Info K.* **19.15** *3xl.net.* **20.35** *Embruixada.* **21.05** *Temps de neu.* **21.40** *Campus 33.* **22.15** *Àgora.* **23.30** *La nit al dia.* **0.30** *Jordània: un viatge reial.* **2.55** *Temps de neu.* **3.25** *Campus 33.* **3.50** *Clips musicals.* **4.10** *A la saga dels llecpards.* **5.00** *Biomes del món en acció.* **5.20** *El món secret dels jardins.* **5.45** *360°.* **6.10** *Culturales en perill.* **BARCELONA TV** **8.00** *La R-pública de COM Ràdio.* **9.00** *Plats pel cap.* (R.). **9.30** *Magazine.* **13.35** *Informatius districte.* **14.00** *Info 1.* **14.30** *L'entrevista.* **15.00** *BTV art.* (R.). **15.30** *Joc de paraules.* **16.05** *Magazine.* **17.35** *Videomaton show.* **18.05** *Magazine.* **19.05** *Hola nens.* **20.00** *Escenes.* **20.30** *Plats pel cap.* **21.00** *InfoBCN. Infosport.* **21.25** *Qui te boca...* **21.30** *Infonit.* **22.00** *A tota neu.* **22.10** *El temps del Picó.* **22.30** *Fora de control.* —Debate: 'Balanç de l'última legislatura de Aznar', con Narcis Serra (PSC), Xavier Trías (CiU), Josep Piqué (PPC), Josep Puigcercós (ERC) y Joan Saura (ICV). —Testimonios sobre Joan Reventós. **24.00** *Cinema polític.* 'De Nuremberg a Nuremberg-II'. **1.35** *Fora d'hores. L'entrevista.* (R.). **2.00** *A tota neu.* (R.). **2.05** *El temps del Picó.* **2.30** *Fora de control.* (R.). **4.00** *Cinema polític.* (R.). **5.30** *Crèdits i Moebius.*

***Un horario de televisión del diario* El País.** (Copyright *El País*)

que sigue transmitiendo hoy día aunque hace relativamente poco tiempo que se legalizó la televisión privada.

Hacia los comienzos de los años ochenta se establecieron programas locales transmitidos y controlados desde las comunidades autónomas. En las comunidades donde se habla otro idioma, como Cataluña, Valencia, Euskadi y Galicia, se transmiten programas en las respectivas lenguas. Es extraño y divertido ver programas en euskera, catalán o gallego importados de los Estados Unidos como *Roseanne,* el cual tuvo mucho éxito.

Los debates y polémicas sobre la conexión entre la televisión y el estado han sido intensos. En un país que ha sufrido una larga dictadura el control de los medios de comunicación es problemático. Y aunque en 1977 se garantizó la objetividad política de la RTVE, no han faltado casos en que algunos ciudadanos españoles, tanto derechistas como izquierdistas, han protestado porque esta objetividad no se ha cumplido.

La privatización de algunos canales se inició en 1989, pero los canales estatales 1 y 2 siguen siendo los que cuentan con más telespectadores. Es de notar que con la privatización ha habido intentos desde fuera de España de apoderarse de la televisión por parte de los empresarios multimillonarios Silvio Berlusconi, el actual presidente de Italia, y Rupert Murdoch. Años después de la privatización han sido pocos los españoles que han visto una notable mejora en la calidad de los programas. Las series norteamericanas como *Los Simpsons* son muy populares, pues la mayoría de los programas españoles son de baja calidad. La importación de la cultura norteamericana sigue, y a los españoles les siguen gustando las telenovelas o los famosos «culebrones» latinoamericanos. El culebrón es una serpiente, y a estos programas se les llaman así porque nunca acaban. Algunos guionistas catalanes también han inventado culebrones en su idioma.

Además, en las primeras horas de la madrugada, se pueden ver películas «porno» que son un intento de subir el número de telespectadores. También hay series interesantes de películas que presentan exclusivamente obras cinematográficas de un solo director, protagonizadas por un determinado actor o actriz. En 1995, por ejemplo, se creó un programa titulado *¡Qué grande es el cine!* en que se transmitieron algunas de las películas clásicas del cine mundial como las de Alfred Hitchcock, Federico Fellini y Woody Allen. Después de la película varios intelectuales conocidos comentaban la película en una mesa redonda. Se empleó el mismo formato en una secuela a este programa titulado *¡Qué grande es el cine español!* que proyectaba películas españolas.

El espectáculo nacional: los toros

Aunque a la corrida de toros se le sigue llamando «la fiesta nacional», muchos españoles afirman que el espectáculo ha decaído, especialmente por la falta de toros de calidad. En las grandes dehesas° de Andalucía y Castilla se crían los toros bravos, pero sus propietarios han sido criticados severamente por no ofrecer buenos toros al público. Otras de las razones por las cuales los españoles no van a los toros como antes es porque las entradas son caras. Además, para muchos españoles la corrida de toros es un espectáculo arcaico que sólo les interesa a los turistas. El llamado «espectáculo nacional» es visto por algunos como algo caricaturesco que no tiene mucho que ver con la realidad cultural actual. En cambio, a otros les siguen emocionando las corridas y, a

ranches, pastureland

El fútbol es el primer deporte de España. Tiene muchísimos aficionados en todo el país.

(B. Swersey/Liaison International)

pesar del precio de la entrada y de la calidad de los toros y los toreros, van todos los domingos.

Durante los años 90 se vio un fenómeno curioso en el mundo del toreo que refleja las contradicciones de la cultura actual española: un matador del sexo femenino. Cristina Sánchez fue la primera mujer que

Cristina Sánchez desafía un toro bravo.

(Georges Merillon/Gamma Liaison Network)

llegó a tomar la alternativa° victoriosamente, llegando así a ser una torera verdadera. Pero a pesar de sus éxitos, tanto en la taquilla° como en los juicios de la mayoría de los aficionados, muchos toreros se negaron a aparecer en la plaza con ella. Después de años de lucha contra esta discriminación se retiró de la profesión en 1998.

Cristina Sánchez no es la única mujer que ha intentado ser torera. Desde hace tiempo ha habido rejoneadores del sexo femenino, pero nadie ha logrado los triunfos de Sánchez. El hecho de que se haya visto obligada a dimitir del mundo del toreo es una indicación de que en España, como en muchos países en que hay igualdad entre los sexos, hay mucha discriminación todavía por conquistar.

tomar... take the (bullfighter's) test
box office

La tertulia

Una costumbre española que no ha cambiado y que tiene raíces hondas en la población es la tertulia, la conversación entre amigos, colegas o simplemente familiares. La tertulia es una reunión habitual de gente que se junta para distraerse y charlar. Se pueden reunir en un bar o en la casa de uno de los contertulianos. En las tertulias las tapas acompañadas de un buen vino o cerveza son imprescindibles. Hay conversaciones sobre cualquier cosa: los deportes, el cine, la literatura, la economía, las universidades, los toros, la música, los hijos. No se puede olvidar el tema de que más se habla animada y frecuentemente: la política, por ejemplo, en la tertulia feminista de Barcelona. Hay tertulias a las que asiste gente de importancia política o cultural. Grandes escritores españoles como Unamuno y otros miembros de la Generación del 98 asistían a muchas tertulias donde expresaban sus ideas. En

Una terraza, o café al aire libre, en una calle urbana.
(Susan McCartney / Photo Researchers, Inc.)

algunos de sus libros hasta describen no sólo estas ideas sino también experiencias vividas personalmente en las tertulias. Un lugar famoso por sus tertulias era el Bar Gijón, en Madrid, que sigue siendo un sitio popular por estas reuniones.

La tertulia es una muestra del valor que concede el español a la amistad, a la expresión oral y al buen comer. La conversación entre amigos, el intercambio de ideas y el diálogo son vitales para muchos españoles. Es más, algunos españoles que viajan o viven en otros países a veces se sienten incompletos al no poder participar en una tertulia. Quizás hasta pueda considerarse una institución casi tan importante como la familia.

En los años ochenta había mucha discusión sobre la nueva europeización de España. Sin embargo, con la cultura popular, la música, el cine, la televisión y la Internet, hoy día la europeización ya no es polémica sino una realidad aceptada. Es más, como en muchos países, tanto los del oeste como los del este, los del hemisferio del norte y los del sur, España está directamenta conectada con culturas del mundo entero y participa en los asuntos de países muy dispares. Por otro lado, no deja de afirmar todos los elementos culturales e históricos que le dan su propia identidad o identidades. Las Españas del siglo XXI no dejarán de ser españolas.

Preguntas

1. ¿Cuál es la relación entre la literatura y el periodismo en la cultura española actual? ¿Quiénes son algunos de los escritores-periodistas y por qué son importantes?

2. ¿Cómo afectó la censura la industria cinematográfica española durante el régimen de Franco? ¿Cómo ha cambiado esta situación después de su muerte?

3. Describe la película, *¡Bienvenido Míster Marshall!*

4. ¿Por qué tuvo tanta dificultad Pilar Miró en estrenar la película *El crimen de Cuenca*?

5. Describe la televisión española de hoy día.

6. Describe la música española popular de hoy día.

Temas de conversación e investigación

1. Se ha dicho que las películas de Pedro Almodóvar son «posmodernas». Busca una de las películas de Almodóvar, descríbela e intenta llegar a una definición del posmodernismo usando esa película como ejemplo.

2. En España, como en todos los países del mundo, se ve mucha televisión. Según lo que has aprendido de la tele española, ¿cuáles crees que son las diferencias entre este medio de comunicación en España y en este país? ¿Cuál de ambos medios prefieres y por qué?

3. ¿Participas en alguna actividad social que podrías llamar «tertulia»? Describe esa actividad y explica cómo se podría comparar con la tertulia española.

4. ¿Crees que es un adelanto social el hecho de que las mujeres sean hoy día matadoras de toros? Explica tu respuesta.

Source and Supplementary Materials

V. Presente y futuro

Printed Materials

BESAS, PETER. *Behind the Spanish Lens.* Denver: Arden Press, 1985. Informative and perceptive account of Spanish films produced both before and after the death of Franco.

CARR, RAYMOND and FUSSI, JUAN CARLOS. *Spain: Dictatorship to Democracy.* London: George Allen, 1979. Interesting discussion of cultural issues: art, literature, film. Raymond Carr is a prominent British historian who has written many books on Spain.

CLARK, ROBERT. *Negotiating with ETA: Obstacles to Peace in the Basque Country.* Reno: University of Nevada Press, 1990. Covers the conflict since the death of Franco.

COLMEIRO, JOSÉ, DUPLÁA, CHRISTINA, GREENE, PATRICIA, and SABADELL, JOANA, ed. *Spain Today: Essays on Literature, Culture, and Society.* Hanover, NH: Dartmouth College, 1995. The essays address "contemporary cultural forces and critical currents that have completely redefined Spain in the last two decades."

D'LUGO, MARVIN. *The Films of Carlos Saura: The Practice of Seeing.* Princeton, NJ: Princeton University Press, 1991.

EC COMMISSION. *Linguistic Minorities in the European Economic Community: Spain, Portugal, Greece.* Ed. Miguel Siguán. Luxemburg: Official Publications of the EC, 1990.

FERRÁN, OFELIA and GLENN, KATHLEEN M., ed. *Women's Narrative and Film in Twentieth Century Spain.* New York and London: Routledge, 2002.

GALERSTEIN, CAROLYN and MCNERNEY, KATHLEEN. *Women Writers of Spain.* Westport, Conn.: Greenwood Press, 1986. A biobibliographical guide, with annotations, describing works by Spanish women.

GIES, DAVID T., ed. *Modern Spanish Culture.* Cambridge: Cambridge University Press, 1999.

GRAHAM, HELEN and LABANYI, JO, ed. *Spanish Cultural Studies: An Introduction.* Oxford: Oxford University Press, 1995.

HIGGINBOTHAM, VIRGINIA. *Spanish Film Under Franco.* Austin: University of Texas Press, 1988. Insightful discussion of the pressures of censorship and the difficulties of making films during the dictatorship.

HOOPER, JOHN. *The Spaniards: A Portrait of New Spain.* London: Penguin, 1987. A British journalist's rendition of recent political and cultural happenings in Spain. Updated in 1995.

———. *The New Spaniards.* New York: Penguin, 1995. A lively, insightful discussion of a variety of cultural developments in Spain since the death of Franco.

JUARISTI, JON. *La tribu atribulada: El nacionalismo vasco explicado a mi padre.* Madrid: Espasa Calpe, 2002.

KINDER, MARSHA. *Blood Cinema: The Reconstruction of National Identity in Spain.* Berkeley: University of California Press, 1993. A discussion of the politics and aesthetics of Spanish films by the well-known film critic.

———, ed. *Refiguring Spain: Cinema/Media/Representation.* Durham and London: Duke University Press, 1997. A collection of essays on the same topic.

MAXWELL, RICHARD. *The Spectacle of Democracy: Spanish Television, Nationalism and Political Transition.* Minneapolis: University of Minnesota Press, 1995.

MCNERNEY, KATHLEEN, ed. *On Our Own Behalf.* Lincoln: University of Nebraska Press, 1988. Short stories in English translation by contemporary women writers of Catalonia.

MCNERNEY, KATHLEEN and ENRÍQUEZ, CRISTINA. *Double Minorities of Spain: A Bio-bibliographical Guide to Women Writers of the Catalan, Galician, and Basque Countries.* New York: Modern Language Association, 1994.

PÉREZ, JANET. *Contemporary Women Writers of Spain.* Boston: Twayne, 1988. Another very useful guide to women novelists and short-story writers.

PRESTON, PAUL. *The Triumph of Democracy in Spain.* New York: Routledge Chapman & Hall, 1986. Deals with the transition from the Franco dictatorship to democracy.

———. *The Politics of Revenge.* London: Routledge, 1995.

PUELLES BENÍTEZ, M. *Educación e ideología en la España contemporánea: cuestiones históricas.* Madrid: Sociedad Española de Pedagogía, 1985.

RICHARDSON, BILL. *Spanish Studies: An Introduction.* London: Oxford University Press, 2001.

ROMÁN, MANUEL. *Memoria de la copla: la canción española de Conchita Piquer a Isabel Pantoja.* Madrid: Alianza, 1993.

ROSS, CHRISTOPHER J. *Contemporary Spain: A Handbook.* London: Oxford University Press, 2002.

SHUBERT, ADRIAN. *A Social History of Modern Spain.* London: Routledge, 1992.

VERNON, KATHLEEN and MORRIS, BARBARA, ed. *Post-Franco, Postmodern: The Films of Pedro Almodóvar.* London: Greenwood, 1995. An insightful collection of essays on the famous director and his society.

VILANOVA RIBAS, MERCEDES. *Atlas de la evolución del analfabetismo en España, de 1887 a 1981.* Madrid: Ministerio de Educación y Ciencia, 1992.

WIARDA, HOWARD J. *Politics in Iberia.* New York: Harper Collins, 1993.

ZALLO, RAMÓN. *El mercado de la cultura.* Donostia: Tercera Prensa, 1992.

ZULAIKA, JOSEBA. *Crónica de una seducción: El museo Guggenheim Bilbao.* Madrid: NEREA, 1997. A fascinating account of the conception and implementation of the plan to build this post-modern museum.

Newspapers and Magazines: El País, Cambio 16, Diario 16, El Independiente, ABC

Audiovisual Materials

For tapes of popular musicians, check audiovisual libraries or music stores for the following performers: Joan Manual Serrat, María del Mar Bonet, Ana Belén, Victor Manuel, Pata Negra, Gipsy Kings (note that some of the members of this popular group are French by birth), Hombres G, El Último de la Fila, and others.

For films available on video, write to Institutional Media Center, University of Oregon Library, University of Oregon, Eugene, OR 97403. Among films that are available are Saura's *La caza, Cría cuervos,* and *Deprisa deprisa;* Miró's *El crimen de Cuenca;* Erice's *El espíritu de la colmena* and *El sur;* Borau's *Los furtivos;* Uribe's *La muerte de Mikel;* Buñuel's *Tristana;* and many others. Another distributor of Spanish films on video is Tamarelle's International Films, 110 Cohasset Stage Rd., Chico, CA 95926.

Videos of Almodóvar films and others by Spanish filmmakers are available at the Instituto Cervantes, 212-215 E. 49th St., New York, NY 10017; tel. 212-308-7720, fax 212-308-7721.

Vocabulario

This vocabulary contains all Spanish words used in this text except: very close or exact cognates, proper names and other easily recognized vocabulary (such as articles and pronouns), and numbers. Gender of nouns is listed except for masculine nouns that end in **-o** and feminine nouns that end in **-a.** Adjectives are given only in masculine singular. Stem changes and spelling changes for the present tense are indicated in parentheses following the appropriate verbs. Only contextual definitions are provided.

The following abbreviations are used.

adj. adjective
adv. adverb
colloq. colloquial
f. feminine
irreg. irregular

m. masculine
n. noun
pl. plural
p.p. past participle
pron. pronoun

A

a.C. before Christ, B.C.
abajo below, down
abandonar to abandon, leave
abandono abandonment
abarcar to encompass
abastecer (zc) to supply
abdicar to abdicate
abiertamente openly
abierto *p.p. of* **abrir**
abolicionista *m., f.* abolitionist
abolir to abolish
aborrecer (zc) to hate
aborto abortion
abovedado arched
abrazo embrace
abril April
abrir to open
absolutista *m., f.* absolutist
absorber to absorb
absorto *p.p. of* **absorber**
abuelo grandfather; **abuela** grandmother; *pl.* grandparents
abúlico lacking willpower or energy
abundar to abound, be plentiful
aburrido boring
aburrimiento boredom
abuso abuse, injustice; **abuso del vino** drunkenness

acabar to finish; **acabar (con)** to finish (off); **acabar de +** *infinitive* to have just (*done something*)
academia academy
acariciador, -ora caressing
acaso perhaps
accesibilidad *f.* accesibility
accidente *m.* accident
aceite *m.* oil
acelerar to hasten
acentuar (ú) to accentuate
aceptar to accept
acercar(se) to come close
acertar (ie) to guess correctly
aclarar to make clear
acompañado accompanied
acompañar to accompany
acontecer (zc) to happen
acontecimiento event
acordar(se) (ue) to remember
acorralado cornered
acostumbrar(se) (a) to become accustomed (to)
actitud *f.* attitude
actividad *f.* activity
actriz *f.* (*pl.* **actrices**) actress
actual present, current
actualidad *f.* present time
actuar (ú) to act, behave

acueducto aqueduct
acuerdo agreement; **de acuerdo** in agreement, agreed
acusado, acusada accused (person), defendant
acusar to accuse
adecuado adequate; correct
adelante forward; **en adelante** from then on
adelanto advance, progress
además besides; **además de** in addition to
adicional additional
adjetivo adjective
admirador, admiradora admirer
admitir to admit; to allow
adolecer (zc) to suffer, be in pain
adolescencia adolescence
adolescente *m., f.* adolescent
adónde (to) where; **¿adónde iremos a parar?** where will it all end?
adorar to love, adore
adorno adornment, ornament
adquirir (ie) to acquire
Adriano Hadrian (*Roman emperor*)
adulterio adultery
advertir (ie) to advise
afán *m.* desire
afecto affection, love

afectuoso affectionate, loving

aficionado fan, enthusiast

afilado sharpened, sharp

afiliado affiliated; member (of)

afirmar to affirm

afrancesado, afrancesada supporter of French rule in Spain during the Napoleonic War (War of Independence), 1808–1814

afuera outside

agarrar to hold, grab

agonía death-agony, moment of death

agónico pertaining to death or agony

agosto August

agotado exhausted, used up

agotamiento exhaustion

agrario agrarian

agravio wrong, injury

agrícola *adj. m., f.* agricultural

agricultura agriculture

agrónomo, agrónoma agronomist

agrupar(se) to divide up into groups

agua (*f. but* **el agua**) water

aguafuerte *m.* etching

aguardiente *m.* brandy

aguja needle; spire

agustino pertaining to the Augustinian religious order

ahogado strangled, suffocated

ahora now

ahorcar to hang (a person)

aire *m.* air

aislado isolated

aislamiento isolation

ajo garlic

alabanza praise

alabar to praise

álamo poplar tree

alardear to boast

alargado long, lengthened

alborear to dawn

alcahueta go-between; bawd

alcalde *m.* mayor

alcanzar to reach, achieve

aldea village

alegadamente allegedly

alegre happy; **moza alegre** prostitute

alegría happiness

alejar(se) to move away, distance oneself

alemán, alemana German

Alemania Germany

alfabeto alphabet

algo *pron.* something; *adv.* somewhat

algodón *m.* cotton

alguacil *m.* bailiff

alguno some, any

aliado allied

alianza alliance

aliarse to ally oneself

alimentar to feed

alma (*f. but* **el alma**) soul

alminar *m.* minaret

almirante *m.* admiral

almorzar (ue) to eat a light snack around 11:00 A.M.

alquilado rented

alquimista *m., f.* alchemist

alrededor around; *m. pl.* outskirts

alterar to alter

alternado alternate

alternarse to take turns

alternativa alternative; bullfighter's test

alto tall, high

altruista *m., f.* altruist

altura height

alumno, alumna student, pupil

alzar to raise, elevate

allá there; **más allá** beyond, further

allí there

ama (*f. but* **el ama**) **de casa** housekeeper

amalgamar to amalgamate, mix

amanecer (zc) to dawn; to get up early

amante *m., f.* lover; *f.* mistress

amar to love

amarillo yellow

ambicioso ambitious

ambiental environmental

ambiente *m.* atmosphere; environment

ambigüedad *f.* ambiguity

ambos (ambas) *pl.* both

amenaza threat

amenazador, -ora threatening

amenazar to threaten

ameno pleasant, enjoyable

americano American

ametralladora machine gun

amigo, amiga friend

amistad *f.* friendship

amistoso friendly

amo master

amor *m.* love

amoroso amorous; loving

amparar to protect

ampliar (í) to enlarge

amplio extensive

amurallado walled

analfabetismo illiteracy

analfabeto illiterate

analítico analytical

analizar to analyze

anarco-sindicalista *m., f.* anarcho-syndicalist

anarquía anarchy

anárquico anarchical

anarquista *m., f.* anarchist

ancho wide

andaluz, andaluza (*pl.* **andaluces, andaluzas**) Andalusian

andante *adj.* walking; **caballero andante** knight-errant

andar to walk

andrajo rag

anecdótico anecdotal

anfiteatro amphitheater

anglosajón, anglosajona Anglo-Saxon

angustia anguish

anhelar to yearn for, long for

anhelo yearning

Aníbal Hannibal

anillo ring (*jewelry*)

animado lively

animar to encourage

aniquilar to annihilate

anónimo anonymous

ansia (*f. but* **el ansia**) anxiety

ansiosamente anxiously

antagónico contrary, opposed

antagonismo antagonism

antaño *adv.* long ago; *n.* the past

ante before, in the presence of;
  ante todo above all
antecedentes *m. pl.* background
antecesor, antecesora predecessor
antemano: de antemano beforehand
antepasado ancestor
anterior previous
antes before (*in time*)
antibélico antiwar
anticuado outdated
antifranquista *m., f.* anti-Franco
antiguamente formerly; in other
  times
antigüedad *f.* antiquity, great age
antiguo old, ancient; former
antropólogo, antropóloga anthropologist
anular to annul
anunciar to announce
anuncio advertisement
añadir to add
año year
añorar to yearn for; to miss
apaciguar to calm (someone) down;
  to pacify
aparecer (zc) to appear
aparente apparent
aparición *f.* appearance, apparition
apariencia appearance, aspect, look
apartarse to move away
aparte apart
apasionado passionate
apasionante exhilarating, exciting
apatía apathy
apático apathetic
apellido surname
apertura opening
aplaudir to applaud
aplauso applause
aplicar to apply
apoderarse (de) to take over
aportación *f.* contribution
apóstol *m.* apostle
apostólico apostolic
apoyar to support
apoyo support
apreciado appreciated
aprender to learn
apresar to take prisoner

aprobado approved
aprobar (ue) to approve
apropiado appropriate
aprovechar to take advantage of
aproximadamente approximately
apto capable
apuntar to point; to take notes
aquel, aquello, aquella that
aquí here
árabe *adj. m., f.* Arabic; *n. m., f.*
  Arab
arar to plow
arbitrariedad *f.* arbitrariness
arbitrario arbitrary
árbitro judge, arbiter
árbol *m.* tree
arcáico archaic
archiduque *m.* archduke
arcipreste *m.* archpriest
arco arch; (violin) bow
arder to burn
arena sand
argamasa mortar (*construction*)
Argel Algiers
argüir (y) to argue
argumento storyline, plot
árido arid
aristocracia aristocracy
aristócrata *m., f.* aristocrat
aristocrático aristocratic
arma (*f. but* **el arma**) weapon
armada navy, fleet
armamentos *m. pl.* armaments,
  weapons
armar to arm; **armar caballero** to
  knight
armario closet
armonía harmony
armónico harmonized, harmonious
armonioso harmonious
armonizar to harmonize
arpa (*f. but* **el arpa**) harp
arquetípico archetypal
arquitectónico architectural
arrayán *m.* myrtle
arreglado arranged
arreglo arrangement
arreo ornament
arrepentirse (ie) to repent
arriba up, above

arriero muledriver; swineherd
arrodillado kneeling
arrodillarse to kneel
arrogante haughty, arrogant
arruinar to ruin
arte (*f. but* **el arte**) art
arteria artery
artesano artisan
asalto assault
ascender (ie) to ascend
asceta *m., f.* ascetic
asegurar to assure
asemejar to resemble
asesinar to murder
asesinato murder
asesino, asesina murderer
así thus; like this; this way
asignado assigned
asignatura class, course
asimilar to assimilate
asistencia attendance
asistir to attend
asno donkey
asociar to associate
asombro astonishment
asombroso astonishing, amazing
aspa (*f. but* **el aspa**) arm, vane (of
  a windmill)
áspero harsh
áspide *m.* asp
aspirante *adj.* aspiring; *n. m., f.* one
  who aspires, pretender (*to the
  throne*)
aspirar to aspire
asturiano Asturian, from Asturias
astuto astute, clever
asumir to assume
asunto affair
asustar to frighten
atacar to attack
atado tied
ataque *m.* attack
atender (ie) to attend to; to care for
atentado criminal assault
atentamente attentively
Atlántida Atlantis
atmosférico atmospheric
atormentado tormented
atraco robbery
atraer (*like* **traer**) to attract

atrás back(wards); behind

atrasado behind, backward

atravesar (ie) to cross

atreverse to dare

atrevido daring

atribuir (y) to attribute

audacia audacity, daring

audaz (*pl.* **audaces**) audacious, daring

Audiencia court building

aumentar to grow; to become larger

aumento enlargement; **aumento de sueldo** pay raise

aún yet, still

aunque although

ausencia absence

ausentar to be absent

austero austere

autenticidad *f.* authenticity

auto religious play

autocensura self-censorship

autocráticamente autocratically

autodeterminación *f.* self-determination

autodidacta *m., f.* self-taught person

autonomía autonomy, self-government

autonomista *m., f.* autonomist

autónomo autonomous

autor, autora author

autoridad *f.* authority

autosuficiencia self-sufficiency

autotitularse to call oneself; to style oneself

avance *m.* advance

avanzar to advance

aventura adventure

aventurero *adj.* adventurous; *n. m.* adventurer

avergonzar (üe) to shame; **avergonzarse** to be ashamed

averiguar to ascertain; to find out

ávidamente avidly

avivar to awaken; to sharpen (*intellect*)

ayer yesterday

ayuda aid

ayudante *m., f.* helper

ayudar to help

azotar to beat, whip

azote *m.* whip, scourge

azteca *m., f.* Aztec

azul blue

azulejo tile

B

bable *m.* Asturian dialect

Baco Bacchus, Roman god of wine

bachiller *m.* bachelor (holder of a bachelor's degree)

bachillerato bachelor's degree program

bailaor, bailaora flamenco dancer

bailar to dance

bailarín, bailarina dancer

baile *m.* dance

bajar to get down

bajo *adj.* lower; short; *adv.* under; **bajo la perspectiva** from the point of view

balanza balance; scale

bancario *adj.* banking

bancarrota bankruptcy

bandera flag

banderilla barbed dart with which a bull is stabbed

banderillero the member of the bullfighting team who places the **banderilla**

bando faction, side

bañar to bathe

baño bath

barato inexpensive

barba beard

bárbaro barbarian

barbero barber

barcelonés, -esa pertaining to Barcelona

barco ship

barraca cabin, hut

barril *m.* barrel

barrio neighborhood, district

barroco baroque

basar to base

base *f.*: **base militar** military base; **a base de** based upon

bastante enough; a good deal

bastardo illegitimate

batalla battle

batallador, -ora fighting

batallón *m.* battalion

bautizar to baptize

bayoneta bayonet

beatífico beatific, blessed

beber to drink

bélico pertaining to war

belicoso bellicose, warlike

belleza beauty

bello beautiful

benedictino of the Benedictine religious order

beneficiar to benefit

beneficio benefit

benéfico beneficial

benévolo benevolent

benigno mild

bereber *m., f.* of the Berber tribes of North Africa

beso kiss

bestia animal, beast of burden

bético pertaining to Andalusia (*formerly called* **Bética**)

bíblico Biblical

biblioteca library

bien *m.* possession; *m. pl.* worldly goods; **más bien** *adv.* rather

bienestar *m.* well-being; **estado de bienestar** Welfare State

bienintencionado well-meaning

bisonte *m.* bison, buffalo

bizantino Byzantine

blanco white

blando soft

bloque *m.* block

boca mouth

boda *also pl.* wedding

bodega wine vault or cellar

bohemio Bohemian, unconventional

boicotear to boycott

bolero Spanish dance

bombardeo bombardment

bombilla bulb

bondad *f.* goodness

bondadoso kind

borbónico of the royal House of Bourbon

borde *m.* border; verge

borracho drunk

bosque *m.* forest
bostezar to yawn
botánica botany
botella bottle
boticario druggist
bóveda vault, dome
bravo brave; fierce
bravura ferocity
brazo arm
Bretaña Brittany; **Gran Bretaña** Great Britain
breve brief
brigada brigade
brillar to shine
brindar to salute (*in a bullfight*)
británico British
bruja witch
brujería witchcraft
brujo sorcerer; **El amor brujo** The Phantom Lover
brusco brusque, sharp
buen (bueno) good
buenandanza gaiety, good humor
buey *m.* ox
bufón *m.* buffoon, clown
bula Papal bull
Burdeos Bordeaux
burgués, -esa bourgeois, middle-class
burguesía bourgeoisie, middle class
burla joke, trick
burlador, burladora trickster
burlar to fool; **burlarse de** to make fun of
burlón, -ona fun-loving, waggish
busca search
buscar to look for
buscón, buscona cheat, petty thief
búsqueda search
busto bust

C

caballeresco knightly
caballería chivalry
caballero gentleman
caballo horse
caber (*irreg.*) to fit (in); **no cabe duda** there is no doubt
cabestro ox leading a herd of bulls

cabeza head
cabo cape (*headland*); end; **llevar a cabo** to carry out; **al cabo** at the end; **al fin y al cabo** after all
cacique *m.* political boss
cada *invariable adj.* each
cadena chain
caer(se) (*irreg.*) to fall (down)
caída fall
cajón *m.* box; drawer
calculador, -ora calculating
calcular to calculate
cálculo calculation
calderoniano of the Spanish playwright Pedro Calderón de la Barca (1600–1681)
calibre *m.* caliber
calidad *f.* quality
califa *m.* caliph
califato Caliphate
calma tranquility
calor *m.* heat
callado quiet
callar to be quiet
calle *f.* street
cama bed
cámara chamber
cambiar to change
cambio change
caminante *n. m.* traveller; *adj.* moving
camino way, road
campana bell
campaña campaign
campesino of the countryside; peasant
campestre rural, pertaining to the countryside
campo country; field; camp; side
canal *m.* channel
canario of the Canary Islands
canción *f.* song
candidato, candidata candidate
candil *m.* oil lamp
cansado tired
cansancio tiredness
cantante *m., f.* singer
cantaor, cantaora flamenco singer
cantar to sing
cante *m.* flamenco singing

cántico canticle; (religious) song
cantidad *f.* quantity
cantiga poem, song
canto song; chant
caos *m.* chaos
capa layer
capacidad *f.* capacity, ability
capaz (*pl.* **capaces**) capable
capellán *m.* chaplain
capitalista *m., f.* capitalist
capitán *m.* captain
capítulo chapter
capricho caprice, fancy
captar to capture, captivate
capturar to capture, apprehend
cara face
carabela caravel, a light, fast sailing ship
carácter *m.* (*pl.* **caracteres**) character, nature
característico characteristic
caracterizar to characterize
carbón *m.* coal
cárcel *f.* jail
cardenal *m.* cardinal (*Catholic Church dignitary*)
carga charge (*military*)
cargado loaded
cargo charge (*law*); post, position; **tomar a cargo** to take charge of
caricaturesco caricatural
caridad *f.* charity
carismático charismatic
caritativo charitable
carlista *m., f.* Carlist, supporter of the pretension of Carlos María Isidro de Borbón (1788–1855) to the throne of Spain
carne *f.* flesh, meat
caro dear, expensive
carrera career
carreta cart
carretera highway
cartaginés, -esa Carthaginian, of Carthage
Cartago Carthage
cartel *m.* poster
cartón *m.* cartoon, design that serves as a model for transferring or copying

casa house

casamiento marriage

casar(se) to get married

cascada waterfall

casi almost

caso case; incident

castellano Castilian

castigar to punish

castigo punishment

castillo castle

castizo typical of Spain

castrar to castrate

casualidad *f.* coincidence, chance

catalán, catalana Catalan, Catalonian

catalogar to catalogue

catastrófico catastrophic

catedral *f.* cathedral

catedrático university professor

categorizar to categorize

catolicismo Catholicism

católico Catholic; **los Reyes** (*m. pl.*) **Católicos** the Catholic monarchs (Ferdinand and Isabella)

caudillismo rule by a chief

caudillo chief, leader

causa cause; **a causa de** because of

causar to cause

cavar to dig

caverna cave

caza hunting

cazar to hunt

cebolla onion

ceder to hand over; to yield; **ceder el paso** to give way

cegar (ie) to blind

celebrar to celebrate

célebre famous

celo zeal; earnestness; *pl.* jealousy

celta *n. m., f.* Celt; *adj. m., f.* Celtic

celtíbero Celtiberian

cementerio cemetery, burial place

cenar to have supper

censura censorship

censurado censored

centenar *m.* about one hundred

centenario centenary

centralista *adj. m., f.* centralist

centralizado centralized

centrista *adj. m., f.* centrist, of the center

centro center

ceñir (i) to fasten, encircle

cerca near

Cerdeña Sardinia

cerebro brain; **pérdida de cerebros** brain drain

cerrado fenced-in garden or property

cerveza beer

cesar to end

César Caesar

chapapote tar

charanga brass band; fanfare

charlar to chat

chico *n.* boy, young man; *adj.* small; **género chico** farce, broad comedy of manners and customs; **patria chica** region, province

chocante shocking

chófer *m.* chauffeur

chula attractive woman of the Madrid lower class

chulapo, chulapa swaggering young man (woman) of the Madrid lower or middle classes

churro cruller, strip of fried dough

ciclista *m., f.* biciclist

ciego blind; **gallina ciega** blind man's buff

cielo sky, heaven

ciencia science

científico scientific

ciento: por ciento percent

cierto certain

ciervo stag

cifra figure, cipher, number

cincel *m.* chisel

cine *m.* cinema, movies

cineasta *m.* film maker

cinematográfico cinematographic, having to do with the movies

cinismo cynicism

ciprés *m.* cypress tree

círculo circle

circunstancia circumstance

cirujano surgeon

citado mentioned

ciudad *f.* city; **ciudad-palacio** *f.* city-palace

ciudadano, ciudadana citizen

cívico civic

civilizado civilized

clamar to cry out; to clamor

clandestino clandestine, forbidden

claramente clearly

claro clear; of course

claroscuro chiaroscuro, contrast of light and shadow in painting

clase *f.* class

clásico classical, classic

clavar to stab, to pierce

clave *invariable adj.* key

clavel *m.* carnation

clérigo cleric, priest

clero clergy

clima *m.* climate

cobarde *n. m.* coward; *adj.* cowardly

coche *m.* car

código civil civil code

coexistir to coexist

cognado cognate

coincidir to coincide

cola line, queue

colaborar to collaborate

colectivo collective

colega *m., f.* colleague

colegio secondary school

coliseo coliseum

colmena beehive

colmillo eyetooth

colonia colony

colonizar to colonize

colorido coloring

collar *m.* necklace

comandante *m., f.* commander

comandar to command (*military*)

combatir to combat; to fight

comedia play; comedy

comendador *m.* commander (*of a military order*)

comentar to comment upon

comentario commentary

comentarista *m., f.* commentator

comenzar (ie) to begin

comer to eat; to have lunch

comercial commercial, having to do with business

comerciante *m., f.* merchant, businessperson

comercio commerce, business
comestible *m.* food
cometer to commit
comienzo beginning
comisionar to commission
cómodo comfortable
compañero companion, comrade; **compañero de clase** classmate
compañía company
comparación *f.* comparison
comparar to compare
compartir to share
compasivo compassionate
compatriota *m., f.* compatriot, fellow citizen
compensar to compensate for
competir (i) to compete
complejidad *f.* complexity
completo complete; **por completo** completely
complicar to complicate
componer (*like* **poner**) to compose, make up
comportamiento behavior
compositor, compositora composer
comprar to buy
comprender to understand; to comprise, include
comprensivo extensive; comprehensive
compromiso commitment
compuesto *p.p. of* **componer**
común common
comunicar to communicate
comunidad *f.* community
comunista *adj. m., f.* communist
concebir (i) to conceive
concentrar to concentrate
conciencia conscience; consciousness
concienzudo conscientious
concierto concert
conciliación *f.* reconciliation
concluir (y) to conclude
condado county, originally the dominion of a count
conde *m.* count
condenado condemned
condesa countess

conducir (zc) to conduct
conejo rabbit
conexión *f.* connection, link
conferencia lecture; conference
confesar (ie) to confess
confianza confidence
conformar(se) to resign oneself
conforme (a) in accordance (with)
confundir to confuse
conglomerado conglomeration
conjunto group, set
conjurado averted, conjured
conmemoración *f.* commemoration
conmemorar to commemorate
conmigo with me
conmovedor, -ora moving, emotional
conmover (ue) to move (emotionally)
conocer (zc) to be acquainted with; to know; **dar a conocer** to bring to light
conocido well-known
conquista conquest
conquistador, conquistadora conqueror
conquistar to conquer
conscripción *f.* draft, conscription
consecuencia consequence
conseguir (i) to obtain
consejero, consejera councillor
consejo advice; council; **consejo de estado** council of ministers
consentimiento consent
conservador, -ora *adj.* conservative; *n. m.* curator
conservar to keep; to conserve
consistir (en) to consist (of), be composed of
consolar (ue) to console
constituido constituted, made up
constituir (y) to constitute
constituyente *m., f.* constituent
construir (y) to construct
consuelo consolation
consulta: libro de consulta reference book
consultar to consult
consumo consumption
contaminar to contaminate

contar (ue) to tell; to count; **contar con** to count on
contemplar to contemplate
contemporáneo contemporary
contener (*like* **tener**) to contain
contenido content
contertuliano fellow member of a group of friends (**tertulia**)
contestar to answer
continuador, continuadora follower
continuamente continually
continuar (ú) to continue
contra against
contradictorio contradictory
contrafuerte *m.* buttress
contraproducente self-defeating
Contrarreforma Counterreformation
contrario opposite; **al contrario** on the contrary; **todo lo contrario** the exact opposite
contrato contract
contribuir (y) to contribute
convencido convinced
convenir (*like* **venir**) to be advisable
convergencia convergence, concurrence
conversar to converse
converso convert to the Christian faith
convertir (ie) to convert
convincente convincing
convivencia coexistence, living together
convocar to convene, to summon
cooperar to cooperate
copa mundial World Cup
copla popular Spanish song, ballad
coquetear to flirt
Corán *m.* Koran
corazón *m.* heart
cordero lamb
cordillera mountain range
cordobés, -esa pertaining to Córdoba
coreado sung in chorus
corear to echo
coro choir

corona crown

coronel *m.* colonel

correcto correct, proper

corregidor, corregidora Spanish magistrate

corregir (i) to correct

correr to run

corrida bullfight

corriente *f.* current

cortar to cut

corte *f.* court; *f. pl.* **Cortes** Spanish parliament

cortesía courtesy

corto short (*length, duration*)

cosa thing

costa coast

costoso costly, expensive

costumbre *f.* custom

cotidiano everyday

creador, creadora *n.* creator; *adj.* creative

crear to create

creativo creative

creciente growing

creencia belief

creer to believe

creyente *m., f.* believer

criado servant

criar (í) to raise, bring up, rear

crimen *m.* crime

criminalidad *f.* criminal behavior

criollo Creole, child born in the New World of Peninsular parents

crisol *m.* crucible

cristiandad *f.* Christendom

cristianismo Christianity

cristiano Christian

Cristo Christ

criterio judgment, opinion

crítica criticism

criticar to criticize

crítico critical

criticón, -ora fault-finding, carping

crónica chronicle

cronología chronology

crucificado crucified

crudo raw, stark

cruelmente cruelly

cruz *f.* (*pl.* **cruces**) cross

cruzada crusade

cruzar to cross; **cruzarse con** to encounter, run across

cuaderno notebook

cuadrado *adj.* square

cuadrilla crew (*bullfighting*)

cuadro painting, picture

cual which; **cada cual** each one (person)

cualidad *f.* quality

cualquier(a) any

cuando when

cuánto how much; *pl.* how many

cuarenta: los años cuarenta the forties

cuarto *adj.* fourth; *n.* quarter

cubierto covered; *p.p. of* **cubrir**

cubismo cubism, twentieth-century style of painting

cubrir to cover

cuchillo knife

cuello neck

cuenta bill; **tomar en cuenta** to take into account; **darse cuenta de** to realize; **a fin de cuentas** after all

cuento story

cuerda string, cord

cuerno horn

cuerpo body

cuervo crow

cuestión *f.* matter, issue

cuestionable questionable

cuestionar to question

cueva cave

cuidado care

cuidadosamente carefully

cuidadoso cautious

culminante culminating, highest

culminar to culminate, to end

culpa blame, fault; **tener la culpa** to be at fault

cultivar to cultivate

cultivo cultivation

culto *n.* cult; *adj.* cultured

cumbre *f.* peak, tip

cumplir to fulfill

cuna cradle, birthplace

cuñado brother-in-law

cura *m.* priest

curador, curadora curator (*of a museum*)

curar to cure

curiosidad *f.* curiosity

curioso curious, strange

curso course; year of study

curvo curved

cuyo whose

D

d.C. after Christ, A.D.

dama lady

danza dance

dañar to damage; to harm

dar *irreg.* to give

dato fact, piece of information

debajo (de) underneath

debatir to debate; to argue

deber to owe; ought, should (*expressing obligation*)

debido owing; **debido a** because of

débil weak

debilidad *f.* weakness

debilitar to weaken

década decade

decadencia decadence, decay

decaer (*like* **caer**) to decay

decir *irreg.* to say

declarar to declare

decreto decree

dedicar to dedicate

defender (ie) to defend

defensor, defensora defender, protector

dehesa pasture land; vast estates of grazing land owned by one person

dejar to leave; to allow; **dejar de** to stop; to keep from

delante before, in front of; **por delante** from the front

deleitar to delight

delgado slender

delicado delicate

delicia delight, pleasure of the senses

delinear to delineate

delito crime, offense

demás other, remaining, rest (of the); **los (las) demás** the others

demasiado too; too much

demócrata *m., f.* democrat

demoledor, -ora destructive, demolishing

demostrar (ue) to demonstrate

denominación *f.* denomination, calling

densidad *f.* density

dentro within; **por dentro** on the inside

denuncia denunciation

depender (de) to depend (on)

deporte *m.* sport

depositar to deposit; to place

deprimente depressing

deprimir to depress

derecha right (*direction*)

derechista *adj. m., f.* rightist, right-wing

derecho right, privilege (*law*)

derramado spilled

derramamiento spilling, spillage

derribar to overthrow

derrocar to bring down

derrota defeat

derrotar to defeat

desacostumbrado unaccustomed

desacuerdo disagreement; disconformity

desafiar (í) to challenge

desafío challenge

desafortunado unlucky

desangrar(se) to bleed to death

desaparecer (zc) to disappear

desaparición *f.* disappearance

desarrollar to develop

desarrollo development

desastre *m.* disaster

desastroso disastrous

descalzo barefoot; **Descalzas Reales** nuns of the "Royal Barefoot" Carmelite Order

descansar to rest

descanso rest

descargado without a load

descenso descent, decline

descifrar to decipher; to figure out

desconcertante disconcerting

desconcertar (ie) to disconcert; to surprise

desconfiado distrustful; **condenado por desconfiado** condemned because of distrustfulness

desconocer (zc) to not know; to disregard

descubierto *p.p. of* **descubrir**

descubrimiento discovery

descubrir to discover

desde since; from

desdén *m.* disdain, scorn

desear to desire

desembarcar to disembark

desembocar to flow; to empty

desempeñar to carry out; to fill (*an office or function*)

desempleo unemployment

desencantado disenchanted, disillusioned

desencanto disenchantment, disillusionment

desenfrenado unfettered, unrestrained

deseo desire

desertificación *f.* the process by which an area becomes a desert

desesperado hopeless; desperate

desfilar to parade

desgraciado unfortunate

deshacer (*like* hacer) to undo

deshonesto dishonest

deshonra dishonor, disgrace

desierto desert

desigual unequal

desilusión *f.* disillusion, disillusionment

deslumbrante brilliant, dazzling

desmoralizador, -ora demoralizing

desnudo nude, naked

desobedecer (zc) to disobey

desorganizado disorganized, disorderly

despacio slow

desperdigado scattered

despertar (ie) to awaken

déspota *m., f.* despot, tyrant

despotismo ilustrado enlightened despotism

despreciar to scorn

desprecio scorn, disdain

desprestigiar to lose prestige

después later; **después de** after

destacado outstanding

destacar to be outstanding; to excel

desterrar (ie) to exile

destierro exile

destino destiny, fate

destruir (y) to destroy

desunido disunited

desvalorar to discredit

desventaja disadvantage

detalle *m.* detail

detención *f.* arrest, detention

detener (*like* tener) to arrest

detenido arrested

determinación *f.* determination; decision, resolution

determinar to determine

detrás (de) behind

devolver (*like* volver) to return (something)

devoto devout; devoted to

devuelto *p.p. of* **devolver**

día *m.* day; **hoy día, hoy en día** nowadays

diablo devil

dialogado in dialogue form

diario *n.* newspaper; *adj.* daily

dibujante *m., f.* sketcher

dibujar to draw, sketch

dibujo drawing, sketch

diciembre December

dictador, dictadora dictator

dictadura dictatorship

dictar to dictate

dicho *p.p. of* **decir**

didáctico didactic

diferencia difference

diferente different

diferir (ie) to differ

difícil difficult

dificultad *f.* difficulty

difusión *f.* propagation, spreading

dignamente with dignity

dignidad *f.* dignity

dignificar to dignify

digno worthy; dignified

dilema *m.* dilemma

diligencia diligence, industriousness

dimisión *f.* resignation (*of office*)
dimitir to resign, relinquish
dinero money
Dios God
diplomático *n.* diplomat; *adj.* diplomatic
diputado deputy; congressman
dirigente *m., f.* leader, director
dirigir (j) to direct
disciplinado disciplined
discípulo, discípula pupil; follower, disciple
discordia discord, disagreement
discrepancia disagreement
discreto wise, prudent
discurso speech, address
discutir to discuss, debate
diseño design
disfrutar to enjoy
disgustado displeased, annoyed
disidencia dissidence, opposition
disminución *f.* decrease, decline
disminuir (y) to diminish
dispar *m., f.* different, disparate
disperso *adj.* dispersed, scattered
disponer (*like* **poner**) to dispose; to give instructions for
disposición *f.* disposal
dispuesto *p.p. of* **disponer;** *adj.* disposed, ready
distinción *f.* distinction, elegance
distintivo distinctive
distinto different
distorsionado distorted
distraer (*like* **traer**) to distract; to amuse
diversidad *f.* diversity
diverso various, different
divertir (ie) to divert; to amuse; **divertirse** to have a good time
doblar to dub (*a film*)
doble double
doblón *m.* doubloon (*coin*)
dócilmente docilely, obediently
doctorado doctorate
documental *m.* documentary
dolor *m.* pain, suffering
doloroso painful; **la Dolorosa** the Virgin Mary
dominador, -ora dominating

dominar to dominate
don (doña) title of respect used with first names
doncella maiden
donde where
dorado gold-colored
dormir (ue) to sleep; *n. m.* sleep
dramaturgo playwright
drásticamente drastically
droga drug
duda doubt
dudar to doubt
dudoso doubtful
duelo duel
dueña mistress
dueño owner; master
dulce sweet
dulzura sweetness
dúo duet
duque *m.* duke
duquesa duchess
duradero long-lasting
durante during
durar to last
duro hard

E

e and (*before words beginning with* **i** *or* **hi**)
eclesiástico priest
ecologismo pertaining to ecology
echado *adj.* resting
edad *f.* age; **Edad Media** Middle Ages; **tercera edad** retired age group
edificación *f.* construction
edificar to build
edificio building
editorial pertaining to publishing
educativo educational
efímero ephemeral, short-lived
egoísmo selfishness
egoísta *adj. m., f.* selfish
egolatría self-worship
ejecución *f.* execution
ejecutar to execute
ejemplar *n. m.* specimen; *adj.* exemplary

ejemplo example
ejercer (z) to exercise (power)
ejercicio exercise
ejército army
elaborado elaborate
elaborar to elaborate
electorado electorate
elegía elegy, composition written as a lament for the dead
elegir (i) to elect, to choose
elepe *m.* LP, long-playing record
elevar to raise; **elevarse** to rise
elogiar to praise
elogio praise
embargo: sin embargo nevertheless, however
embellecer (zc) to beautify
embestida charge (*of the bull*)
embestir (i) to charge upon, attack
emboscada ambush
emitir to emit; to broadcast
emocionado *p.p. of* **emocionar**
emocionante moving
emocionar(se) to be emotionally moving (moved)
empeorar to become worse
emperador *m.* emperor
empezar (ie) to begin
emplear to employ; to use
empleo job
empobrecer (zc) to become poor
empobrecido impoverished
emprender to undertake
empresa enterprise; **empresa bancaria** holding company
empresario businessman
enamorarse to fall in love
enano, enana dwarf
encabezado led, headed
encantar to delight, charm, enchant
encanto charm
encarcelado imprisoned, jailed
encarcelamiento imprisonment
encargado (de) charged (with)
encargar to commission; **encargarse (de)** to be in charge (of)
encerrar (ie) to lock up
enciclopédico vast, encyclopedic
encierro enclosure

encima on top; **por encima de** above

encontrar (ue) to find; **encontrarse con** to meet up with

encuentro meeting

encuesta poll

enderezar to straighten out; to put right

enemigo enemy

enérgico energetic

enfático emphatic

enfatizar to emphasize

enfermedad *f.* illness

enfermo ill

enflaquecido grown thin

enfrentarse to face

enfrente in front

engañar to deceive

engaño deception

engendrar to engender, beget; to produce

enigma *m.* enigma, puzzle

enigmático enigmatic, puzzling

enmienda amendment

enorme enormous

enriquecimiento enrichment

ensayo essay; rehearsal

enseñanza *n.* teaching

enseñar to teach

entender (ie) to understand

entendimiento comprehension, understanding

enterarse to find out

entero entire, whole

enterrar (ie) to bury

entidad *f.* entity

entierro burial

entonces then

entrada entrance, ticket

entrañable intimate

entrar to enter

entre among; between

entregarse to give oneself up; to devote oneself; to surrender

entremés *m.* one-act farce performed between acts of a longer play

entretener (ie) to entertain

entretenimiento entertainment

entuerto wrong, injustice

entusiasmar to make enthusiastic

envejecer (zc) to age

enviar (í) to send

envidia envy

envidioso envious

envolver (*like* **volver**) to involve; to wrap

envuelto wrapped; *p.p. of* **envolver**

épico epic

episodio episode

epíteto epithet

época era, age, time

epopeya epic poem; adventure

equilibrio balance

equitativo equitable

erguido erect

erotismo eroticism

erudito erudite, learned

escala scale

escandalizar to scandalize

escándalo scandal

escandaloso scandalous

escaparse to escape; **escaparse de su casa** to run away from home

escasez *f.* (*pl.* **escaseces**) scarcity

escaso scarce

escena scene

escenario setting

escéptico skeptical

Escipión Scipio (*Roman general in the war against Numancia*)

esclavo slave

Escocia Scotland

escoger (j) to choose

esconder to hide

escribir to write

escrito *p.p. of* **escribir**

escritor, escritora writer

escritorio desk

escrúpulo scruple

escuadra squadron

escuchar to listen

escudero squire

escuela school

esculpir to sculpt

escultor, escultora sculptor

escultura sculpture

esencia essence

esfera sphere

esfuerzo effort

eso: por eso for that reason

espacioso spacious

espada sword

espantoso frightful

español, española *adj.* Spanish; *n.* Spaniard

esparcido scattered, spread out

especializado specialized

espectáculo spectacle, show

espectador, espectadora spectator

espectro spectrum

espejo mirror

espera waiting, expectation

esperanza hope

esperar to wait; to hope; to expect

espesor *m.* thickness

espinazo spine, backbone

espíritu *m.* spirit

espiritualidad *f.* spirituality

espontáneo spontaneous

esposa spouse; wife

esposo spouse; husband

esqueleto skeleton

esquila small bell

esquina corner

estabilidad *f.* stability

establecer (zc) to establish

establecimiento establishment

estadística study of statistics; *pl.* statistics

estado state; **estado de bienestar** welfare state; **estado de derecho** nation of laws; **golpe** (*m.*) **de estado** coup d'état

estadounidense of the United States

estallar to blow up, to explode; to break out (*war*)

estancia stay, sojourn

estanque *m.* pool

estar *irreg.* to be

estatal pertaining to the state

estatua statue

este *m.* east

estilista *m., f.* stylist

estilístico stylistic

estilo style

estío summer

estoico stoic

estoque *m.* rapier, sword

estrecho *n.* strait; *adj.* narrow

estrenar to present for the first time

estribillo refrain

estrofa stanza

estructura structure

estudiante *m., f.* student

estudiantil pertaining to students

estudiar to study

estudio study

etarra *m., f.* member of the Basque armed group ETA

eterno eternal

Eucaristía Eucharist; communion

eunuco eunuch

europeización *f.* Europeanization

europeizado Europeanized

europeo European

euskera Basque language

evitar to avoid

evocar to evoke

exactitud *f.* exactness

exagerado exaggerated

exaltado excited

examen *m.* examination

excelencia excellence; **por excelencia** par excellence

exclamar to exclaim

exhibir to exhibit

exigir to demand

exiliado exiled

exilio exile

éxito success

exitoso successful

explicación *f.* explanation

explicado explained

explicar to explain

explicativo explanatory

explorador, exploradora explorer

explotación *f.* exploitation

explotar to exploit

expulsar to expel

exquisitez *f.* exquisiteness

exquisito exquisite; delicious

éxtasis *m.* ecstasy

extender (ie) to extend

extensivo extensive, widespread

extenso extensive, vast

extranjero abroad; *n.* foreigner; *adj.* foreign

extraño strange

extremadamente extremely

extremado extreme, carried to the limit

F

fábula fable

fácil easy

facilidad *f.* ease, facility

factible feasible

facultad *f.* school (of a university)

faena series of passes in the third part of the bullfight

Falange *f.* Spanish fascist party

falangista *m., f.* Falangist, member of the Falange Party

falsedad *f.* falsity; falsehood

falta lack

faltar to be lacking

fallecer (zc) to die

fama fame; reputation

familiar *m., f.* member of a family; *adj.* familial

fantasía fantasy, imagination

farmacia pharmacy

farsa farce

fascinador, -ora fascinating

fascinante fascinating

fatiga tiredness

favor *m.* favor; **a favor** in favor

favorecer (zc) to favor

fe *f.* faith

febrero February

fecha date

felicitar to congratulate

feliz happy; lucky

feminista *m., f.* feminist

fenicio Phoenician

fenómeno phenomenon

feo ugly

feria fair

feroz (*pl.* **feroces**) ferocious

ferrocarril *m.* railroad

fervorosamente fervently

ficticio fictitious

fidelidad *f.* fidelity, faithfulness

fiebre *f.* fever

fiel faithful

fiesta festival; party

figurar to figure; to appear

fijar to fix; to establish

ila line

filiación *f.* connection; relationship

filigrana filigree

filólogo, filóloga philologist

filosofía philosophy

filosófico philosophical

filósofo, filósofa philosopher

fin *m.* end; **a fin de cuentas** after all; **en fin** in short

final *m.* end

finalmente finally, ultimately

financiación *f.* financing

financiar to finance

financiero financial

fingir (j) to pretend

fino fine, refined

firmar to sign

firme firm

firmeza firmness

físico physical

flaco skinny

flamenco Flemish; flamenco (song or dance)

Flandes Flanders

flebitis *f.* phlebitis

flecha arrow

flexibilidad *f.* flexibility

flor *f.* flower

florecer (zc) to flower

florecimiento flowering

florido flowery

flota fleet

folklórico folkloric

fomentar to promote, encourage

fondo bottom; rear, background; subject matter

forastero outsider

forestal pertaining to a forest

forjar to forge, build

formado formed, made up

formar to form

formidable formidable; tremendous

formular to formulate

fortaleza fortress

fortuna fortune; luck

foto *f.* (*from* **fotografía**) photograph

fracasar to fail
fracaso failure
fragancia fragrance
fragua forge, metalsmith shop
fraile *m.* friar, monk
francés, -esa French
Franco-Condado Franche-Comté, county near Burgundy in eastern France
franquista *m., f.* pertaining to the era of General Francisco Franco's rule
frase *f.* sentence
fraternidad *f.* brotherhood
frecuencia frequency
frecuente frequent
frenar to slow down; to brake
frenesí *m.* frenzy
frente (a) regarding; in front of, before, facing
frente *m.* front; *f.* forehead
frescura freshness
frialdad *f.* coldness
frío cold
frivolidad *f.* frivolity
frívolo frivolous
frontera border
fronterizo pertaining to the border
frustrador, -ora frustrating
fruta fruit
fruto product, result
fuego fire
fuente *f.* source; fountain
fuera outside
fuero law
fuerte strong
fuerza force
funcionamiento working, operation
funcionar to function
funcionario official
fundación *f.* founding
fundador, fundadora founder
fundar to found
fundir to fuse together
furia fury
furioso furious
furtivo *adj.* furtive; *n. m.* poacher
fusil *m.* rifle
fusilar to shoot

G

gabinete *m.* cabinet
gaita bagpipe
galán *m.* gallant; youthful male lead in a play
galardonar to honor, reward
galera galley (*nautical*)
gallego Galician, pertaining to Galicia
gallina hen; **gallina ciega** blind man's buff
gana desire; **darle (a uno) la gana** to feel like; **de mala gana** unwillingly
ganadería cattle-raising; livestock
ganadero owner of cattle
ganado cattle; livestock
ganador, ganadora winner, earner
ganar to win; **ganarse la vida** to earn a living
garantía guarantee
garantizar to guarantee
garganta throat
garra claw
garza heron
gastar to spend
gaviota seagull
gemelo twin
género genre, type; **género chico** farce, broad comedy of manners and customs
genial inspired; ingenious; lovable
genio genius
gente *f.* people
gesto gesture
gigante *n. m.* giant
giro turn
gitano gypsy
gloria glory
gobernador, gobernadora governor
gobernar (ie) to govern
gobierno government
godo Gothic, pertaining to the Goths
golfo gulf; urchin, raga-muffin
«golpazo» attempted coup that took place in Spain in February of 1981

golpe *m.* blow; **golpe de estado** coup d'état; **golpe militar** military coup
golpear to beat, to hit
gongorismo poetic style of Luis de Góngora and his imitators
gordo fat
gótico Gothic (*art and architecture*)
goyesco pertaining to or characteristic of Goya
gozar to employ
gracia grace; charm; wittiness; *pl.* thanks, thank you
gracioso amusing, witty
grado degree
graduado graduate
gramática grammar
gran (grande) great; big
granadino pertaining to Granada
grandeza greatness
grandiosidad *f.* grandeur, greatness
grandioso splendid; magnificent; grandiose
granito granite
gratitud *f.* gratitude
gratuitamente freely, without cost
gratuito free
grave serious, grave
griego Greek
gris gray
gritar to scream; to yell; to protest
grito cry
grueso thick; fat
grupo group
guapo handsome
guardar to keep
guardia *f.* (*military*) guard; *m.* guardsman; **guardia civil** *f.* national police force
guarnición *f.* garrison
gubernamental governmental
guerra war
guerrear to make war; to fight
guerrero *n.* warrior; *adj.* warlike
guerrilla guerrilla warfare
guía *m., f.* guide
guión script, screenplay
guionista *m., f.* screenwriter
guitarra guitar

guitarrista *m., f.* guitar player
gustar to be pleasing
gusto taste

H

haber *irreg.* to have (+ *p.p.*); **por haber** to come
habilidad *f.* skill
habitante *m., f.* inhabitant
habitar to inhabit
hábito custom, habit
hablar to speak
hacer *irreg.* to do; to make; **hace + time + past tense** ago; **hacer compañía** to accompany; **hacer frío** to be cold (*weather*); **hacer un viaje** to take a trip
hacia toward; around
hacienda property, fortune; **Ministro de Hacienda** Minister of Finance
hacha (*f. but* **el hacha**) ax, hatchet
hallar to find
hambre (*f. but* **el hambre**) hunger
hambriento desirous, spiritually hungry
harén *m.* harem
harto sick and tired
hasta until; even
hazaña exploit, heroic feat
hebreo Hebrew
hechizado bewitched
hechizo magical spell
hecho *p.p. of* **hacer**; *adj.* made; *n. m.* fact; action, deed
hemisferio hemisphere
heredar to inherit
heredero heir
hereje *m., f.* heretic
herencia inheritance
herida *n.* wound, injury
herido *adj.* wounded, injured
hermana sister
hermano sibling; brother
hermoso beautiful, fair
hermosura beauty

héroe *m.* hero
hervir (ie) to boil
hidalgo noble
hija daughter
hijo child; son; *pl.* children
himno hymn
hipocresía hypocrisy
hipócrita *n. m., f.* hypocrite; *adj. m., f.* hypocritical
hispánico Hispanic
hispanoamericano Latin American
hispanorromano Hispano-Roman
historia history; story
historiador, historiadora historian
histórico historical
hogaño nowadays; in our time (*colloq.*)
hogar *m.* home
hoguera bonfire; burning at the stake
holandés, -esa Dutch
hombre *m.* man
homenaje *m.* tribute
homogeneidad *f.* homogeneity
hondo deep
honestidad *f.* honesty
honra honor
honrado honorable
hora hour; time
horizonte *m.* horizon
horno oven
horrendo dreadful, horrible
horroroso frightful, horrifying
hospedar to host
hostia (Sacred) Host
hoy today; nowadays
huelga strike
huella footprint; track; mark
huérfano orphan
huerta irrigated, cultivated land
hueso bone; **carne y hueso** flesh and blood
huesudo bony
huir (y) to flee; to run away
humanidad *f.* humanity
humilde humble
humillante humiliating
humillar to humble
humorista *m., f.* humorist, comic
hundir(se) to sink; to disappear

I

ibero Iberian
ibérico Iberian
identidad *f.* identity; **señas** (*f. pl.*) **de identidad** identifying marks
idioma *m.* language
ido *p.p. of* **ir**
ídolo idol
iglesia church
ignorar to be ignorant of
igual equal
igualdad *f.* equality
ilegítimo illegitimate
iluminado illuminated
ilustrado enlightened
ilustre illustrious
imagen *f.* image
imaginería carving or painting of sacred images
impedir (i) to prevent; to hinder
imperio empire
ímpetu *m.* impetus, drive
imponente grandiose, imposing
imponer (*like* **poner**) to impose
importar to be important; to import
imposibilidad *f.* impossibility
imprescindible indispensable
impresionante impressive
impresionar to impress
imprimir to print
improvisador, -ora improvising
improvisar to improvise
impuesto *p.p. of* **imponer**; *n.* tax
impulsar to impel; to drive
impulso drive, push
impunemente with impunity, without punishment
inagotable inexhaustible
inaguantable unbearable
inapreciable inestimable
inaugurado inaugurated, begun
incapacidad *f.* inability
incauto incautious, unwary
incendiar to set fire to
incendio fire
incertidumbre *f.* uncertainty
inclinar(se) to be inclined
incluir (y) to include

incluso including; even
incomprensible incomprehensible
incorporar to include; **incorporarse** to join
increíble incredible
indefenso defenseless
independentista *m., f.* proponent of independence
indeterminado indefinite
Indias *f. pl.* Indies
indicar to indicate
indicio indication; sign
indígena *adj. m., f.* indigenous; *n. m., f.* native
indignarse to become indignant
indio Indian
indirectamente indirectly
indisoluble undissolvable
individuo individual
indoeuropeo Indo-European
índole *f.* type, nature
inefable unutterable, indescribable
ineficacia inefficiency
inestabilidad *f.* instability
infalible never-failing
infancia childhood, infancy
infanta princess
infante *m.* prince
infantería infantry
infantil infantile, pertaining to children
infatigable untiring
inferior lower; inferior
infierno hell
infinidad *f.* infinite number
influir (y) to influence
informe *m.* report
ingeniero engineer
ingenio wit
ingenioso ingenious, clever
ingenuo ingenuous, naive
inglés, -esa English
ingratitud *f.* ingratitude
ingrato ungrateful
ingreso entrance
inhibir to inhibit
inhóspito inhospitable
iniciador, iniciadora *n.* founder, initiator; *adj.* first

inicial initial, first
iniciar to begin
inigualado unequalled
injusto unfair
inmenso immense
inmoralidad *f.* immorality
inmortalidad *f.* immortality
inmortalizado immortalized
inmovilizar to immobilize
innecesario unnecessary
innovador, -ora innovative
inolvidable unforgettable
inquietante disquieting, disturbing
inquietar to make nervous
inquieto restless
inquietud *f.* uneasiness, concern
inquisidor *m.* inquisitor
insatisfecho dissatisfied
inseguridad *f.* insecurity
insidiosamente insidiously
insinuarse (ú) (en) to slip (in)
insólito unusual
insoportable intolerable, unbearable
inspeccionar to inspect
inspirador, inspiradora one who inspires
inspirar to inspire
instalación *f.* post, station
instalar to install
instinto instinct
ínsula (*archaic*) island
integral whole, inclusive
íntegramente thoroughly
integrante constituent, integral
intensamente intensely
intensificar to intensify
intentar to try
intento attempt
intercambio exchange
interés *m.* interest
interesante interesting
interesar to interest; **interesarse** to be interested in
intermedio intermediate
interno internal
intérprete *m., f.* interpreter
interrumpir to interrupt
intervención *f.*: **no intervención** nonintervention

intervenir (ie) to intervene
intimista *adj. m., f.* intimate
íntimo intimate
intransigencia intransigence; intolerance
intransigente intransigent; uncompromising
intriga intrigue
introducción *f.* introduction, first appearance
introducir (zc) to introduce
intruso intruder
inundar to flood
inútil useless
invasor, invasora invader
invencible invincible, unbeatable
invento invention
invernadero nursery
inversión *f.* investment
invertebrado invertebrate; lacking values and structures in common
investigación *f.* research
invierno winter
invitar to invite
involucrar to jumble; **involucrarse** to involve oneself
ir to go; **ir más allá (de)** to go beyond; **irse** to go away
irlandés, -esa Irish
irracionalidad *f.* irrationality
irreal unreal
irreconocible unrecognizable
irritante irritating
isla island
islámico Islamic
italiano Italian
itálico italic
itinerario itinerary; route
izquierda the left (*politics*)
izquierdista *m., f.* leftist
izquierdo left

jamás never
jarcha Hispano-Arabic song
jardín *m.* garden
jarra jar

jaula cage
jefatura command; leadership
jefe, jefa chief, leader
jerarquía hierarchy
jerez *m.* sherry
jeroglífico hieroglyph, hieroglyphic
jesuita *m., f.* Jesuit
jinete *m.* horse-rider
jondo (*colloq.*) deep
joven *n. m., f.* young person; *adj. m., f.* young
joya jewel
jubilarse to retire
judío *n.* Jew; *adj.* Jewish
Juegos Olímpicos Olympic Games
juerga spree; **de juerga** on the town
juez *m.* (*pl.* **jueces**) judge
jugar (ue) to play
juglar *m.* epic singer
juicio judgment; sanity
julio July
junta council
juntar to join; **juntarse** to get together
junto together
jurar to swear; to vow
justiciero fair, just
justificable justifiable
justo fair
juvenil youthful, young
juventud *f.* youth
juzgar to judge

K

kiosco kiosk, newspaper and book stand

L

laberinto labyrinth, maze
labio lip
labor *f.* task
labrador, labradora farm worker, peasant
lacayo lackey

ladino language spoken by the Sephardic Jews, based on Old Castilian and written with Hebrew letters
lado side; **del lado** on the side, in favor; **por otro lado** on the other hand
ladrón, ladrona thief
lágrima tear (drop)
lamentablemente lamentably
lana wool
lanza lance
lanzar to launch; **lanzarse** to embark
largo long
lascivo lewd
latinizado Latinized
laúd *m.* lute
lavar to wash
lazo link, tie
leal loyal
lealtad *f.* loyalty
lección *f.* lesson
lector, lectora reader
lectura *n.* reading
lecho bed
leer to read
legítimo legitimate
legua league (*measure of distance*)
leído *p.p. of* **leer**
lejano faraway
lejos far
lengua tongue; language
lenguaje *m.* language
lento slow
león, leona lion
letra letter (*of the alphabet*); writing; lyrics; *pl.* literature
levantamiento uprising
levantar to raise; **levantarse** to get up; to rise up
ley *f.* law; **ley sálica** Salic law
leyenda legend
liberar to free
libertad *f.* liberty
libertador, libertadora liberator
libertino licentious
libre free; **aire** (*m.*) **libre** open air
libro book
licenciado person possessing a higher degree; graduate

liceo lyceum, literary or recreational society; **Teatro del Liceo** famous theater in Barcelona
líder *m., f.* leader
liderazgo leadership; rule
lidia fight, struggle (*usually referring to a bullfight*)
lienzo canvas; (*by extension*) painting
ligado linked
ligero slight
limonero lemon tree
limosna alms, charity
limpio clean
línea line
lírica *n.* lyric poetry
lírico *adj.* lyrical
listo ready
literato *adj.* writer; literary person
llama flame
llamar to call
llano flat
llanto lament
llanura plain, flatland
llave *f.* key
llegada arrival
llegar to arrive
llenar to fill
lleno full
llevar to wear; to take; to carry; to bring; to take away; **llevar a cabo** to carry out
llorar to cry
llover (ue) to rain
lluvia rain
localidad *f.* locality
loco insane, mad; **volverse loco** to go mad
locomotora locomotive
locura madness, insanity
lógica *n.* logic
lógico *adj.* logical
lograr to manage (to); to achieve
logro achievement; success
lozano beautiful; vigorous, healthy
lucha fight, battle
luchador, luchadora fighter
luchar to fight
luego later; then
luengo (*archaic*) long

lugar *m.* place; **dar lugar** to cause; **tener lugar** to take place
lujo luxury
lujosamente luxuriously
luna moon
luz *f.* (*pl.* **luces**) light

M

macabro macabre
macilento emaciated
macizo solid; sound
machista *adj. m., f.* sexist
madera wood
madre *f.* mother
madrileño of or pertaining to Madrid
madrugada early morning
madrugador, madrugadora early riser
madrugar to get up early
madurar to mature
madurez *f.* maturity
maduro mature
maestro teacher; master; **obra maestra** masterpiece
magia magic
magistralmente masterfully
magnitud *f.* magnitude, scale
mago sage, magician
mahometano Mohammedan
maja young woman of the working class
majada sheepfold
majestuoso majestic
majo dandy of the working class
mal *adv.* ill, badly; *n. m.* evil, misfortune
malagueño of or pertaining to Málaga
maldad *f.* evil
maleante *m.* hoodlum, evil person
malo bad, evil **mala educación** *f.* bad manners
maltratar to abuse, treat poorly
mallorquino of or pertaining to Mallorca (Majorca)
manada herd
manco crippled by the loss of one hand

manchego of or pertaining to La Mancha
mandar to send; to command
mandato command
mando command, leadership
manejar *m.* to manage; to conduct
manera manner, way
manifestación *f.* demonstration; manifestation
manifestar (ie) to show; to manifest
maniobra maneuver
manipular to manipulate
mano *f.* hand; **mano de obra** labor
manso tame, docile, gentle
mantener (*like* **tener**) to maintain; to support; **mantenerse** to remain
manuscrito manuscript
mañana *adv.* tomorrow; *n. f.* morning; *n. m.* future
mapa *m.* map
mar *m.* sea
maravilla marvel
maravillarse (de) to marvel (at)
maravilloso marvelous
marcadamente markedly
marcado marked; significant
marcar to mark
marcha journey; **en marcha** in motion
marco frame
marearse to get seasick
margen *m.* margin; **al margen de** at the edge of
marginado marginalized, downtrodden
marido husband
marinero seagoing
marino sailor
mármol *m.* marble; sculpture
marqués *m.* marquis
marroquí, marroquina Moroccan
Marruecos Morocco
mártir *m., f.* martyr
martirio martyrdom
mas but
más more; most
masa mass (*physics*)
máscara mask
matador, matadora bullfighter

matanza slaughter; massacre
matar to kill
materia material; matter
maternidad *f.* maternity
matiz *f.* (*pl.* **matices**) shade of color; tint
matrícula registration; tuition cost
matrimonio marriage
máximo highest; greatest
mayo May
mayor older; oldest; greater; greatest
mayoría majority
mayoritario pertaining to the majority
maza mallet
mediado half-full; **a mediados de** halfway through
mediante through, by means of
médico physician
medida: a medida que as, at the same time as
medio middle; half; *pl.* milieu; means; **las diez y media** ten-thirty
medio ambiente *m.* environment; atmosphere
medios (*m. pl.*) **de comunicación** media
mejor better; best
mejora improvement
mejorar to better, to improve
melodioso melodious
memoria memory; *pl.* memoirs
mendigo beggar
menestral, menestrala artisan
menina waiting-woman, servant
menor less; minor
menos less; except; fewer; **por lo menos** at least
mentalidad *f.* mentality
mente *f.* mind
mentira untruth, lie
menudo small; **a menudo** often
mercader *m.* merchant
mercado market
merced *f.* grace, favor; mercy; **vuesa merced** your grace
merecer (zc) to deserve
meridional southern
mérito merit, value

mero pure, mere
mes *m.* month
mesa table
meseta plateau
meta goal, object
metafórico metaphorical
metro meter
metrópoli *f.* metropolis, capital
mezcla mixture
mezclar to mix
mezquita mosque
miedo fear
miembro member
mientras while
milagro miracle
milagroso miraculous
milicia militance, warfare
militante *m., f.* militant
militar military
milla mile
millar one thousand; *pl.* thousands
millonario millionaire
mina mine
minero miner
ministerio ministry
ministro minister; **primer ministro** prime minister
minoría minority
minoritario pertaining to minority
minúsculo small, minute
mirada look, gaze
mirar to look; to gaze
misa (Catholic) mass
miserable wretched, unfortunate
miseria poverty
misionero missionary
mismo same; **sí misma** herself; **sí mismo** himself
mitad *f.* half; middle
mítico mythical
mito myth
mitológico mythological
moda fashion, style
modalidad *f.* manner, way
modelo *m., f.* model
moderado moderate
modo way; **de todos modos** anyway, in any case
molinera miller's wife
molino mill

monarca *m., f.* monarch
monárquico monarchical
moneda coin; currency
monja nun
monolingüismo utilization of one language
monótono monotonous
monstruo monster; **monstruo de la naturaleza** force of nature
monstruoso monstrous
montaña mountain
montañoso mountainous
montar to mount
morada dwelling
moraleja moral
moralizador, -ora moralizing
moreno dark-skinned, dark-haired
moribundo dying
morir (ue) to die
morisco Moorish, pertaining to Spanish Moors only
moro Moorish, pertaining to Moors or Mohammedans
mortificado shamed
mostrar (ue) to show
moverse (ue) to move (*oneself*)
movimiento movement
moza young woman
mozárabe pertaining to Christians living under Moslem domination in Spain
muchacha girl
muchacho boy
mucho a lot, much; *pl.* many; **muchas veces** *f. pl.* often
mudéjar pertaining to Moslems living under Christian domination in Spain
muerte *f.* death
muerto dead; *p.p. of* **morir**
muestra example, demonstration
mujer *f.* woman
muleta cane bearing bullfighter's small cape
multiplicar to multiply
mundial pertaining to the world
mundo world; **todo el mundo** everyone
muralla wall

murciano pertaining to the province of Murcia
murciélago bat (*animal*)
muro wall
museo museum
músico *m., f.* musician
musicólogo musicologist
musulmán, -ana Muslim
mutuo mutual

N

nacer (zc) to be born
nacimiento birth
nacional national; reference to Franco's side in the Civil War
nacionalidad *f.* nationality
nada nothing; **más que nada** more than anything else
nadie nobody
napoleónico pertaining to Napoleon
naranja orange
naranjo orange tree
nardo spikenard (*flower*)
nariz *f.* nose; **el narizotas** Big Nose (Carlos IV)
narración *f.* narration, story
narrador, narradora narrator
narrar to narrate; to tell a story
natal native, pertaining to birth
natalidad *f.* birthrate
naturaleza nature; **naturaleza muerta** still life
naturalidad *f.* naturalness
navaja knife, blade, dagger
nave *f.* ship
necesidad *f.* necessity, need
necesitar to need
necio stupid, silly
negación *f.* negation, denial
negar (ie) to deny; **negarse (a)** to refuse (to)
negociar to negotiate
negocio business
negro black
negruzco-verdoso blackish-greenish

neofranquista *m., f.* neo-Franquist; pertaining to a renovation of Franco's beliefs and doctrines

nerviosidad *f.* nervousness

neutralidad *f.* neutrality

ni nor; not even

nido nest

nieta granddaughter

nieto grandson; grandchild

nieve *f.* snow

nihilista *m., f.* nihilist

niña child, girl

niño child, boy

nivel *m.* level

nobleza nobility

nocturno nocturnal, by night

noche *f.* night

nómada *m., f.* nomadic

nombrar to name

nombre *m.* name

nórdico Nordic, northern

norma norm, rule

noroeste *m.* northwest

norte *m.* north

norteño northern, of the north

nota note

notar to notice

noticias *f. pl.* news

notorio well-known

novedad *f.* novelty

novela negra detective novel

novelado in the form of a novel

novelesco novelesque, fantastic

novelista *m., f.* novelist

novia bride, fiancée

noviazgo engagement

noviembre November

novillero bullfighter who fights young bulls (*one stage prior to becoming a matador*)

novillo young bull

novio bridegroom; fiancé; **ponerse de novios** to become engaged

nube *f.* cloud

nuevo new

numantino pertaining to Numancia

numéricamente numerically

número number

numeroso numerous, many

nunca never

O

obedecer (zc) to obey

obispo bishop

objetividad *f.* objectivity

objetivo *n. m.* goal; *adj.* objective

objeto object

obligar to oblige; to force

obra work; **obra maestra** masterpiece

obrero *n.* worker; *adj.* pertaining to workers and working

observador, observadora *n.* observer; *adj.* observing

obstinado obstinate, stubborn

obtener (*like* **tener**) to obtain

obvio obvious

ocaso decline, end

occidental Western

Occidente *m.* Occident, the West

ocioso idle

octubre October

ocultar to hide

ocupante *m., f.* occupant

ocupar to occupy

ocurrir to occur, to happen

odiar to hate

odio hate

odisea odyssey

oeste *m.* west

oficina office

oficio work, career

ofrecer (zc) to offer

ogro ogre

oído ear

oír (y) to hear

ojival pertaining to a pointed arch

ojo eye

ola wave

óleo oil-painting

olivo olive

olvidar to forget

opinar to give an opinion

oponerse (*like* **poner**) to be opposed

oprimido oppressed

optar to opt

opuesto *p.p. of* **oponer**; *adj.* opposite

oración *f.* sentence

orar to pray

orden *m.* order, regularity, religious community; *f.* order, command

ordenación *f.* ordering, arrangement

ordenar to command; to arrange; **ordenarse sacerdote** to become ordained as a priest

orgía orgy

orgullo pride

orgulloso proud

oriental *adj.* eastern

Oriente *m.* the East, Orient

origen *m.* origin

originalidad *f.* originality

originar to originate

orilla shore

oro gold; **Siglo de Oro** Golden Age

orquesta orchestra

oscuro dark

ostentar to flaunt

ostentoso ostentatious

otero hill

otorgar to grant, bestow

oveja sheep

oyente *m., f.* listener

P

paciencia patience

pacífico pacific, peaceful

padre *m.* father; Father (*priest*); *pl.* parents

pagar to pay

página page

pago payment

país *m.* country

paisaje *m.* landscape; countryside

paisano peasant

pájaro bird

paje *m.* pageboy

palabra word

palco reviewing stand

pálido pale

palmear to clap

palmo span, measure of length (*8 inches*)

palo club, stick

paloma dove

pamplonés, -esa pertaining or referring to Pamplona

panameño pertaining or referring to Panama

pandereta tambourine

pandilla group of friends, gang

pantera raft for illegal transportation

pañuelo handkerchief

papa *m.* Pope

papel *m.* paper; role; **desempeñar un papel** to play a role

par *m.* pair; **sin par** unequaled, without equal

para in order to; for

paradoja paradox

paradójicamente paradoxically

parador *m.* inn

paraíso paradise

parar to stop; **¿adónde iremos a parar?** where will it all end?

pardo gray; brown; drab

parecer (zc) to seem; **parecerse a** to resemble, be similar to

parecido similar

pared *f.* wall

pareja pair, couple

parisiense pertaining or referring to Paris

parlamento parliament

Parnaso Parnassus, the mountain where the Muses live

paro unemployment

paródico parodistic

párrafo paragraph

parte *f.* part; **por otra parte** on the other hand; **todas partes** everywhere

particular private; particular; peculiar

particularidad *f.* peculiarity

particularismo particularism; individualism

partido political party

partir to leave; **a partir de** as of, from (then) on

pasado *n. m.* past; *adj.* past

pasaje *m.* passage

pasajero fleeting

pasar to pass; to happen; to spend (time)

pase *m.* pass (*bullfighting*)

pasear to stroll; **pasear la mirada** to extend one's gaze

paseo stroll, walk; **dar un paseo** to take a stroll

pasillo hall, passageway

pasional passionate

pasmado stunned

paso one-act play

pasota *m., f.* (*colloq.*) apathetic person

pasto grass; pastureland

pastor, pastora shepherd, shepherdess

pastoril pastoral

patria homeland; **patria chica** region, province

patriota *m., f.* patriot

patrón, patrona patron saint

patrono employer

paz *f.* peace

pazo Galician manor house

pecador, pecadora sinner

pecho chest; breast

pedagogía pedagogy, teaching

pedagógico pedagogical, pertaining to teaching

pedazo piece

pedir (i) to request

pegar to stick; to hit

pelear to fight

pelele *m.* stuffed dummy

película movie

peligro danger

peligroso dangerous

pelo hair

pena punishment; **pena de muerte** death penalty

penar suffer

penitente *m., f.* penitent

pensador, pensadora thinker

pensamiento thought

pensar (ie) to think

peña crag

peñón *m.* steep, rugged hill of rocks; **Peñón de Gibraltar** Rock of Gibraltar

peor *adj.* worse; worst

pequeño small

percibir to perceive

perder (ie) to lose

perdición *f.* downfall, loss

pérdida loss; **pérdida de cerebros** brain drain

perdurable lasting

peregrinación *f.* pilgrimage

perezoso lazy

periférico peripheral

periódico newspaper

periodismo journalism

periodista *m., f.* reporter, writer for a newspaper

periodístico pertaining to a newspaper

perjudicar to harm, to injure

perla pearl

permanecer (zc) to remain

permisividad *f.* permissiveness

permiso permission

perpetuo perpetual

perro dog

perseguido followed; persecuted

personaje *m.* (literary) character

personalidad *f.* personality

perspectiva perspective, point of view

pertenecer (zc) to belong

pesadilla nightmare

pesar to weigh; **a pesar de** in spite of

peseta former monetary unit of Spain

peso weight

petición *f.* request

peto cotton blanket worn by horses in the bullfight

pianista *m., f.* pianist

picar to stab; to prick

picardía roguishness; *pl.* mischief, tricks

picaresco picaresque, roguish

pícaro rogue

pico peak; tip, corner

pictórico pictorial

pie *m.* foot; **a pie** on foot

piedad *f.* piety

piedra stone

pieza piece; theatrical or musical work

pináculo pinnacle
pincel *m.* paintbrush
pino pine (tree)
pintar to paint
pintor, pintora painter; artist
pintoresco picturesque
pintura painting
pionero pioneer
pirata *m.* pirate
piratería piracy
pisar to step on
placer *m.* pleasure
plácido calm
planear to plan
plano flat
planteamiento statement, exposition
plantear to lay out; to set forth
plata silver
plateresco plateresque, pertaining to an ornate sixteenth-century style
platero silversmith
playa beach
plegarse (ie) to bow down; to bend
pleno full
plomo lead
pluma feather; pen
poblador, pobladora settler
pobre poor
pobreza poverty
poco little; few; **poco a poco** little by little
poder (ue) to be able; *n. m.* power
poderío power, might, authority
poderoso powerful
poema *m.* poem
poesía poetry
poeta *m., f.* poet
poetizar to make into poetry
polémica controversy
policía police force
policial pertaining to the police
polisón *m.* bustle (*article of women's clothing in the nineteenth century*)
política politics
político *n.* politician; *adj.* political
politización *f.* growing political awareness

polvo dust
polvoriento dusty
poner *irreg.* to put
por for; by; through; per; along; **por ciento** percent; **por dentro** on the inside; **por eso** for that reason; **por fuera** on the outside; **por igual** equally; **por lo tanto** therefore; **por mucho que** no matter how much; **por otro lado** on the other hand; **por una parte** on the one hand; **por ventura** luckily
por qué why
porcentaje *m.* percentage
porque because
portarse to behave
portavoz *m.* (*pl.* **portavoces**) spokesman
portugués, -esa Portuguese
porvenir *m.* future
posada inn; lodging; boardinghouse
poseer to possess
posfranquista *adj. m., f.* pertaining to post-Franco years
posguerra postwar years
posibilidad *f.* possibility
postergado postponed
posterior later; after
póstumo posthumous
postura posture; attitude
pote *m.* pot; **pote gallego** Galician stew
potencia power, force
precepto precept, rule
precio price
precioso beautiful
precisamente precisely, exactly
precisar to specify
precoz (*pl.* **precoces**) precocious
predeterminado predetermined
predicar to preach
predominio predominance
preferir (ie) to prefer; to choose
pregonero street vendor; town crier
pregunta question; **hacer preguntas** to ask questions
preguntar to ask
premio prize
prenda personal belonging; jewel

prensa press
preocupación *f.* worry
preocupante worrisome
preocuparse to worry
preparar to prepare
prepotencia prepotency, haughtiness
prescrito *p.p.* prescribed
presencia presence
presenciar to behold
presentar to present
presidente, presidenta president
presidir to preside (over)
preso prisoner
prestado lent; borrowed
presunto supposed
pretender to attempt
prevalecer (zc) to dominate; to prevail
prevenido ready, prepared
prevenir to prevent
previamente previously
primavera spring
primer (primero) first
primitivo primitive; primal
primogénito first-born
primordial fundamental
princesa princess
principado princedom; the rank of prince
principalmente principally
príncipe *m.* prince
principio beginning; principle; **a principios** at the beginning
privado private
privilegiado privileged
probablemente probably
probar (ue) to test; to try; to prove
problema *m.* problem
procedente originating
proceder to originate
proceso trail; process
proclamar to proclaim
prodemocrático in favor of democracy
prodigio prodigy, marvel
producir (zc) to produce
profeta *m., f.* prophet
profundo deep, profound
programa *m.* program

progresista *adj. m., f.* progressive; *n. m., f.* person of progressive politics, leftist

prohibir to prohibit; to forbid

proletario proletarian, working-class

prolongado prolonged

promesa promise

prometer to promise

promover (ue) to promote; to foster

promulgar to promulgate

pronosticar to predict

pronto soon, quickly

pronunciamiento (military) uprising; coup

propiamente truly; thoroughly

propietario property owner

propio own; very, exact; **el propio Franco** Franco himself

proponerse (*like* **poner**) to plan

propósito aim, purpose

propuesto *p.p. of* **proponer**

prosa prose

proseguir (i) to continue

prosista *m., f.* prose writer

próspero prosperous

prostituido corrupt, prostituted

protagonistar to play the lead role

proteger (j) to protect

protegido *n.* favorite; *adj.* protected

proveer to supply

provenir (*like* **venir**) to come; to originate; to arise

proverbial commonplace

provocar to provide

próximo nearby

proyectar to show

proyecto project

prueba proof

psique *f.* psyche, soul

publicar to publish

público *n.* audience; *adj.* public

pueblo town; populace

puente *m.* bridge

puerta door, gate

puerto port

pues well; then; because

puesto *p.p. of* **poner**; *n.* post, job

púnico Punic, pertaining to the wars between Carthage and Rome

punto point; **en punto** exactly

puntualidad *f.* punctuality

puntualizar to describe in detail

puñado handful

puñal *m.* knife, dagger

puñalada stab wound; **matar a puñaladas** to stab to death

puño fist

pupila pupil (eyeball)

purificar to purify

puro pure

Q

quedar to be left; **quedarse** to stay

quejarse to complain

quema *n.* burning

quemar to burn

querer (ie) to want; to love

quieto still, unmoving

quijotesco quixotic

quintaesencia quintessence

quinto fifth

quitar to take away

quizás perhaps

R

rabia anger, fury

racimo bunch of grapes

raíz *f.* (*pl.* **raíces**) root

rama branch

rango rank, category

rápidamente quickly

rapidez *f.* speed

raptar to kidnap

rasgo trace

raya line

raza race

razón *f.* reason

reaccionar to react

real real; royal

realeza royalty

realizar to bring about

rebajado lowered

rebelarse to rebel

rebelde rebellious

rebeldía rebelliousness

recargado loaded

recibir to receive

recién recently, newly

reciente recent

recinto enclosure

recitar to recite

reclamar to demand

recobrar to recover

recoger (j) to pick up

reconciliar to reconcile

reconocer (zc) to recognize

reconocimiento recognition

reconquista reconquest

reconstruir (y) to reconstruct

recopilar to compile

recordar (ue) to remember

recorrer to go through; to traverse

recorrido trip, journey

recrear to recreate

recreo recreation

rectificar to rectify; to put right

recuperar to recover

recurso resource; resort

rechazar to reject

redentor, redentora *n.* redeemer; *adj.* redeeming

redondo round

reemplazar to replace

reescritura rewriting

referirse (ie) to refer

refinado refined

reflejar to reflect

reflejo reflection

refrán *m.* proverb, saying

regencia regency

regente *m., f.* regent

régimen *m.* (*pl.* **regímenes**) regime

regla rule

reglamento list of regulations

regresar to return; to go (come) back

reina queen

reinado reign

reinar to reign

reino kingdom, realm

reírse (i) (de) to laugh (at)

reivindicación *f.* recovery; justification

rejoneador *m.* bullfighter who breaks lance in bull's neck
relacionar to relate
relatar to tell; to relate
relato relation, report
religiosidad *f.* religiousness
reliquia relic
reloj *m.* clock; watch
remedio remedy, solution
renacentista pertaining to the Renaissance
renacimiento Renaissance
rendición *f.* surrender
rendir (i) to surrender
renombre *m.* renown, fame
renovación *f.* renovation, renewal
renovador, -ora renewing, restoring
renovar (ue) to renew
renta revenue
repartir to divide up
repaso review
repetidamente repeatedly
repetir (i) to repeat
reportaje *m.* report; article
reposado peaceful
reposar to rest
reposo rest
represalia reprisal
representación *f.* representation, performance
represor, -ora repressing, repressive
reprimir to repress
reproducir (zc) to reproduce
requerir (ie) to require
rescatar to rescue; to ransom
resentimiento resentment
reservado reserved
residir to reside; to lie
resignado resigned
resolver (ue) to resolve
respaldar to endorse
respaldo support, backing
respecto respect, relation; **con respecto a** with respect to
respeto respect, consideration
respirar to breathe
restauración *f.* restoration
restaurado restored

restituido restored
resto rest, remainder; *pl.* traces
resucitar to resurrect
resuelto *p.p. of* **resolver**
resultado result
resultar to turn out
resumir to sum up
resurgir (j) to resurge; to reappear
retirarse to retire; to go away
retiro withdrawal, retreat
retórica *n.* rhetoric
retórico *adj.* rhetorical
retrasar to retard; to hold back
retratista *m., f.* portrait painter
retrato portrait
retroceso retrocession, backward movement
reunión *f.* meeting
reunir (ú) to gather together, to assemble
revalorar to revalue
revelador, -ora revealing
revelar to reveal
revista magazine
rey *m.* king; **Reyes Católicos** the Catholic Monarchs (Ferdinand and Isabella)
rezar to pray
rico rich
riego irrigation, watering
rienda rein
rigidez *f.* rigidity
rima rhyme; poem
rincón *m.* corner
riña quarrel
río river
riqueza wealth
rítmico rhythmic
ritmo rhythm
rivalidad *f.* rivalry
rizo curl
robar to steal
robledal *m.* oak grove
robo theft
roca rock
rodar (ue) to film (*a movie*)
rodear to surround
rojo red
romance *m.* ballad
romancero collection of ballads

románico romanesque
romanizarse to become Romanized
romper to break
ropa clothing
rostro face
rotundo clear, sonorous
rozar to brush against
rubio blond
rudo coarse
ruedo bullring
ruidoso noisy
ruina ruin
ruptura break, rupture
ruta route
rutinario governed by routine

S

sábado Saturday
saber to know; **a sabiendas de** knowing
sabio wise
sabor *m.* taste
Saboya Savoy
sacar to take out; to get
sacerdote *m.* priest
saeta arrow; a type of folk song improvised during Easter Week
sagaz (*pl.* **sagaces**) sagacious, astute
sagrado holy
sainete *m.* one-act farce
sala living room; room
salero charm, wit
sálico: leyes (*f. pl.*) **sálicas** laws against women becoming monarchs
salida outlet
salir to leave; to go out
salud *f.* health
saludo greeting
salvaje savage; uncivilized
salvar to save
San (Santo) Saint
sangre *f.* blood
sangriento bloody
sanidad *f.* health
santo *n.* saint; *adj.* holy; **santo patrón** patron saint
saquear to sack

satisfacer *irreg.* to satisfy

seco dry

secretamente secretly

sectario sectarian, partisan

secuela sequel

secuestro kidnapping

seda silk

sefardita *m., f.* Sephardic (Jewish)

segador, segadora reaper

seguir (i) to continue; to follow

según according to

segundo second

seguro sure

seleccionado chosen

selva jungle

selvático junglelike

semana week; **Semana Santa** Easter week

semejante similar

semejanza similarity

seminarista *m.* seminarian, student of theology

semita *adj. m., f.* Semitic

senado senate

senador, senadora senator

sencillo simple

sensibilidad *f.* sensitivity

sentarse (ie) to sit down

sentencia (prison) sentence

sentido sense

sentimiento sentiment, feeling; sense

sentir (ie) to feel

seña signal; sign; **señas de identidad** identifying marks

señal *f.* sign

señalar to point out

señor *m.* lord

señora lady

separar to separate

septiembre September

séptimo seventh

ser *irreg.* to be; *n. m.* being

serenata serenade

serie *f.* series

seriedad *f.* seriousness

serio serious

serpiente *f.* serpent, snake

servir (i) to serve; **servirse de** to use

seso brain

sevillano pertaining to Seville

siempre always

sierra mountain range, mountains

sigla initial; abbreviation

siglo century; **Siglo de Oro** Golden Age

significado meaning

significar to mean, to signify

significativo significant

siguiente following

sílaba syllable

silenciosamente silently

similitud *f.* similarity

simpatía sympathy

simpático agreeable, pleasant

simpatizar to sympathize; to get along well

simplemente simply

sin without; **sin embargo** nevertheless

sincero sincere, truthful

sindical of a trade or labor union

sindicalista *m., f.* member of a trade or labor union

sindicato labor union

sinfonía symphony

sinfónico symphonic

sino but, rather; only; *n.* fate, destiny

síntesis *f.* synthesis

sintetizar to synthesize

síntoma *m.* symptom

siquiera at least, even; **ni siquiera** not even

sirviente, sirvienta servant

sistema *m.* system

sitio place

situado situated, located

soberanía sovereignty

soberano sovereign

sobre over, above; on, about

sobrehumano superhuman

sobrenatural supernatural

sobresaliente outstanding

sobresalir (*like* **salir**) to stand out

sobrevivir to survive

sobrina niece

sobrino nephew

sociedad *f.* society

sol *m.* sun

solamente only

soldado soldier

soleado sunny

soledad *f.* solitude

solemne serious, solemn

soler (ue) to be accustomed to

solidaridad *f.* cooperation

solidez *f.* solidity

solidificar to solidify

solitario solitary, lonely

solo alone; **a solas** by oneself

sólo *adv.* only, solely

soltar (ue) to release

soltero unmarried

solucionar to solve

sombra shadow, shade; ghost

sombrero hat; **sombrero de tres picos** three-cornered hat

sombrío dark, somber

someter to subject; to subdue; **someterse** to submit

soneto sonnet

sonido sound

sonoro sonorous

sonriente *adj.* smiling

sonrisa smile

soñador, soñadora dreamer

soñar (ue) to dream

soportar to put up with

sórdido squalid, sordid

sordo deaf

sorprendente surprising

sorprender to surprise

sorpresa surprise

sospecha suspicion

sospechar to suspect

sostener (*like* **tener**) to support, hold up

sotileza leader (*fine fiber at the end of a fishing line*)

soviético Soviet

subir to rise; to ascend; to get on

subjetivo subjective

sublevarse to rebel

subsiguiente subsequent

subtítulo subtitle

subyugación subjugation

suceder to happen

sucesivamente successively

suceso event
sucesor, sucesora successor
sucumbir to succumb
sudamericano South American
sudoeste *m.* southwest
sudor *m.* sweat
suegra mother-in-law
suegro father-in-law
sueldo salary
sueño sleep; dream
suficiente enough, sufficient
sufragio suffrage, the right to vote
sufrimiento suffering
sufrir to suffer
sugerir (ie) to suggest
suicidarse to commit suicide
sujeto subject; person
sumamente extremely
sumiso docile
sumo *adj.* much, great
superar to surpass
superficie *f.* surface
superior upper, superior
suponer (*like* **poner**) to suppose
suprimir to suppress; to get rid of
supuesto *p.p. of* **suponer**
sur *m.* south
sureño southerner
surgir (j) to spring; to arise
sustantivo noun
sustituir (y) to substitute
susto fright
sutil subtle

T

tácito tacit, unspoken
tahur, tahura gambler
taifa Moorish kingdom
tal such a(n)
talla size
tallado carved
tamaño size
también also
tampoco neither, nor
tan so, as
tanque *m.* tank
tanto so much, as much; **por lo tanto** for this reason; *pl.* so many, as many

tapa appetizer
tardar to take (*time*); to delay
tarde *n. f.* afternoon; *adj.* late
tasa rate; **tasa de nacimiento** birth rate
taurino pertaining to bulls and/or bullfighting
teatral theatrical
teatro theater; drama
técnico technician
tedio tedium, boredom
teja roof-tile
tejado roof
telenovela soap opera
telespectador, telespectadora television viewer
televisivo pertaining to television
televisor *m.* television set
tema *m.* theme
temblor *m.* trembling
temer to be afraid
temeridad *f.* daring, boldness
temerosamente fearfully
temor *m.* fear
tempestad *f.* tempest, storm
tempestuoso stormy
templo temple, church
temporada period of time
temporariamente temporarily
temprano early
tenacidad *f.* tenacity, stubbornness
tender *irreg.* **a** to tend to
tener *irreg.* to have; **tener... años** to be . . . years old; **tener en cuenta** to take into account; **tener que** to have to; **tener que ver con** to have to do with
teniente *m.* lieutenant
tentación *f.* temptation
teología theology
teológico theological
teoría theory
teorizar to theorize
tercer (tercero) third
tercio third (part)
terminar to end, to finish
término term
terraza terrace
terreno parcel of land
terrestre earthly, terrestrial

tertulia group of friends who get together periodically to talk
tesis *f.* thesis
tesorero treasurer
tesoro treasure
testigo *m., f.* witness
tía aunt
tibio warm
tiempo time; **a tiempo** on time; **hace mucho tiempo** a long time ago
tierno tender
tierra earth, land
tío uncle; *pl.* uncles; aunt(s) and uncle(s)
tiovivo merry-go-round
típico typical
tirar to throw
tiranía tyranny
tirano tyrant
tiro shot; **a tiros** by shooting
titularse to be called
título title
tocar to touch; to play (music)
todavía still, yet
todo all; **todo el mundo** everyone; **todo lo contrario** on the contrary; *pl.* everyone; all; **todas partes** *f. pl.* everywhere
tolerar to tolerate
tomar to take; **tomar el sol** to sunbathe
tonto foolish
topónimo toponym, place name
toque *m.* touch
torear to fight a bull
toreo bullfighting
torero bullfighter
toril *m.* bull pen adjoining the bull-ring
toro bull
torpedeado torpedoed
torpeza awkwardness
torre *f.* tower
torturado tortured
totalidad *f.* totality
totalmente totally
trabajador, trabajadora worker
trabajar to work
trabajo work

traducción *f.* translation
traducir (zc) to translate
traer *irreg.* to bring
traición *f.* treason; backstabbing
traicionado betrayed
traidor, traidora traitor
traje *m.* suit (*clothes*); **traje de luces** bullfighter's outfit
trama structure; plot
trampa trick
tranquilo calm
transmitir to transmit (TV)
transporte *m.* transportation
tras behind; after
trascender (ie) to transcend
trascendente penetrating
trasladar to move
tratado treaty; treatise
tratar to try; to be about; to treat; **tratarse de** to be a question of
través *m.* slant; **a través de** through
travesti transvestite
travestismo transvestism
travesura prank, mischief
travieso mischievous
tremendamente tremendously
tremendismo literary term referring to devices that shock and horrify
trémulo *adj. m., f.* trembling
tribu *f.* tribe
trigo wheat
tripulado crewed, manned
triste sad
tristeza sorrow
triunfador, -ora triumphant
triunfante in triumph
triunfar to triumph
triunfo triumph
trono throne
tropa troops
trovador *m.* troubador
trozo piece
truco trick
tubería plumbing
tuerto one-eyed
tuétano marrow
tumba tomb
túnel *m.* tunnel

turco Turkish, pertaining to Turkey
turismo tourism
turista *m., f.* tourist
turístico tourist

U

últimamente lately, recently
último last, most recent
ultraderechista ultrarightist
ultraizquierdista ultraleftist
único only; unique
unidad *f.* unity
unificar to unify
unir to unite
unitario unitary
universalmente universally
universitario pertaining to the university
usar to use
utilizar to use; to utilize
utópico Utopian
uva grape

V

vaca cow
vacilar to vacilate
vacío empty
vagabundear to wander; to roam
vagabundo wanderer
vago idle, lazy person
valenciano pertaining or referring to Valencia
valer *irreg.* to be worth
valeroso courageous, valiant
válido valid
valiente valiant, brave
valioso valuable
valor *m.* courage; value
vanguardia vanguard, avant-garde
vanguardista *m., f.* pertaining to the avant-garde
vano vain, empty
variar (í) to vary
variedad *f.* variety
varios (varias) various
varón *m.* male

varonil manly
vasallo vassel
vasco Basque
vasto vast
vecindad *f.* neighborhood
vecino *n.* neighbor; *adj.* neighboring
vela candle
velar to keep vigil
velazqueño pertaining or referring to Diego Velázquez (1599–1660)
velocidad *f.* speed
vencedor, vencedora winner
vencer (z) to win
vencido defeated
vendedor, vendedora seller
venerado venerated, respected
vengador, -ora avenging
venganza revenge
vengar to avenge
vengativo vengeful
venir *irreg.* to come
venta inn
ventaja advantage
ventajoso advantageous
ventana window
ventero innkeeper
ventura fortune; chance
ver *irreg.* to see
veracidad *f.* truthfulness
verano summer
verbena nighttime festival on the eve of a saint's day
verbo verb
verdad *f.* truth
verdadero true
verde green
verdoso greenish
verónica a bullfighter's pass made by sweeping his cape over the face of the bull
verso verse, line of poetry; *pl.* poetry
vertido dumping, pouring; spill
vestido dressed
veterano seasoned, tried, experienced
vez *f.* (*pl.* **veces**) time; **a veces** sometimes
vía way; means
viajar to travel

viaje *m.* trip, journey
vibrante vibrant, exciting
vicio vice
víctima victim
victoria victory
victorioso victorious
vida life
vidriera stained-glass window
viejo old
viento wind; **molino de viento** windmill
vigencia: en vigencia in effect
vigente effective, in force
vigilancia watchfulness; spying
vigilar to watch, to be vigilant
vihuela ancient type of guitar
villano peasant, villager
vinculado linked
vínculo link, tie
vino wine
violoncelista *m., f.* cellist
virgen *f.* virgin

viril virile
virreinato viceroyalty
virrey *m.* viceroy
virtud *f.* virtue
virtuoso virtuous
visigodo Visigoth
visigótico Visigothic
vista view
visto *p.p. of* **ver**
viuda widow
vivir to live
volante *m., f.* flying
volar (ue) to fly
volumen *m.* volume, bulk
voluntad *f.* will
voluntario *n.* volunteer; *adj.* voluntary
voluptuosidad *f.* voluptuousness; luxury
volver (ue) to return
votación *f.* voting
votante *m., f.* voter

votar to vote
voz *f.* (*pl.* **voces**) voice
vuelta return; **dar la vuelta** to take a walk
vuelta *p.p. of* **volver**
vuesa (*old form of* **vuestra**) your; **vuesa merced** your grace
vulgar ordinary

Y

y and
ya already
yacer (zc) to lie; to be stretched out

Z

zaragatero rowdy
zarzuela comic light opera

Grateful acknowledgment is made for use of the following:

Page 17 Dr. Fernando Díaz-Plaja; *146* From "Incidente doméstico" by Miguel de Unamuno. © Herederos de Miguel de Unamuno; *149* From the poems of Antonio Machado. Copyright Herederos de Antonio Machado; *148* © 1999 Artists Rights Society (ARS), New York/VEGAP, Madrid; *151* From "Romancero gitano" by Federico García Lorca. © Herederos de Federico García Lorca; *152* From "Canción de esposo soldado" by Miguel Hernández, *Viento del pueblo*. (Madrid: Ediciones Cátedra, 1998, third edition.) Reprinted with permission.